汤家汇镇志

LOCAL RECORDS OF TANGJIAHUI

安徽省金寨县汤家汇镇志编纂委员会　编

图书在版编目（CIP）数据

汤家汇镇志 / 安徽省金寨县汤家汇镇志编纂委员会编 .-- 北京：方志出版社，2018.11

（中国名镇志丛书）

ISBN 978-7-5144-3429-3

Ⅰ. ①汤… Ⅱ. ①安… Ⅲ. ①乡镇—地方志—金寨县 Ⅳ. ① K295.45

中国版本图书馆 CIP 数据核字（2018）第 266772 号

· 中国名镇志丛书 ·

汤家汇镇志

编　　者：安徽省金寨县汤家汇镇志编纂委员会
责任编辑：张　昊

出 版 人：冀祥德
出 版 者：方志出版社
地址　北京市朝阳区潘家园东里 9 号（国家方志馆 4 层）
邮编　100021
网址　http://www.fzph.org
发　　行：方志出版社图书经销中心
电话　（010）67110500
经　　销：各地新华书店
排　　版：北京纺印图文设计制作有限公司
印　　刷：北京中科印刷有限公司

开　　本：787 × 1092　　1/16
印　　张：16.75
字　　数：465 千字
版　　次：2018 年 11 月第 1 版　　2018 年 11 月第 1 次印刷

ISBN 978-7-5144-3429-3　　**定价**：135.00 元

序一

习近平总书记指出："不忘历史才能开辟未来，善于继承才能善于创新……只有坚持从历史走向未来，从延续民族文化血脉中开拓前进，我们才能做好今天的事业。"中国优秀传统文化是在漫长的历史长河中历经无数次涤荡和沉淀而形成的思想精髓，蕴藏着无穷的宝藏和无尽的力量。发掘和继承优秀传统文化，是延续中华文明"根"与"魂"的必由之路。与时俱进，推动传统文化不断开拓创新，是中华文明常葆勃勃生机的重要保证。

"国有史，邑有志。"编修地方志是中国特有的文化现象，是中华民族的优秀文化传统。数千年来，连绵不断的志书编修为保护中华民族根脉，传承中华文明发挥了不可替代的作用。中国现存古志有8000余种，占现存古籍的十分之一。中华人民共和国成立以来，编修完成数万种省、市、县三级综合性行政区域志、部门志、行业志、专志等，编纂数万种地方综合年鉴、行业年鉴和专门年鉴等，整理出版数千种历代方志及相关研究成果，发表相当数量的方志理论与年鉴理论研究成果。这既是对我国国情、地情持续开展的大规模普遍调查，也是对各地自然与社会发展状况进行的综合研究，其成果构成了一座丰富的文化资源宝藏，为各级领导科学决策提供了重要参考，为推动经济社会发展和文化建设发挥了重要作用。

当前，中国特色社会主义进入新时代，全国地方志事业也进入新时代。如今的地方志事业围绕党和国家利益、经济社会发展，以人民为中心开拓创新，志、鉴、馆、史"四驾马车"并驾齐驱，志、鉴、馆、网、库、用、会、刊、研、史"十业并举"，加快实现在全国范围内全面推进地方志从一项工作向一项事业转型升级。在党中央、国务院的亲切关怀和各级地方志工作者的共同努力下，一批紧密结合社会发展需求、具有独特创造性的工作逐步开展，涵盖中国名镇志、中国名村志、中国名山志、中国名水志、中国名街志等"名志"系列文化工程是其中代表。作为首个"名志"系列文化工程的中国名镇志文化工程，启动于2015年，至今已是第三个年头。中国名镇志丛书在记述主体上，选择中国历史文化名镇、经济强镇、特色镇等在全国具有影响力和代表性的乡镇，旨在全面展示中国名镇的文化精髓；在内容题材选择上，重在突出不同名镇的“名”和“特”，力求集中体现不同名镇最精彩的部分，增强可读性；在志书编纂程序设置方面，志书申报、篇目设计、专家审读、专家组验收等流程环环相扣，紧密结合，力争把每一部志书都打造成精品佳志。

习近平总书记指出：“历史和现实都表明，一个抛弃了或者背叛了自己历史文化的民族，不仅不可能发展起来，而且很可能上演一场历史悲剧。”2018 年是改革开放 40 周年，40 年来中华大地发生了翻天覆地的变化，乡镇发生了极为深刻的改变，从粗茶淡饭到有机食品，从粗布衣裙到精美时装，从土屋平房到高楼大厦，人民生活水平大大提高，城乡差距不断缩小。然而，在感受辉煌成就的同时，我们也应该看到，许多精巧的古建、精湛的工艺、亲切的乡音、独特的乡俗也在快节奏的发展中与我们渐行渐远，曾经的家乡正逐渐变为记忆中的故园。

党的十九大报告提出乡村振兴战略，此后党中央、国务院又推出一系列重大举措。实施乡村振兴战略，必须全面加强乡村文化建设，培养乡村文化自信，培植文化之“根”，铸牢文化之“魂”。没有乡村文化的高度自信，没有乡村文化的繁荣发展，就难以实现乡村振兴的伟大使命。振兴乡村文化，既要塑形，更要铸魂，必须遵循乡村发展的客观规律，在发展中把文化的精髓保留下来，把乡土味道、乡村风貌的“魂”传承下去。在保留优秀乡村文化内核的基础上，用现代表现方式，把反映时代精神、先进理念的内容通过群众喜闻乐见的文化产品表达出来，才能够让乡土文化具有更强大的生命力。用创新性的模式书写乡镇志，传承和抢救乡土历史文化，激发爱国爱乡情怀，为探索中国特色新型城镇化发展经验、发展模式、发展道路提供历史智慧和现实借鉴，正是实施中国名镇志文化工程的目的和意义所在。

“月是故乡明”。中国人素有“家国情怀”，家乡的山水是最为美丽的，家乡的风俗是充满温暖的，一声亲切的乡音，一口熟悉的家乡菜，都能拨动游子的心弦，让其魂牵梦萦。中国名镇志丛书是一套全面梳理中国名镇历史人文，挖掘文化特色，突出“名”和“特”的镇志。它能让人民群众深刻感受到本土本乡自然的优美、历史的醇厚、人物的杰出、艺文的风雅等，有助于培养人民群众对家乡文化的自信，激发起人民群众浓烈的爱乡爱国情怀，助力国家新型城镇化建设和乡村振兴战略的实施。

是为序。

中国社会科学院院长
中国地方志指导小组组长　谢伏瞻

序二

连绵不断地编修地方志是我国特有的文化传统，为传承中华文明作出了巨大的贡献。在党中央、国务院的高度重视和支持下，这一古老的文化传统焕发勃勃生机，展现新的活力，成为保存、继承、发扬光大中华优秀传统文化的重要依托，培育和践行社会主义核心价值观的重要媒介，社会主义先进文化建设的重要组成部分，发展中国特色社会主义，增强道路自信、制度自信、理论自信的重要载体，在实现“两个一百年”奋斗目标和中华民族伟大复兴中国梦进程中具有不可替代的地位和作用。

事物总是在不断发展中前进。经过改革开放以来 30 余年的发展，中国特色地方志事业与传统的编修地方志已不可同日而语，形成了志（志书）、鉴（年鉴）、库（地情数据库）、馆（方志馆）、网（地情网站）、刊（期刊）、会（学会）、研（理论研究）、用（开发利用）等多业并举的新格局。截至 2015 年 10 月底，全国编纂完成首轮、二轮省、市、县志书 8000 多种，编修部门志、行业志、专业志、乡镇村志 27000 多种，编纂地方综合年鉴 2300 多种，累计整理旧志 2500 多种，还编纂出版了大量的地情书，字数以百亿计，形成以反映国情、地情为主要内容，全面系统、持续不断、卷帙浩繁的社会科学成果群。另外，还开通了 27 个省级网站、230 个市级网站、816 个县级网站；建成国家方志馆 1 个、省级方志馆 16 个、市级方志馆 86 个、县级方志馆近 300 个。这些成果，成为国家极为重要的文化资源，是国家文化软实力和公共文化服务体系的重要组成部分。

最近几年，地方志工作的触角在不断延伸，部门志、行业志、专业志、特色志、乡镇村志编纂方兴未艾，成为当前地方志事业发展新的增长点和亮点。特别是乡镇志，兴起了编纂热潮，从自发的民间行为逐渐过渡为政府组织的文化行为，有的省份以政府令形式将其纳入地方志编修范畴，像河南省还以省政府办公厅名义要求全省普修乡镇志。乡镇志并不是一个新生事物，据现有资料可考，宋代常棠所撰《澉水志》是现存最早的一部乡镇志。与省、市、县三级志书相比，乡镇志虽属小志，但意义却不小，特别是在当前国家全力推进新型城镇化建设的背景下，乡镇志的作用更显重要。

启动中国名镇志文化工程，是适应当前新型城镇化建设形势发展需要、地方志事业发展形势需要的重要举措，也是充分发挥地方志存史、资政、育人功能的重要手段。作为最基层行政组织的志书，镇志是最接近中国社会发展变迁的国情、地情记录文本，具有重要的历史文献价值。而作为充分反映本区域自然、政治、经济、文化和社会的历史与现状的资料性文献，镇志又能全面展示发展脉络，摸索发展经验，为探索中国乡镇未来发展方向提供借鉴和参考。当然，对于祖祖辈辈生于斯长于斯的中国人来说，故乡就是一个魂牵梦萦的地方，故乡的情怀终生难忘。留得住乡愁，记得住乡思，充分展示名镇文化魅力，激发爱乡、爱国情怀，正是中国名镇志文化工程题中应有之义。

是为序。

中国社会科学院原院长
中国地方志指导小组原组长　王伟光

序三

“国有史，邑有志”，中国自古就有注重编史修志的传统。按照我国目前地方志行政法规，国家各级地方志机构的法定职责是编纂省、市、县三级志书，并不包括县以下的乡镇志和村志。这种规定，一方面可能因为全国有数百万自然村落和数万乡镇，全部实行官修很难实现；另一方面可能因为我国历史上就有“皇权止于县”的说法，县以下的民间社会历来是一个以自治为主的领域。然而，改革开放几十年来，我国社会正在发生巨变，这种巨变在基层社会的乡镇、村落、家庭领域更为深刻。作为“乡之首，城之尾”的镇，逐渐被日益崛起的大都市淹没了光彩，村落在快速的城镇化过程中每天都在大量消失，农村家庭的小型化、空巢化趋势非常突出。在这种情况下，我一直在思考，如何留得住历史文化记忆和乡愁，如何把修志的工作向基层社会延伸？

中国人的“家国情怀”，是从“诚意、正心、修身”开始，到实现“齐家、治国、平天下”。所以从国家一统志，省、市、县三级志，到乡镇志、村志、家谱，也是一个完整的系统。

正是在这种背景下，我们决定启动中国名镇志文化工程。乡镇是无数中国人生命的底色和成长的摇篮。如何在城镇化进程中，留得住乡愁，记得住乡音，忘不了乡思，事关城镇化进程的人文关怀和文化保护，事关文化血脉的传承。同时，科学记录城镇化进程，反映城镇化成就，也为今后探索城镇化发展规律、积累经验提供了基本素材。作为全面系统记述一定行政区域的自然、政治、经济、文化和社会的资料性文献，志书是以上功能最好的载体。

我国目前有 4 万多个乡镇，全部修乡镇志还不具备条件。中国名镇志丛书选择的是传统文化名镇、历史军事重镇、革命历史名镇、民族特色名镇、特色经济名镇、旅游景观名镇等类型的乡镇，应该是最具代表性的，在中国乡镇文化传承和社会发展中具有标杆意义。

编纂中国名镇志丛书是对乡土历史文化的保护。随着城镇化进程加快，有不少乡镇被撤并，有些还是在历史上有重要意义的历史文化名镇、特色镇等。如不及时对其历史进行整理、记录，这些重要的历史资料将散佚殆尽。因此，中国名镇志丛书的编纂是对宝贵历史资料的抢救。

编纂中国名镇志丛书是对乡土意识的传承。什么东西有魅力？故乡的山水，乡音乡情的记忆，乡土的气息和家乡菜的味道，不管走到哪里，总是触动心弦。中国名镇志丛书记录的是家乡的山山水水，家乡的历史文化，家乡的风土人情，留住的是乡愁。这些最能激发远方游子和本地民众的爱乡情怀、爱国情怀。

编纂中国名镇志丛书是一种学术探索。镇志的编纂，实质也是一次深入的社会调查研究。“麻雀虽小五脏俱全”，相比省、市、县，乡镇第一手资料的获得需要付出更大的努力。我们也希望在志书编纂上有所创新，使中国名镇志丛书成为一套图文并茂、雅俗共赏的新型志书。

中国社会科学院副院长
中国地方志指导小组常务副组长

安徽省金寨县汤家汇镇志编纂委员会

主　　任　邵先成

副 主 任　陈从红　胡　拥　施海军

委　　员　刘当晏　卢孝生　胡绍炎　戴文白　吕　晗

　　　　　吴孔超　张万永　汪兴蕾　宋玉业　项习君

　　　　　廖少庆

学术指导　史五一　应　申

特约审稿　章慧丽　马贤钧

学术顾问　刘成典　胡卫星　张士华　胡遵远

安徽省金寨县汤家汇镇志编辑人员

主　　编　陈从红

副 主 编　胡　拥　施海军

执行主编　廖少庆

编　　辑（按姓氏笔画排序）

　　　　　王宏应　何昭成　项习君　廖少庆

编　　务　廖少庆

拍 摄 者　王　峰　张忠新

安徽省传统村落斗林村李家老湾

中国名镇志丛书凡例

一、以马克思列宁主义、毛泽东思想、邓小平理论、“三个代表”重要思想、科学发展观、习近平新时代中国特色社会主义思想为指导，坚持辩证唯物主义和历史唯物主义的立场、观点和方法，存真求实，全面、客观、系统记述中国名镇城镇化进程和改革开放成果，传承和抢救乡土历史文化，激发爱国爱乡情怀，留住乡愁，为探索中国特色新型城镇化建设、服务乡村振兴战略提供历史智慧和现实借鉴。

二、为全面反映入志事物发展脉络，各志上限追溯至事物发端，下限一般断至各镇志启动编修年份，个别重大事项可延至搁笔。详今明古，着重反映时代特色和地方特点，重点体现各镇的“名”与“特”。

三、记述地域范围以下限年份的行政辖区为主。为体现名镇在更大区域内的意义，可以从更开阔的区域视野记述与该镇相关的内容。

四、统一采用纲目体，设类目、分目、条目三个层次。横排门类，纵述史实，述而不论。

五、综合运用述、记、志、传、图、表、录等各种体裁，以志体为主。体裁运用适当创新，篇目设置不求面面俱到，一般意义上的乡镇级内容略去不载。

六、除引用文字和附录文献资料外，统一使用规范的现代语体文记述，行文力求朴实、严谨、简洁、流畅、优美，具有较强可读性。

七、人物部类遵循“生不立传”原则，人物传主按生年排序，只选录对本镇发展有重大影响的人物，不面面俱到。

八、各项数据一般采用国家统计部门数据。数据缺乏的，采用主管部门或主办单位正式提供的数据。

九、数字用法、标点符号、计量单位分别执行国家标准《出版物上数字用法》（GB/T 15835—2011）、《标点符号用法》（GB/T 15834—2011）、《国际单位制及其应用》（GB 3100—1993）和《有关量、单位、符号的一般原则》（GB 3101—1993）。历史上使用的计量单位，如斗、石、里、尺、磅、华氏度等，在引文时可照录。考虑到社会使用习惯，全书中亩不统一换算。

十、中华民国成立前的纪年，使用朝代年号纪年，括注公元年份；中华民国成立后的纪年，均使用公元纪年。志中所称“解放前（后）”，以该镇解放日为界；“新中国成立前（后）”，以中华人民共和国成立日 1949 年 10 月 1 日为界；“改革开放前（后）”，以 1978 年 12 月中共十一届三中全会召开为界。本志“×× 年代”，凡未加世纪者，均指 20 世纪。

十一、为节省篇幅，避免重复，本志采用条目互见法。参见条目的表示形式为：参见本志“×× 类目 · ×× 分目 · ×× 条目”。

十二、对旧志、古籍中的繁体字、冷僻字一般用简化字或通用字替换，易引起误解的则保留。

十三、记述各个历史时期的党派、机构、职务、地名等，均以当时的名称为准。对频繁使用的名称，首次用全称并括注简称，其后用简称。

十四、各镇志需要单独说明的事项，均在各自编纂始末中记述。

汤家汇镇在中国的位置

黑龙江省
哈尔滨
吉林省
长春
辽宁省
沈阳
内蒙古自治区
呼和浩特
北京
北京市
天津市
天津
河北省
石家庄
山西省
太原
山东省
济南
河南省
郑州
陕西省
西安
宁夏回族自治区
银川
甘肃省
兰州
青海省
西宁
新疆维吾尔自治区
乌鲁木齐
西藏自治区
拉萨
四川省
成都
重庆市
重庆
湖北省
武汉
安徽省
合肥
金寨
汤家汇镇
江苏省
南京
上海
上海市
浙江省
杭州
江西省
南昌
湖南省
长沙
福建省
福州
贵州省
贵阳
云南省
昆明
广西壮族自治区
南宁
广东省
广州
香港
澳门
海南省
海口
海南岛
台湾省
台北
台湾岛
钓鱼岛
赤尾屿
东沙群岛
西沙群岛
永兴岛
中沙群岛
黄岩岛
南沙群岛
曾母暗沙
黄河
长江
渤海
黄海
东海
南海
图例
北京 首都
天津 省级行政中心
未定 国界
省、自治区、直辖市界
特别行政区界
名镇(乡)所在区域
名镇(乡)
1∶32 000 000
审图号：GS（2018）5807号

汤家汇镇在安徽省的位置

审图号：GS（2018）5807号

汤家汇镇地图
铁
冲
乡
双
河
镇
镇
溪
南
乡
庙
关
省
南
河
金刚台村
瓦屋基村
至河南
泗道河村
豹迹岩村
汤家汇
街道
汤家汇镇
笔架山村
斗林村
至河南
上畈村
门山村
茅畈村
竹畈村
银山畈村
至南溪、梅山
图 例
镇政府驻地
主要道路
村庄
一般道路
省界
村庄建设用地
乡镇界
河流水系
村界
审图号：GS（2018）5807号

红色小镇——中国汤家滙

丙申国庆吉日廖荣存题

金刚台

全国重点文物保护单位列宁小学

全国重点文物保护单位接善寺内院

全国重点文物保护单位徐氏祠

全国重点文物保护单位豹迹岩胡氏祠

中国传统村落瓦屋基村晏家老湾

中国传统村落上畈村朱家湾

安徽省传统村落豹迹岩村廖氏庄园

安徽省传统村落瓦屋基村李家老湾

红二十五军纪念雕塑

徐向前在汤家汇休整时在接善寺的卧室

目录

1 概述

7 基本镇情

9 **区位**

9 位置

9 面积

9 **建置**

9 镇名由来

10 建置沿革

10 行政区划

13 地名

15 村级简介

19 **自然环境**

19 地质

19 地形

20 山川

20 气候

20 **自然资源**

20 动物资源

21 植物资源

24 水资源

24 土地资源

24 矿物资源

24 **人口与宗族**
24 人口
25 宗族
33 **基础设施**
34 集镇
34 道路
36 电力
37 邮电
37 给排水
38 **居民生活**
38 收入
39 支出
40 居住条件
40 社会保障
41 **社会事业**
42 文化
42 教育
44 卫生
44 广播电视

45 红色汤家汇

47 **组织机构**
48 中共党组织
52 苏维埃政权
55 群团组织
58 **红军队伍**
58 红一军独立旅
58 红八十二师
59 合编后的红二十五军
60 红军独立团
60 赤南县一路游击师
60 赤南县（五区）战斗营
60 商南大队
61 金刚台妇女排
63 **军事活动**
63 漆德千何家湾夺枪
64 周维炯虎形地歼敌
65 红二十八军泗道河歼敌
66 红二十五军、红二十八军瓦屋基联合拒敌
66 皖西北保卫战
67 刘德利牺牲朝阳山
68 椴辟岭攻坚战
68 便衣队夜袭高冲民团
69 雷维先智端碉堡
69 石裕田汤汇找亲人
70 陈伯禄为刘邓大军筹粮

72 蔡大娘勇救解放军
73 红军食品和用具
73 军械
74 军事驻地
78 **苏区教育、文化及医疗**
78 教育
79 文化
82 医疗
83 **红色遗址**
83 全国重点文物保护单位
85 安徽省重点文物保护单位
92 金寨县文物保护单位
92 其他遗址
94 保护与管理

95 古村落　古迹

97 **古村落**
97 中国传统村落
99 安徽省传统村落
108 其他传统村落
110 **古迹**
110 古道
111 古桥
111 古战场
112 古寺庙
118 古墓
119 古物
120 古祠

125 旅游开发

127 **规划**
127 总体规划
127 “两心”“五区”规划
128 **设施建设**
128 基础设施建设
129 集镇建设
129 **线路**
129 精品线路
130 镇内线路
130 线路规划与建设
131 **景区　景点**
131 景区
131 景点
135 **接待与服务**
135 接待
136 服务

139 经济建设

141 **农业**
141 种植业
142 养殖业
143 **工业　建筑业**
143 工业
144 建筑业
144 **商业　服务业**
144 商贸服务
145 住宿、餐饮服务
145 **财税　金融**
145 财政
146 税收
146 金融
147 **扶贫开发**
148 产业扶贫
149 科技扶贫
149 干部驻村扶贫
152 政策扶贫
152 异地移民扶贫
152 社会捐资和教育扶贫
152 劳务输出扶贫
152 扶贫资金管理

153 生态小镇

155 **生态林业**
155 封山育林
155 小流域综合治理
157 生态公益林建设
157 野生动植物保护
157 森林防火队伍建设
157 绿化造林
158 林场
159 古树名木保护
159 附：汤家汇古树、名木、古树群
162 **生态旅游**
162 建设美丽乡村
162 培育农家小院
162 开通旅游线路
163 **生态家园**
163 实施农村清洁工程
163 开展“三线、三边”集中整治
163 推广沼气综合利用技术
164 **特色活动**
164 挖掘红色文化、宗教文化、传统文化

164 推广土特产品、地方小吃
164 组织农民文化娱乐活动

165 风土人情

167 **民风习俗**
167 生活习俗
168 岁时节俗
170 礼仪习俗
172 花灯 庙会
174 **美食名产**
174 地方美食
175 筵席
175 特色菜
176 土特名产
178 **方言俗语**
178 农业谚语
179 歇后语

181 名人与名镇

183 **人物传略**
183 革命英雄
192 著名人物
197 **人物简表**

201 艺文

203 **诗词**
203 金刚古寨
203 金刚古寨
203 金刚古寨
204 题笔架山诗一首
204 飑聩山
204 文峰叠翠
204 章山孤岫
205 过金刚台
205 雨中望金刚台
205 龙泉爆珠
205 文峰叠翠
206 游金刚台
206 雪霁望金刚台
206 赴笔架山
206 抒怀
207 泗道河杂咏
207 题金刚台诗一首

208 **楹联 牌匾**
214 **其他**
214 红军歌谣
214 鄂豫皖区苏维埃政府布告
215 金寨县四面旗帜之一
——邓沟精神
216 **民间传说**
216 铁瓦寺传奇
217 笔架山传说
219 趣说“吝啬”
219 金刚台赶山填海传说
（鞭赶金刚鳌鱼）
221 金刚受贬
221 金刚台和白云观比高
222 三步拱与狐仙报恩
222 余少保传说
225 占山为王

227 大事纪略

229 **1929 年商城县工人代表大会在廖氏三柏祠召开**
229 **1933 年皖西北道区召开工农兵代表大会**
230 **1947 年金寨县第一个区级民主政府在汤家汇成立**
231 **实行家庭联产承包责任制**
232 **1986 年联营兴办金寨县丝织地毯厂**
232 **1988 年汤家汇村新辟百亩杂交桑园**
233 **1992 年银山畈乡新建色织绢纺绸厂**
233 **1993 年金寨县第十八缫丝厂在汤家汇兴办**
234 **2015 年“6 · 28”特大水灾**

235 主要参考文献

237 编纂始末

概述

汤家汇镇位于安徽省西部，地处豫皖两省交界的大别山腹地，是金寨县的西北门户，地理坐标北纬 31° 32′～31° 43′、东经 115° 28′～115° 39′。东邻铁冲乡、双河镇，南接南溪镇，西连关庙乡，北以金刚台为界与河南省商城县相邻。2015 年，总面积 269.3 平方千米，辖 11 个行政村、1 个街道居委会，194 个村（居）民组，11984 户 50952 人。汤家汇街道是全镇政治、经济、文化中心，省际丁商公路由南向西穿境而过，南距合武高速公路和沪汉蓉快速铁路 20 千米，西距 312 国道 30 千米，距安徽省会合肥、湖北省会武汉均为 210 千米。汤家汇镇先后获得安徽省生态示范镇、安徽省第一批十佳红色小镇、安徽省优秀旅游乡镇、安徽省第三批特色旅游景观名镇等称号。

1924 年，中国共产党在汤家汇镇笔架山农校成立中共党小组，后发展为党支部，这是以金家寨为中心的鄂豫皖边区建立的第一个党组织，后来成为领导皖西地区革命斗争的核心。笔架山农校也成为大别山的革命熔炉、革命骨干的摇篮。

汤家汇是一片红色的土地。土地革命时期，革命烽火在汤家汇境内熊熊燃烧。中国共产党领导下的豫东南（特）道委、道区苏维埃，皖西北道委、道区苏维埃就建立在汤家汇。商城县委、赤南县委、商南县委、苏维埃政府及共青团、妇联、游击队、童子团、学校、医院、邮政局、红日报社、银行、枪械局、印刷厂、剧团等组织和单位先后建立，县、区、乡、村各级组织健全，汤家汇是鄂豫皖革命根据地的心脏和指挥中心。

土地革命时期，金寨县诞生的 11 支红军队伍中在汤家汇诞生或重建的有 3 支：中国工农红军第一军独立旅、重建的红二十八军八十二师、红二十八军与红二十五军整编后新的红二十五军。在现在的中国人民解放军中，依然能找到这 3 支红军部队的传承。徐向前、邓小平、徐海东、吴焕先曾在这里指挥过战斗；高敬亭、郭述申、何耀榜、王平章曾在这里担任过道区主要领导；洪学智、林维先、李耀、张行忠、于侠、陈伯禄、邓忠仁、石裕田等人在这里从事过革命斗争。中华人民共和国成立后，汤家汇籍有 4 人被授予少将、超过 26 人担任过省部级领导，上千人被追认为革命烈士，这里是红军的故乡、革命的摇篮。

汤家汇镇红色遗址遗迹众多，现存革命遗址 60 处，其中全国重点文物保护单位 4 处、省级文物保护单位 11 处、县级文物保护单位 2 处。这些革命遗址、遗迹虽经战乱，但在群众保护下，很多还保存完好，成为今天人们接受革命传统、弘扬红军精神、传承红色基因的教育基地。国家级文保单位列宁小学的校匾和当年根据地编印的课本《列宁小学校歌》《读书歌》《童子团歌》等油印件，童子团佩戴的红袖章，使用过的校铃都保存完好。经赤城县邮政局收寄的红军战士卢炳银的苏家埠战役报捷家书，至今收藏于皖西革命烈士纪念馆，赤城县邮政局成为全国仅存的两处苏维埃政府设立的邮政局旧址之一。鄂豫皖省委会议（红二十八军和红二十五军合编地）旧址胡氏祠外墙上用石灰书写的“打倒匪首刘镇华”“反对国民党出卖皖西北”和省级文保单位中共豫东南道委旧址易氏祠正面墙壁上用黑色墨汁书写的“全体工农兵武装起来，保护皖西北第一次工农兵代表大会”“配合中央苏区红军暴动，争取一省或数省获得首先胜利”标语依稀可辨。

汤家汇镇古称梅溪镇，是一个有着深厚文化底蕴的古镇，留存有众多的文物古迹，易氏祠、钟氏祠、廖氏祠、徐氏祠、姚氏祠分布于街道之中，保存完好；头灵寺、接善寺、华严寺、笔架山大庙藏于深山，声名远播、香火绵远。每处古道、古祠、古庙、古村落、古树、古战场遗址讲述了一段古老的历史。

汤家汇是皖西地区传统村落最集中的地方之一，现有 2 处入选第三批中国传统村落名录，6 处入选第一批安徽省传统村落名录。这里的传统村落大多建于明清时期，依山傍水、融入自然，既有皖北建筑庄重宏伟、色彩鲜艳的特征，也有皖南建筑小巧玲珑、雕刻细腻的建筑风格，其选址、布局和建筑形态体现了天人合一的中国哲学思想和对大自然的向往和尊重，每一处传统村落创造出一个既合乎科学、又富有情趣的生活居住环境，延续着“忠厚传家”“耕读绵延”的家声和民风，是中国传统民居的精髓。

汤家汇镇人杰地灵，英才辈出。元明清及近代，举人、进士等文人显贵不胜枚举。大革命时期，大批青壮年参加红军，老人、妇女、儿童投身革命。新中国成立后更是人文蔚起，将军、官员、专家、教授、学者层出不穷。

汤家汇镇传统民间文艺丰富多彩，特别是在春节、元宵节期间，有玩灯唱戏的风俗，各村各姓准备一种或几种节目，然后聚集在一起，有舞龙、舞狮、旱船、花挑、尾灯等，并配有花灯数盏，多以人口聚居地为赏灯场所，集镇上沿街在各户门前都要一遍，锣鼓队跟随，边走边敲边舞边唱，曲调花样繁多，除固定歌调外，多数唱词都是触景生情，随编随唱，多以祝福、幽默为内容，烘托出祥和热闹的节日气氛。

汤家汇因古老而民间传说众多，铁瓦寺、笔架山、金刚台、赶山填海、三步拱、余少保等传说在民间口口相传，彰显着正义，蕴含着当地人民的坚贞不屈和对美好生活的向往。

汤家汇镇属典型的山地地形，平均海拔 450 米，有海拔千米以上的高峰 17 座，山地面积 19333.3 公顷，占全镇总面积的 80.4%，森林覆盖率达 78%，是皖西山区植被保护最完好的地区之一，是一个天然的绿色氧吧。

汤家汇镇的河流属淮河水系，为淮河支流史河的主要发源地。境内银山畈大河经关庙流入梅山水库，汤汇大河、笔山大河经麻河流入梅山水库，焦元河经铁冲流入梅山水库，河道水流急，落差大，水资源丰富。

汤家汇镇地处北亚热带季风气候区，四季分明，春多寒潮，夏多暴雨，全年无霜期220天，适宜各种动植物生产。境内野生动植物资源1700多种，有金钱豹、原麝、穿山甲、水獭、大灵猫、小灵猫、赤腹鹰、白腹鹰等国家重点保护野生动物14种，有大杜鹃、八哥等安徽省重点保护野生动物11种，有银杏、榉树、厚朴、香果等5种国家重点保护野生植物，有三尖杉、天目木兰、巨紫荆等6种省级重点保护植物，有大叶杉、湘南、竹叶清、马甲子、中国旌节花等省稀有树种15种，被誉为生物宝库。境内地质结构较为复杂，已探明的矿产资源有10余种，铅、锌、钼矿蓄量较大，非金属矿花岗石储量丰富，达2亿立方米。

汤家汇镇自然生态旅游资源十分丰富。国家地质公园金刚台耸立于镇域豫皖两省交界处，总面积138平方千米，主峰海拔1584米，是豫东平原进入大别山区第一高峰，堪称"中原第一山"，其景点主要在汤家汇境内。金刚台的美随季节变换而生动变化。金刚台峰峦叠秀，风景清雅，苍松、怪石、奇峰、云海、飞瀑、深潭、峡谷、幽洞不计其数，集自然景观、名胜古迹、红色遗址、生物资源于一体，无限风光争奇称雄，是健身养老、休闲观光、科学考察的理想之地。银佛山位于境内西部，海拔1093米，面积万余亩，属于原始森林型风貌，境内松柏参天、怪石林立，洞佛交织、古寨龙显、桑田生辉。

汤家汇是革命老区，红军精神代代承传；汤家汇是资源富区，绿色生态优势明显；汤家汇是希望之镇，汤家汇的明天更美好！

茅畈村高湾杨门张氏贞节牌坊

基本镇情

区位

位置 位于北纬 31° 32′ ~31° 43′，东经 115° 28′ ~115° 39′，地处大别山主峰之一金刚台脚下，在豫皖两省交界处，为固始、金寨和商城三县接合部。东与铁冲乡、双河镇接壤，南与南溪镇相连，西与关庙乡为邻，北与河南省商城县伏山、金刚台乡交界。镇内有 3 条公路穿境而过，即丁（埠）商（城）省际公路、梅（山）南（溪）至汤家汇公路、商城至南溪公路。汤家汇距金寨县城 70 千米，距合（合肥）武（武汉）高速公路、合武高速铁路 20 千米，距 312 国道、沪陕铁路 30 千米，为豫皖两省交通要道，交通便利。

面积 2015 年，全镇面积 269.3 平方千米，其中山场 199.3 平方千米，耕地 17.7 平方千米，河流 13.46 平方千米，道路和村庄 26.93 平方千米，其他用地 11.91 平方千米。

建置

镇名由来 汤家汇原名梅溪镇。相传元末明初，翰林梅之焕出生之前，因避战乱，其母亲随着人流到大冲柳林的大塘边，腹痛难忍，无法前行，在塘边生下梅之焕。在当地人的帮助下，梅之焕母子住了下来。梅之焕渐渐长大，在禅堂庙学堂里勤奋学习，后考上秀才、举人、进士，并且当上翰林。后来他出生的地方，取名为梅溪塘，河流取名为梅溪河，小镇命名为梅溪镇。清朝初期，汤氏逐渐兴旺起来，整个梅溪镇中汤姓人为官的多，从事工商者多，田地山林占有的多。据《金寨县地名录》记载，汤家汇的名称由来已久，清朝初期，此地一汤姓人做了知府，人称“汤知府”，后遂以汤姓汇聚之地冠名“汤家汇”，把梅溪镇改为汤家汇镇，梅溪大河改名汤汇大河，梅溪塘未改，沿用至今。1955 年前，汤家汇为区公所所在地，区公所迁至南溪后，为乡政府驻地。英雄公社后使用“汤汇”用名，一直到 1983 年统一更名为“汤家汇”，恢复到清初时期的镇名。

建置沿革 隋朝，境域属河南光州管辖，后废州为郡，属弋阳郡的固始县。

北宋，先属河南光州商城县，后属安徽淮南道，不久改称淮南路，又属光山郡的固始县。

南宋，属河南淮西路光山郡的固始县。

元朝，属河南江北行中书省，淮西江北道汝宁府光州固始。

明成化十一年（1475），分置商城县后，属商城县。

民国初年，属河南省豫南道的商城县。

1929—1934 年，鄂豫皖边区设鄂豫皖省豫东南特（道）区，特（道）区以下有县、区、乡、村苏维埃政权，汤家汇先属商城县，后为赤城县、赤南县苏维埃政府管辖，1933 年豫东南道并入皖西北道，归皖西北道委、道区苏维埃政府领导。

1932 年 10 月，国民党政府设置立煌县，隶属河南省第九行政督察区（信阳）。

1933 年 3 月，立煌县改属安徽省，隶属于安徽省第三行政督察区（六安）。

1947 年 9 月，金寨解放，建立民主政权，立煌县改为金寨县，后设金东、金西、金北 3 个县建制，汤家汇属金西县。

1949 年 9 月，境内国民党地方武装被消灭，区、乡、村政权恢复，汤家汇区隶属于六安行署金寨县。

1956 年汤家汇区被撤销，与丁埠区一起并入南溪区。直至 2015 年 12 月汤家汇镇隶属六安市金寨县。

行政区划 1929 年 9 月，商城县成立工农革命委员会，同年 12 月改为商城县苏维埃政府，政府设在汤家汇。1932 年 2 月改为赤城县，当年 8 月改为赤南县，辖汤家汇、丁家埠、吴家店、白沙河、银山畈、苏仙石等区。汤家汇属赤南县，汤家汇区又称一区，辖 12 个乡，即汤家汇、竹畈、麻河、曹畈、桃树岭、金院子、双河、九坊、茅畈、泗道河等。银山畈区又称五区，辖银山畈、赵家湾、门山、渣子河等7个乡。

1940年，立煌县设4个区，汤家汇为第三区，辖汤家汇、银山畈、吴家店、牛食畈、丁家埠、白沙河、南溪、斑竹园8个乡。1945年，汤家汇区辖银山畈、牛食畈、吴家店、南溪、汤家汇、斑竹园6个乡。

商城县在金寨范围内的是和区、乐区。汤家汇区为乐区，辖溪上保（汤家汇、泗道河）、溪中保（竹畈、南溪）、溪下保（南湾、南塘）、蒙上保（银山畈）、蒙下保（蓟庄、斗林、门山）5个保。

1947年9月，金寨县民主政府下设9个区，11月划为14个区。汤家汇区为其中之一，辖银山畈、南溪、泗道河、汤家汇、丁家埠、南石塘6个乡。

1950年6月至1951年11月，汤家汇区辖银山畈、上畈、泗道河、梅河、彭畈、汤家汇、竹畈、曾畈、花园、吴湾、南溪、丁埠、南塘13个乡。1951年12月至1954年3月，汤家汇区辖银沙、上畈、门山、四河、瓦屋基、梅河、高冲、黄林、彭畈、汤家汇、竹畈、茅畈、花园、王畈、吴湾、南溪、丁埠、南塘、北塘、麻河20个乡。1954年4月至1955年12月，汤家汇区辖银山畈、上畈、门山、泗道河、瓦屋基、梅河、高冲、黄林、彭畈、汤家汇、茅畈、竹畈、花园13个乡。

1956年1月至1958年9月，汤家汇区、丁埠区合并成立南溪区。汤家汇乡设黄林、汤家汇、彭畈3个高级社，泗道河乡设泗道河、瓦屋基、梅河、高冲4个高级社，银山畈乡设银山畈、上畈、门山3个高级社，竹畈乡设茅畈、竹畈、花园3个高级社。

1958年9月，成立英雄公社，辖汤汇、银沙、四河境内的13个大队，竹畈境内的6个大队并入公社。

1961年6月，建区并社，英雄公社分为汤汇公社、四河公社、银沙公社，竹畈公社从超英公社分出，隶属南溪区。

1968年10月，撤区并社，汤汇公社辖汤汇、银沙、四河、竹畈（茅畈、竹畈、花岩）27个大队。

1972年2月，银沙公社从汤汇公社中分离出去。10月，建区划社，分设汤汇公社、四河公社。汤汇的花岩、竹畈、茅畈3个大队与南溪的葛山、花园、曾畈的3个大队合并成立竹畈公社。汤汇公社辖10个大队，四河公社辖9个大队，银沙公社辖5个大队，竹畈公社辖6个大队。

1983 年 7 月，全县乡镇体制实行改革，汤家汇乡辖 10 个村，1985 年乡改为镇。泗道河乡辖 10 个村，银山畈乡辖 5 个村，竹畈乡辖 6 个村，属南溪区。

1992 年 2 月，撤区并乡，汤家汇、泗道河、竹畈（花岩、茅畈、竹畈 3 村）并入汤家汇镇，辖 24 个村、1 个街道。银山畈乡单列，辖 5 个村。

2008年4月，汤家汇镇对村组进行调整，全镇分为8个村、1个街道，154个村（居）民组。同年 10 月，银山畈乡并入汤家汇镇，全镇辖 11 个村、1 个街道，194 个村（居）民组。汤家汇镇隶属金寨县，直至 2015 年年底。

1958—2015 年汤家汇镇行政区划演变简表

表 1　　　　单位：个

起止时间	乡名（公社名）	合计	村名（大队名）
1958 年 9 月至 1961 年 5 月	英雄	13	银沙、门山、上畈、高冲、四河、梅河、瓦基、汤汇、彭畈、黄林、枣林、大冲、笔山
1961 年 6 月至 1968 年 9 月	汤汇	10	汤汇、中铺、笔山、彭畈、豹岩、枣林、大冲、黄林、木山、蓟庄
	四河	9	四河、高冲、小铺、梅河、上塘、佛山、詹山、瓦基、高山
	竹畈	6	竹畈、茅畈、花岩、曾畈、花园、葛山
	银沙	5	门山、银沙、上畈、畈中、彭冲
1968 年 10 月至 1972 年 10 月	汤汇	27	彭冲、上畈、畈中、银沙、门山、四河、高冲、小铺、梅河、上塘、高山、佛山、瓦基、詹山、汤汇、中铺、笔山、彭畈、豹岩、枣林、大冲、黄林、木山、蓟庄、竹畈、茅畈、花岩
1972 年 11 月至 1992 年 1 月	汤汇	10	汤汇、中铺、笔山、彭畈、豹岩、枣林、大冲、黄林（1983 年改为斗林）、木山、蓟庄、
	银沙	5	门山、银沙、上畈、畈中、彭冲
	四河	10	四河、高冲、小铺、梅河、上塘、瓦基、佛山、詹山、高山、焦元（1978 年从小铺村划出）
	竹畈	6	竹畈、茅畈、花岩、曾畈、花园、葛山
1992 年 2 月至 2008 年 9 月	汤家汇	25	竹畈、花岩、茅畈、汤家汇街道（1990 年设）、中铺、笔山、楼房、斗林、彭畈、豹迹岩、枣林、大冲、泗道河、木山（2006 年并入斗林）、蓟庄、高冲、小铺、焦元（2006 年并入小铺）、上塘、佛山、高山、占山、瓦屋基、金刚台（由梅河改名）
	银山畈	5	门山、上畈、银山畈、西畈、彭冲
2008 年 10 月至 2015 年 12 月	汤家汇	12	瓦屋基、金刚台、豹迹岩、街道、斗林、茅畈、竹畈、笔架山、泗道河、上畈、门山、银山畈

地名 根据1983年出版的《金寨县地名录》，镇内各村上榜小地名576个。

1983年汤家汇境内地名一览表

表2

村名	标准地名	备注
金刚台	余祠堂、郑世坳、张口石、岗上、干河、仙桥、芝湾、戴家湾、上新屋、肖家湾、陆家湾、碾子河、余老湾、陶家湾、姚湾、四道湾、黄泥榜、近水沟、晏湾、海棠湾、岳家林、新屋、洪堂湾	境内有梅子河而得名。2012年改金刚台村
瓦屋基	李家祠堂、柳条湾、上楼房、余家祠堂、背阴、狮子摇铃、五斗冲、蔡家湾、白湾、中湾、下楼房、顾家湾、下塘、芦家湾、司家湾、瓦屋基、上马垄、马垄子、西湾、老鹰岩、筲箕湾、上塘、吴湾、程老湾、学家垄、沙塘、马口湾、莲花塘、石梁子、苏家畈、夏家中湾、毛竹园、夏家老湾、大沟苗、槐树湾、斗岗、桃园、桥上、田湾、四斗田、周家下湾、西冲、林家湾、毛家湾、桥湾、张湾、庄山、晏家老湾。晋湾、六斗笼子、桂家岩、祝家湾子、杨家湾、东湾、石门、高塝、后湾、汪家湾、丝棉沟、独田、程家祠堂、程家新湾、晏家湾、江原、铜佛寺、小石	以境内最大村庄瓦屋基的简称而得名
泗道河	虎心地、小竹园、朝阳、庙湾、庙岗、狗腿湾、冯家湾、斗笠树、天塘湾、徐家凹、下簝湾、中簝湾、太平桥、方冲、簝叶湾、吴家老湾、上簝湾、檀树咀、李家湾、八斗湾、漆树圆、白衣庵、吴家上湾、舒家湾、吴家下湾、塝子上、油坊、玉皇阁、高保岸、院墙、老虎湾、沙泥湾、庙坎、周家湾、土门坳、吴祠、吴家中湾、砖瓦窑、王家湾、小铺、夏家湾、后湾、八斗垄、堰口、曹老湾、张家湾、长田埂、吴家湾、西湾、洪家湾、洪家祠堂、乌牛石湾、大竹园、油坊、下凹、吴家下湾、店屋	因有四条小河汇集于此而得名（原四道河公社所在地）
豹迹岩	钟家湾、胡家老湾、石岩、马闹湾、高一湾、胡氏祠、栗树垱、上西湾、胡家小湾、江西坳、坳口岭、兰草岩、黄家湾、塘湾、寨沟、下店、止马河、葫芦湾、红石桥、大闹畈、下湾、四斗垄、赵畈、邓家祠堂、黑凹西冲、杜家湾、沟里头、布袋湾、建楼湾、坳口、黄祠、土桥湾、枣林、大塘、油坊、棚松树、石板、六斗榜、石郎子、王河口、饮马池、棏棚湾。换冲、上凹、岭后头、邓家老湾、山后头、陈家湾、石桥、林湾、进儿湾、李湾、蔡家湾、栗树坳、锅铁厂、碾子湾、徐家湾、大冲	境内胡祠后山一岩石上有豹子足迹印，故以此得名
笔架山	彭畈、庙后、王家湾、山头、吴家老湾、蚂蚁湾、九龙头、土门、彭家山、椴辟岭、大东湾、野猪塥、牛踏石、新寺、苇子湾、文冲、童家祠堂、薛家山、楼房、案冲、土桥沟、赶鱼嘴、陡岭寺、红竹园、车水边、黄畈、白果园、张湾、柳子湾、枫树湾、杨家湾、卷棚桥、笔架山、新桥、龙王店、东王庙、枫树、斗树、上邓家沟、夏家湾、李家湾、王湾、干塘子、下河、八冲、河口。岗上、上铺、中铺、保生塘、枣树湾、上塘湾、中塘湾、下塘湾、兔子岩、西湾、叶家湾、金钩	以境内出名村庄笔架山命名
汤家汇街道	孙塝、斗冲、何家老湾、船仓、大杨树湾、下西湾、胡家垄、上黄家湾、香末碓、下马台、老坟湾、吐金岩、河湾、仙人桥、大平地、井湾、大铺、大竹园、桃湾、下黄家湾、大冲、柳林、坳上、路边上、八斗垄、毛家湾、小河、济生堂、王家湾、长岭、胡家湾、清水塘、雷家湾、叶湾	以汤汇和大冲两村合并而成

续表 2

村名	标准地名	备注
茅畈	四岭沟、彭家湾、黄林、胡家庵子、龙潭、蒋老湾、石八湾、花石岩、黄湾、大柳树、邓家沟、小河口、小四湾、上畈、下畈、茅畈、高湾、李家湾、碎潭、七冲、杨老湾、虎形地、锦鸡笼、红茅田、张家湾	原大队以所辖茅畈村庄而得名。因原此处茅草遍野，故名茅草畈，后简称茅畈
竹畈	竹畈、龙井、干塘坳、石田、杨家祠堂、大堰、朝阳、清水塘、三元、猪头地、朝阳湾、狮头、河坪、周家湾、磨盘屋、补湾、油坊、瓦屋、吴家老湾、文家湾、竹园、稻草湾、背阴湾、虎形地、朱家湾、老铁棚、庙口、烂泥冲、五斗冲、麻鹿湾、雪岭、大[illegible]树、葫芦湾、吴铺、鹭鸶窝、田湾、陶家湾、曹家湾、火炮岭、金菩坑、过路岭	原大队驻地竹畈而得名
斗林	下湾、钟家下湾、钟家上湾、马家湾、杨树湾、畈中、蔡家湾、药王庙、李家老湾、塘湾、汪湾、虎林、碾湾、余家湾、花社庙、下油坊、斗笠树湾、林家湾、老郑家、驼粮冲、伊湾、老周家、大杨树、刘氏祠、吴家湾、新桥、沙塘、黄猫岩、黄家湾、花石庙、雷家湾、清白塘、大庄子、腰磨湾、黄泥塝、蒋湾、王小学、大堰、毛家老湾、赵湾、桂家湾、漆树湾、路边上、冲杪上、陈家湾、周家湾、蛇形地、赵家湾、刘家湾、徐家坪、对面、水口、南湾、狮子岩、高湾、后河、黄石畈	境内斗笠树湾和虎林两村庄简称得名。1983 年前曾叫黄林大队
门山	蔡铺、杨河湾、水打畈、松毛湾、老程家、何湾、中伏山、老肖家、岗上、潘家湾、上东湾、下东湾、白岩、余河、胡家垄、蔡老湾、郎家湾、朝阳、老湾、后湾、柴家湾、小学、龚家湾、大岗、陈家湾、泡树岗、彭家湾、漆坳、新屋、油坊、竹影庵、蔡家湾、王家湾、吴家坳、土门坳、七斗湾、陈家湾、山后、高山、杀人坳、燕子岩、雷天寺、草岭沟、新家湾、蒋家岩、余家河、檀树坳、何家湾、雷打石、碾子岗、胡家凹、三斗垄、峭尖、大塘、万家畈、铜锣	境内东西有两个大小山坳，形如大门，故得名
上畈	上店、邓家湾、观音岩、岳庙、横山、河口、卧牛岭、新湾、盛家湾、岭头、毛竹园、河东、朱家湾、汪家湾、蔡中湾、黄家湾、桂湾、八斗畈、王湾、桥头、李湾、陶湾、岭包、鄢家湾、塝上、谢家染铺、半个店	境内有三片畈田，此畈位置较高，以此而命名
银山畈	楼房、白水沟、麻栗树、彭家新湾、大铺湾、郑家湾、牛角冲、东塝、塘里沿、五斗田、赵家老湾、朱家湾、芦营、花园、莲花洼、枣树湾、白家湾、背阴、洪家湾、石板冲、中店、水口、孙家湾、斗笠树、上湾、毛园、岗上、周老湾、赵家湾、隐壁墙、河冲、桃园、余家湾、山包、张家湾、枣树塝子、板元湾、南冲、陈代祠、陈家湾、周湾、塔耳河、上河、小银山、八斗湾。新湾、花坟河、干塘、田湾、老湾、泥垄、土门、小铺、桃湾、黄泥田、道人湾、陈湾、中湾、官亭、枫树坳、上湾、沙坪子、蔡花石、中家湾、坳上、陶祠、仓房、桂花田、碾子湾、马跌石、石灰窑、小河、潭庙、祝家	境内一山有银矿，山下有平畈而得名，村名与原乡名同名

村级简介

1958年成立人民公社后，全社下辖27个大队（原汤汇公社10个大队，四河公社9个大队，银沙公社5个大队，竹畈公社3个大队）。各大队设党支部、管委会，配支部书记、大队长。“文化大革命”期间设党支部、革委会，配书记、主任。1983年乡镇体制改革后，大队改为村，集镇设街道，配支部书记、村（居）委主任。至2015年，党支部、村（居）委会经历9届。

2015年，境内辖竹畈、茅畈、斗林、银山畈、笔架山、豹迹岩、泗道河、瓦屋基、金刚台、门山、上畈11个行政村，汤家汇街道1个街道。

竹畈村 位于镇南部，村委会驻地九峰距镇政府5千米。东与茅畈村、南溪镇曾畈村，南与南溪镇花园村，西与斗林村，北与汤家汇街道接壤。2015年12月，全村共有19个村民组，1045户、4277人，男女劳动力2038人。面积15.4平方千米，山场1035.7公顷，耕地138.9公顷。村级公路长5千米，组级公路23条长35.45千米，其中水泥路2条长5.45千米，土路21条长30千米。2013年被评为省级美好乡村建设示范村，2014年加大建设力度，硬化道路8千米，安装路灯75盏，新建垃圾池45个，实施农村改厕150个，绿化面积3万平方米，改造房屋250户，新建400平方米农民文化乐园，建设主体休闲广场5500平方米。2015年农民人均纯收入8428元。

茅畈村 位于镇东南部，村委会驻地高湾距镇政府8.2千米。东与南溪镇，南与竹畈村，西与汤家汇街道，北与笔架山村及双河镇交界。2008年4月，由原花岩、茅畈两村合并而成。2015年，全村共有12个村民组，593户、2739人，男女劳动力1375人。面积15.83平方千米，山场1867公顷，耕地68.53公顷。村级公路9.6千米，组级公路13条长28.2千米。其中水泥路4条长12.4千米，土路9条长13.8千米。2015年农民人均纯收入8334元。

斗林村 位于镇西南部，村委会驻地李湾距镇政府4千米，东与街道相连，南与竹畈村交界，西邻门山村、南溪镇葛山村，北与豹迹岩村枣林隔河相望。2008年4月由原斗林、蓟庄村合并而成。2015年，全村共有16个村民组，848户、3804人，男女劳动力1826人。2015年人均收入7995元。面积20平方千米，山场1762公顷，耕地238公顷，村级水泥路长15.5千米，组级水泥路2条长11.5千米，土路10条长15千米。全村有杉木林场200公顷，新栽植油茶65公顷。李家湾被列为省级传统村落和县级文物保护单位。刘氏祠为省级文物保护单位。

汤家汇街道 位于镇中心地带，居委会驻地孙榜村民组。东与茅畈村，南与竹畈、斗林村，西与豹迹岩村，北与笔架山村相连。2008 年 3 月，由原汤汇、大冲两村及街道居委会合并而成。2015 年，居委会有 14 个居民组，1177 户、6225 人，男女劳动力 2265 人。2015 年居民人均纯收入 8778 元。面积 10 平方千米，有山场 350 公顷、耕地 106 公顷。村级公路长 3 千米，组级公路 15 条长 24.5 千米，其中水泥路 2 条长 4.4 千米，土路 13 条长 20.1 千米。接善寺、徐氏祠两处是全国重点文物保护单位。廖氏太守祠、何氏祠、廖氏三柏祠、易氏祠、姚氏祠 5 处为省级文物保护单位。

笔架山村 位于镇北部，村委会驻地岗上组，距镇政府 3 千米。东与茅畈，南与汤家汇街道，西与豹迹岩、泗道河，北与双河镇、铁冲乡毗邻。2008 年 3 月，由原中铺、楼房、彭畈、笔架山 4 个村合并而成。2015 年，全村共有 18 个村民组，1260 户、5131 人，男女劳动力 2470 人。2015 年人均纯收入 8029 元。面积 45 平方千米，共有山场 1552 公顷，耕地 168.8 公顷。村级公路 32.83 千米，组级公路 14 条长 43 千米，其中水泥路 2 条长 18 千米，土路 12 条长 25 千米。下河易家湾被列为省级传统村落，王氏祠为省级文物保护单位。境内笔架山大庙为笔架山农校遗址，为镇旅游景点。

豹迹岩村 位于镇西北部，村委会驻地枣林，距镇政府 5 千米。东与笔架山村、南与汤汇街道，西与斗林村、泗道河村，北与泗道河、笔架山村交界。2008 年 3 月，由原高山村、枣林村、豹迹岩 3 个村合并而成。2015 年，全村共有 18 个村民组，1080 户、4600 人，男女劳动力 2709 人。2015 年农民人均纯收入 8312 元。面积 15 平方千米，山场 1853.3 公顷，耕地 135.3 公顷。村级公路 10.5 千米，组级公路 39 条，26.8 千米，其中水泥路 2 条长 1.5 千米，土路 38 条长 26 千米。豹迹岩村胡氏祠是鄂豫皖省委会议、红二十五军与红二十八军合编地旧址。胡氏祠为全国重点文物保护单位，枣林廖氏庄园被列为省级传统村落，邓氏祠为省级文物保护单位。2013 年，原村级公路拓宽，铺设 5 米宽水泥路，成为汤家汇一条精品红色旅游线路。

泗道河村 位于镇西北部，村委会驻地泗河大竹元，距镇政府 11 千米。东与铁冲乡，南与豹迹岩村，西与门山村，北与瓦基村、金刚台村毗邻。2008 年 4 月，由高冲、小铺（焦元村已于 2005 年与小铺村合并）、泗道河 3 村合并而成。2015 年，全村共有 17 个村民组，1223 户、5211 人，男女劳动力 2522 人。2015 年农民人均纯收入 8645 元。面积 36 平方千米，山场 2733 公顷，耕地 137.2 公顷。村级公路 10.5 千米。组级公路 8 条长 20.5 千米，其中水泥路 1 条长 10 千米，土路 7 条长 10.5 千米。曹氏祠、吴氏祠为省级文物保护单位，境内金刚台焦元段为镇旅游景点。

瓦屋基村 位于镇西北部，村委会驻地瓦屋基小街，距镇政府 15 千米，东南与泗道河村，西与河南省商城县伏山乡，北与金刚台村接壤。2008 年 3 月，由原上塘、瓦屋基、佛山、詹山 4 个村合并而成。2015 年全村有 27 个村民组，1592 户，6776 人，男女劳动力 2939 人。2015 年人均纯收入 8261 元。面积 25 平方千米，山场 2578.5 公顷，耕地 171.9 公顷。村级公路 4 条长 7 千米，组级公路 21 条长 50.5 千米，土路 16 条长 42 千米。村内列宁小学是全国重点文物保护单位。詹山晏家老湾被列为中国传统村落，佛山李老湾为省级传统村落，程家老屋被列为省级文物保护单位。

金刚台村 位于镇西北部，村委会驻地余祠组，距镇政府 20 千米。东与泗道河，南与瓦屋基，西与河南省商城县佛山乡接壤，北靠金刚台，由原梅河村改名。2015 年，全村有 10 个村民组，561 户、2520 人，男女劳动力 1448 人。2015 年农民人均纯收入 8206 元。面积 13 平方千米，山场 1188 公顷，耕地 60.3 公顷。村级公路 3.1 千米。组级公路 5 条长 10.5 千米，其中水泥路 1 条长 1 千米，土路 4 条长 9.5 千米。岳林、东湾两处为省级传统村落，境内金刚台为国家地质公园。

门山村 位于镇西部，村委会驻地门山泡树岗，距镇政府 16 千米。东与斗林村，南与南溪镇葛山村、关庙乡银山村，西与银山畈村、上畈村，北与泗道河村、瓦屋基村毗邻。2015 年，全村有 13 个村民组，616 户、2660 人，男女劳动力 1540 人。面积为 25 平方千米，山场 2500 公顷，耕地 82.7 公顷。村级公路长 2.88 千米，组级公路 23 条 17 千米，其中水泥路 1 条长 3 千米。土路 22 条长 14 千米。境内银佛山为镇旅游景点。2015 年农民人均纯收入 8696 元。

银山畈村 位于镇西部，村委会驻地银山畈小街，距镇政府 22 千米。东靠门山村，南与关庙乡毗邻，西与河南省商城县伏山乡交界，北与上畈村相连。2009 年 4 月，由原彭冲、西畈、银山畈 3 个村合并而成。2015 年，全村共有 20 个村民组，1252 户、5226 人，男女劳动力 2808 人。2015 年农民人均纯收入 8125 元。面积 30 平方千米，山场 2250 公顷，耕地 305.2 公顷。村级公路 5 千米，组级公路 18 条长 40 千米，其中水泥路 7 条 15 千米，土路 11 条 25 千米。三峡画院院长周森投资 3000 万元建中国三峡画院写生基地，坐落于银山畈街道周湾组。

上畈村 位于镇西部，村委会驻地距镇政府 23 千米。东与门山村，南与银山畈村，西与河南省商城县伏山乡相邻，北靠银佛山。2015 年，全村有 8 个村民组，737 户、

3008 人，男女劳动力 1510 人。2015 年农民人均纯收入 8374 元。面积 14 平方千米，山场 1033 公顷，耕地 121 公顷。村级公路 1 条长 2 千米，直通商城县伏山乡。组级公路 11 条长 15.5 千米，其中水泥路 5 条长 4.5 千米，土路 6 条长 11 千米。上畈村朱家湾为中国传统村落。

2008—2015 年汤家汇镇行政区划村组演变简表

表 3　　单位：人

村名	2015 年人口	合并范围		合并后村（居）民组名	新村委会地址
		原村名	2008 年人口		
瓦屋基	6776	上塘	1315	石梁、程祠、苏畈、大沟、上塘、沙塘	瓦屋基
		瓦屋基	2243	老岩、西湾、马垅、下塘、瓦基、蔡湾、上楼、中湾、下楼、晏湾	
		佛山	1545	汪湾、东湾、亚湾、竹湾、独田、佛山	
		詹山	1062	周湾、田湾、毛湾、张湾、吴湾	
金刚台	2520	未合并	2288	洪兴、黄林、老湾、研河、石河、张石、沙河、戴湾、孙山、年石	金刚台
豹迹岩	4600	高山	1383	高山、邻湾、换冲、蔡湾、栗坳	枣林
		豹迹岩	1428	江坳、胡祠、兰岩、黄祠、大畈、胡老湾	
		枣林	1497	河口、建楼、枣林、梖湾、布湾、西冲、光明	
汤家汇街道	6225	汤家汇街道	2306	新街、南头、北头、清塘、镇直	汤家汇街道（原财政所）
		汤汇	1536	河湾、孙榜、船仓、上黄湾、下黄湾	
		大冲	1536	大铺、大冲、小河、长岭、济生塘	
斗林	3804	斗林	2155	刘湾、黄湾、西冲、杨术、斗林、下湾、托冲、碾湾、塘湾	斗林
		蓟庄	1201	大堰、赵湾、小学、黄泥、蒋湾、白塘	
茅畈	2739	花岩	928	双塘、黄林、彭湾、蒋湾、花岩	茅畈
		茅畈	1570	上畈、邓沟、锦龙、红田、四团、李湾、高湾	
竹畈	4277	未合并	3965	大堰、河坪、朝阳、狮头、金山、双塘、三元、油坊、三合、竹畈、中心、柳林　竹元、学岭、庙口、吴铺、田湾、八冲、九峰、路窝、火岭	竹畈
笔架山	5131	中铺	1112	中铺、岗上、中塘、金沟	中铺
		彭畈	1357	文冲、牛石、彭山、九龙、雪山	
		笔山	874	下河、李湾、斗术、笔山	
		楼房	1226	杨湾、红元、斗岭、黄畈、楼房	

续表 3

村名	2015 年人口	合并范围		合并后村（居）民组名	新村委会地址
		原村名	2008 年人口		
泗道河	5211	小铺	1420	焦元、辽湾、李湾、斗木、太平桥	泗道河
		高冲	1070	沙湾、舒湾、油坊、下湾、院墙	
		泗河	2014	周湾、中湾、小铺、方冲、街道、大竹元、驻马冲	
上畈	3008	未合并	2997	三湾、汪湾、岗中、朱湾、上店、桥头、李湾、吴坳	上畈
门山	2660	未合并	2306	蒋岩、铜锣、朝阳、东湾、油坊、大岗、余湾、山后、何湾、蔡铺、老湾、伏山　兴湾	门山
银山畈	5226	彭冲	1006	兴湾、格山、仓房、关亭、大岭	银山畈（原银山畈乡财政所）
		西畈	1410	赵祠、郑湾、大铺、六坊、旱湾、洪湾	
		银山畈	2404	银山、塔河、引祥、中店、周湾、河中、马堰、六冲、单位	

自然环境

地质　镇内有一条断裂带，为燕山构造运动后断层作用加剧而形成的金刚台断裂，通过银山畈—金刚台一线，长约 40 千米，宽约 50 ~ 100 米。断裂带是地震活动比较频繁的地带，史料记载不完整，只有 1917 年 1 月 24 日的一次地震活动的记载。2014 年 8 月曾发生 30 余次波及全县的 4 级以下地震，都在断裂带附近，对居民和建筑均无损伤。

汤家汇镇岩浆种类属酸性岩类，主要分布于汤家汇—丁家埠—天堂寨一线（出露面积 71 平方千米）。其中金刚台地区为喷出岩类，火山爆发，使喷发的岩浆迅速冷却，来不及结晶和分选，形成一套中性、酸性的喷出杂岩以及火山碎屑岩。

地形　属典型的山区地形，地势西北高、东南低。山地面积占全镇的 80.4%，森林覆盖率 78%。竹畈、街道、茅畈为低山区，平均海拔 200 ~ 500 米，斗林、笔架山、豹迹岩、上畈、银山畈为中山区，平均海拔 500 ~ 700 米，泗道河、瓦屋基、金刚台、门山为高山区，平均海拔 750 米以上。

山川 县境四大山脉之一的金刚台位于汤家汇镇，主脉从老和尚尖到佛山大岔，金刚台有 4 条西北至东南走向支脉，即佛山大岔—流斗垅支脉，大峰尖—黄鹄山脉，大峰尖—雀子坳山脉，蚂蟥岭—大马鞍山脉。镇域内海拔 1000 米以上的山峰有 17 座，如金刚台平天铺、插旗尖、女人寨、风包尖、蜜蜂尖、九峰尖、大背尖、月亮口、金刚台、佛山顶等，其中最高峰海拔 1584 米，因形似金刚而得名，为金寨县第二高峰。

气候 北亚热带大陆性季风气候，四季分明，最高气温 41℃，最低气温 −11℃，年平均气温 12.2℃，年降雨量 1500 毫米左右，无霜期 220 天，昼夜温差较大。金刚台地质公园处于亚热带和北温带的过渡带，气候温和，雨量充沛，属大陆性湿润季风气候。

自然资源

动物资源

境内地处北亚热带向暖温带的过渡地带，气候温和，雨量充沛，南北植物兼容并存，植被繁茂，为野生动物生活繁衍提供理想栖息环境，野生动物资源丰富。2008 年 7 月，县林业局组织林业专家、技术人员对金刚台地区进行详细的动植物资源调查，境内野生动物资源 200 种，主要有香獐、果子狸、野山羊、猫头鹰、野猪、白颈长尾雉、娃娃鱼、甲鱼、银鱼等。

兽类 有小麂、野猪、麝、青羊（野山羊）、夜蝠、野兔、松鼠、黄鼠、金钱豹、狼、水獭、大灵猫、小灵猫、果子狸、刺猬等 30 多种。

鸟类 有翠鸟、蜂虎、三宝鸟、斑啄木鸟、蓝翅八色鸫、灰喜鹊、八哥、麻雀、山麻雀、短尾信天翁、画眉、黄嘴白鹭、白眉鸭、白额雁、石鸡、山鸡、绿孔雀、红胸田鸡、水雉、针尾、小青脚鹬、燕鸥、大小杜鹃、金丝燕等 130 余种。

两栖类 无尾科目有斑腿树蛙、金钱蛙、虎纹蛙、青蛙、大蟾蜍、中国林蛙、日本林蛙、花臭蛙、大树蛙等16种。有尾科目有大鲵、北鲵、东方蝾螈、极北小鲵、肥鲵5种。

爬行类 有壁虎、石龙子、草蜥、纯尾两头蛇、赤链蛇、双斑锦蛇、水游蛇、草游蛇、金蛇、银环蛇、蝮蛇、五步蛇、竹叶青、菜花烙头蛇、金龟、鳖、断板龟、黄缘闭壳龟等40种。

鱼类 有鲤鱼、鲫鱼、马口鱼、青鱼、草鱼、鳊鱼、棒花鱼、文昌鱼、泥鳅、鲢鱼、鲶鱼、黄鳝、刺鳅、冷鳅鱼等50种。

软体动物 有中国圆田螺、方形环梭螺、蛞蝓、河蚬、蜗牛、褶纹冠蚌、背角无齿蚌、背暗异唇蚓、蚂蟥、宽体金线蛭、日本医蛭等10多种。

昆虫类 有中华蜜蜂、大黄蜂、土蜂子、大头金蜂、虱子、蜈蚣、蜘蛛、竹蠹虫、千脚虫、地鳖、螳螂、九香虫、蜻蜓、稻蝗、尖头蚱蜢、蝼蛄、蟋蟀、萤火虫、星天牛、家蚕蛾、黄刺蛾、灯蛾、金凤蝶、黑蚁、黑蚱等40多种。

植物资源

用材树种类 有梧桐、泡桐、马尾松、黄山松、雪松、水杉、柳杉、落羽杉、毛白杨、大官杨、旱柳、胡桃、枫杨、野核桃、板栗、麻栎、栓皮栎、青桐栎、油栎、青檀、白榆、杨树、桑树、樟木、海桐、枫香、杜仲、皂角、槐树、臭椿、苦楝、重阳术、柏树、化香树、山漆树、栾树等100余种。

果树种类 有猕猴桃、野山楂、茅栗、山杏、山桃、山核桃、山葡萄、山樱桃、山李子、悬钩子、胡颓子等10余种。

食用植物种类 有木瓜、桃子、苹果、梨、山莓、金橘、枣子、柿子、板栗、山茶、葡萄、野菱角、山丹、山药、慈姑等40多种。

药用植物种类 有鸭舌草、灯芯草、天门冬、贝母百合、石蒜、姜、天麻、杜仲、石松、石柏、海金沙、紫萁、乌蕨、半边旗、半夏、蜈蚣草、猪毛草、抱石莲、破铜钱、满江红、三白草、金栗兰、无花果、珍珠连、何首乌、金钱草、野菠菜、荞麦三七、紫参、山红花、牛膝、鸡冠花、莲子草、野苋、石竹、护兰、鹅不食草、芡实、山木通、天葵、鸡爪草、蝙蝠葛、合子樟、土沉香、景天三七、扯根草、毛山楂、鸡血藤、满天星、百合、枸骨、无患子、凤仙花、木芙蓉、元宝草、爬山虎、桔梗、半边莲、白术、枸杞、算盘子、仙人掌、木半夏、野菊花、生地、车前草、山葫芦、珍珠菜、野胡萝卜、柴胡、野芹菜、水蜈蚣、白玉兰、海棠、枇杷、丁香、六月雪、吊兰、芦荟、夹竹桃、樱花、美人蕉、橡皮树、茶梅、金丝桃、金橘、紫茉莉、南天竹、西洋参、杜鹃、米兰、断血流、麦冬等。

油科植物 有油茶、油桐、木籽、蓖麻籽等；栲胶植物有垂柳、水蓼、水杨梅、地捎瓜等；纤维植物有大麻、细野麻、木瓜等；造纸植物有葫芦桑、龙须草、灯芯草等；编织植物有红皮柳、五叶木通、芦竹等；绿肥植物有紫穗槐、树麻、紫云英等；牧草植物有羊蹄、苦荞麦、猪毛草、苦菜、风花菜、眼子菜等。

植物小群落 金刚台有9个植物小群落，镇内有4个。汤汇焦园一号瀑海拔660米，五加科刺楸小群落，约5亩；汤家汇梅子河筲箕淌下，海拔1235米，豆科巨紫荆小群落；汤家汇焦园、铁瓦寺海拔1307米，清风藤科南京柯楠树小群落；汤家汇梅子河平天铺南坡，海拔1528米，忍冬科天目琼花小群落，同时伴生有三桠乌药、湖北海棠等。

植被 森林多以松杉、杂木等多年生落叶用材林为主。境内生长有珍珠黄杨、黄檀、化香等珍稀植物1700余种，百年以上古树200余株。

2008年金刚台国家级、省级重点保护野生植物及稀有植物一览表

表4

植物名称	保护级别	植物名称	保护级别
银杏	国家一级	苦皮藤	省稀有种
榉树	国家一级	湘南	省稀有种
樟树	国家二级	金钱柳	省级保护
野大豆	国家二级	刺楸	省级保护
厚朴	国家一级	日本绣线菊	省稀有种
野大豆	国家一级	陇赛忍冬	省稀有种
香果树	国家一级	竹灵消	省稀有种
三类杉	省级重点	无患子	省稀有种
天目木兰	省级重点	肥皂荚	省稀有种
紫茎	省级重点	马甲子	省稀有种
巨紫荆	省级重点	中国旌节花	省稀有种
粗榧	省级重点	重阳术	野生植物
青钱柳	省级重点	石竹	野生植物
大叶雀梅藤	省稀有种	木半夏	野生植物

续表 4

植物名称	保护级别	植物名称	保护级别
黄连木	省稀有种	野芹菜	野生植物
天目琼花	省稀有种	西洋参	野生植物
大叶朴	省稀有种	苦菜	野生植物
水榆花楸	省稀有种	山丹	野生植物
扇脉杓兰	省稀有种	毛山楂	野生植物

2015 年汤家汇镇金刚台区域内动物一览表

表 5

目名	科名	中文名	保护等级
		兽类	
鳞甲目	穿山甲科	穿山甲科	国家二级
食肉目	犬科	狼（驴头狼）	国家二级
食肉目	鼬科	水獭	国家二级
食肉目	灵猫科	大灵猫	国家二级
食肉目	灵猫科	小灵猫	国家二级
食肉目	猫科	金钱豹	国家一级
偶蹄目	鹿科	原麝	国家一级
		鸟类	
隼形目	鹰科	赤复鹰	国家二级
隼形目	鹰科	鸢	国家二级
隼形目	鹰科	白腹鹰	国家二级
隼形目	隼科	红隼	国家二级
鸮形目	隼科	短耳鸮	省级保护
鸮形目	隼科	长耳鸮	国家二级
鸮形目	隼科	斑头鸺鹠	国家二级
鸮形目	隼科	鸺鹠	省级保护
鸡形目	雉科	白冠长尾雉	国家二级
鸡形目	雉科	勺鸡	省级保护
鹃形目	杜鹃科	四声杜鹃	省级保护
鹃形目	杜鹃科	大杜鹃	省级保护
裂形目	啄木鸟科	斑啄木鸟	省级保护
裂形目	啄木鸟科	绿啄木鸟	省级保护
佛法僧目	翠鸟科	蓝翡翠	省级保护
雀形目	椋鸟科	八哥	省级保护
雀形目	画眉亚科	棕颈钩嘴鹛	省级保护
雀形目	燕鸻科	普通燕鸻	省级保护

水资源 2015年，境内有泗道河、汤汇大河、落星河、茅畈大河、塔儿河、花木河、蓟庄大河及麻河的发源地梅子河，均为史河水系上游。河流经茅畈汇入梅山水库，其中塔儿河、花木河汇于关庙大河注入梅山水库。河道总长约76千米，流域面积67.3平方千米，平均坡降16.9%。南溪镇的麻河发源地金刚台，源头梅子河，中游泗道河，下游麻河至两河口与双河相汇，入史河。河道长35千米，流域面积225平方千米，平均降坡8.3%。水能蕴藏量8000千瓦。塔儿河、花木河下游"鲤鱼跳龙门"处两面山坡高悬陡峭、落差大，是建水电站的良好位置，有待开发。

土地资源 2015年，汤家汇镇土地面积大、山场宽、林地广、耕地少。总面积269.3平方千米，其中山场199.3平方千米，耕地17.7平方千米，人均耕地360平方米。林地面积占全镇的84.4%，森林覆盖率78%。境内千米以上山峰17余座。至2015年，全镇常用耕地17.6平方千米，其中水田15.1平方千米，旱地2.4平方千米。25度以上坡地0.62平方千米。土壤以黄棕壤为主，pH值为5.5～6.5之间，土层深浅不等，岩石、砂石多，耕地一般含氮、磷、钾，面积在30%～40%。

矿物资源 镇内花岗石储量2亿立方米，主要分布于笔架山村、豹迹岩村、泗道河村、瓦屋基等村。有色金属铅、锌、钼矿品位高，储量大。铅锌钼矿主要分布在银山畈村、门山村，面积15平方千米。蕴藏矿石1500万吨。

人口与宗族

人口

人口分类与普查 20世纪40年代，镇内人口2万余人。新中国成立后人口发展较快，到20世纪90年代有4.5万多人。2000—2011年，全镇人口始终徘徊在4.9万人左右。主要以汉族为主，有少数回族、苗族、壮族、满族人。2015年，全镇总人口50952人，其中男性27261人，女性23691人。劳动年龄人口25094人。2代户约占59%，1代、

3 代户各占 20%，4 代户占 1%，平均每户 4.2 人。文化水平为小学的占 25%，初中约占 68%，高中以上约占 7%。全镇大学以上学历为 3000 人左右。全镇常年有 2.4 万人到外打工，占总人口的 45%。2000 年进行了全国第五次人口普查，全镇总户数 11304 户，其中家庭户 11258 户，集体户 46 户。常住人口 38647 人，其中男性 20269 人，女性 18378 人。当年出生人口 413 人，其中男性 247 人、女性 166 人（该次统计未包括银山畈乡在内）。2010 年进行了全国第六次人口普查（2008 年 10 月银山畈乡并入汤家汇镇），全镇户籍人口 49853 人，其中男性 27116 人，女性 22737 人。常住人口 25458 人，其中男性 12882 人，女性 12576 人。从年龄段分，常住人口中，0 ～ 14 岁 6398 人，15 ～ 59 岁 13663 人。中共十一届三中全会以来，居民生活日渐富裕，长寿老人日渐增多。2015 年年底统计，全镇 60 岁以上的老人 5397 人，占总人口的比例为 11%；80 岁以上的老人 316 人，占总人口的 0.62%；百岁以上的老人 1 人。

人口姓氏及迁徙 2015 年年底统计，汤家汇有姓氏 102 个，1.2 万户。其中人口数量在 1250 ～ 4000 人之间的姓氏有李、王、吴、余、程、张、廖、徐、何。人口 1000 人以上的姓氏还有陈、彭、邓、胡、周、刘、杨、蒋等。新中国成立后，县境建梅山、响洪甸两大水库，河南省商城县建鲶鱼山水库，三大水库移民迁到汤家汇 1790 人，至 2015 年移民人口增加到 2943 人。

宗族

镇内姓氏众多，文化丰富，各姓氏均有不同的族训家规，在历史上不同时期各姓氏都出现一大批历史名人，对家族、对国家作出不同贡献。

廖氏 原居湖北省罗田县廖家坳。清康熙三十二年（1693），仲二公十三世孙有珩公迁汤家汇土岩。清雍正五年（1727），十三世孙有儒公、有亿公迁汤家汇。清乾隆五年（1740），十五世孙深公迁汤家汇豹迹岩。同期，十四世孙启堂、启贤公迁汤家汇彭畈大东湾。1914 年，二十世孙允洛公由南溪迁入汤家汇花岩。仲二公次子文质后裔有 3 支先后迁入汤家汇街道、斗林等地。从有字辈开始已下传十五世，现在存续的有九代，为业、允、肇、家、祥、荣、开、基、续。现有 394 户、1800 人，主要分布在竹畈、茅畈、斗林、汤家汇街道、笔架山、豹迹岩一带。汤家汇廖氏于清道光九年（1829）在汤家汇街道建太守祠 24 间，占地 1500 平方米。土地革命时期为赤南县苏维埃政府驻地，2012 年被批准为省级重点革命文物保护单位。清咸丰元年（1851）在街道建三柏祠（又名三辈祠）9 间，占地 500 平方米。土地革命战争时期为商城县总工会、俱乐部驻地，2012

年被批准为省级重点为文物保护单位。廖氏先后编修宗谱 10 次 41 卷，其堂号为汝南郡世彩堂。宗族成立理事会，负责续谱、修祠、祭祖，办理婚丧事宜，处理矛盾纠纷，会长（族长）廖少淞。廖氏家训主要内容："忠孝以笃根本、友爱以敦手足、睦族以广孝友、恭敬以事长上、善教以成子弟、重丧祭以崇先、平等以摒贵贱、谨闺门以范礼、务本业以厚生、戒淫邪以惩恶、禁赌奢以立品，戒涉讼以息怨、重六亲以资家政、敬师友以广交游、爱婿、媳以厚家风、勤修行以求完美。"廖氏辈派一百代："风镇洪业、允肇家祥、荣开基续、忠厚源长、达才成德、用经守纲、英武俊彦、盛庆繁昌、毓秀怀锦、继先发扬……"

杨氏 始祖周武王八十七世孙三畏、三乐二公于明末由山东枣林岗迁河南省固始县火龙岗，因战乱复迁商南汤家汇，至今 400 余年，下传徐、祥、明、绍、乾、之、大、道、振、瑞、朝、恒、清、广、锡十五世，现存续的有六代，为瑞、朝、恒、清、广、锡。境内有 250 户、1102 人。主要分布在竹畈、茅畈、汤家汇街道、笔架山、斗林、瓦屋基、银山畈等村。汤家汇杨氏于清咸丰二年（1852）在竹畈村金山组建杨氏宗祠，上下殿 6 间，偏房 2 间，占地 800 平方米。2003 年 9 月至 11 月，集资 6.2 万元重修。自清咸丰元年（1851）始，先后修谱 5 次 18 卷。杨氏成立宗族理事会，推选杨宏为会长。杨氏家规为："立户长，举房长、建宗祠、修宗谱、谨茔墓、和宗族、敦孝悌、尚勤俭、孝子弟、谨闺门、禁忤逆、息争讼、治生理、存老谱。"

徐氏 原居湖北省罗田、蕲春、麻城等地。清雍正七年（1729），枢公后裔十八世孙成铭由浠水县松山乡迁汤家汇、竹畈、笔架山、中铺一带。次年，十八世孙定麟公由麻城闵集迁中铺枣湾、银山畈西畈一带。清朝初，二十一世孙英公由罗田迁梅子河张石一带。清道光年间二十二世孙大顺由浠水大马桥迁笔架山白园。门山东湾徐姓于清初由罗田骆驼坳迁来，大冲井湾徐姓是十八世孙文林由皖南青阳迁来。境内另有梅山水库、响水甸水库少量徐氏移民。徐姓 290 户、1363 人。汤家汇徐姓原有 4 个堂号：三河堂、思贤堂、清河堂、福德堂。1942 年、1982 年、2001 年徐氏第六、七、八次续修宗谱，共 37 卷。境内徐氏宗祠有 3 处：一处在汤汇南头，由时显公后裔所建，三间两进，于民国初年被白朗土匪烧毁。一处是汤汇老街街心福德祠，三间三进。大革命时为赤城县苏维埃政府邮政局，红军长征后国民党七十五师纵火将后殿烧毁，为国家级重点文物保护单位。另一处是街道大冲组义臣祠，始建于清同治三年（1864），两进两厢 18 间房屋。大革命时是红军武器修配站和红二十八军后方医院，后被国民党七十五师烧毁。2013 年徐氏家族集资重建，恢复原貌。同时，用水泥浇筑 500 平方米广场和 150 米通道。汤家汇徐氏在清光绪年间同榜中 3 个秀才，有“论财势肖、姚、易（当时汤汇三大旺族），论书香邓、廖、徐（指文化人多）”之说。

曹氏 原居江西省彭泽县乐观镇。清康熙元年（1662）百世孙东恒公、东求公、伯先公、文玉公迁银山畈、上畈桂家湾。清康熙五十九年（1720）一百零一世启栋公、启材公迁至泗道河驻马冲。清朝、民国时期大部分迁往他地，留守汤汇一支。现有 153 户、639 人。主要分部在泗道河、豹迹岩、街道、斗林、竹畈一带，从有字辈开始已下传十世，现在存续八代为：宗、德、正、作、洪、光、汝、维字辈。汤家汇曹氏于清光绪十一年（1885）在泗道河驻马冲建祠 25 间、占地 1500 平方米。解放战争时期刘邓大军野战医院驻此，2012 年被批准为省级重点革命文物保护单位。曹氏先后编修宗谱 8 次 60 卷，其堂号为焦郡敬睦堂。宗族成立理事会，负责续谱、修祠、祭祖、办理婚丧事宜、处理矛盾纠纷。曹氏家规主要内容：“重孝行、睦兄弟、和宗族、教子弟、孝祖宗、谨坟墓、守法制、爱国家。”曹氏家戒主要内容：“戒不谨内宅、戒戏谑、戒争讼、戒谣邪、戒酗酒、戒赌博、戒偷盗。”

吴氏 汤家汇镇吴氏，共有 790 余户，3800 余人，居全镇姓氏人口第二位。主要分布汤家汇街道、笔架山、竹畈、泗道河、瓦屋基及斗林、上畈等地，大小支第有孝子坟、薛家山、竹插畈、阳山、范祺、鲍家冲、流波等十余支，其主要支系为孝子坟、薛家山和竹插畈三支。孝子支，据《大明一统志》卷六十一载：“吴大中，其先信之弋阳人，元时徙居罗田。”清康熙四十八年（1709），孝子十八世孙士正公由湖北罗田县城郊中界河迁泗道河佛山脚下土门坳，垦荒肇基吴中塆。孝子后裔于清光绪元年（1875）在吴中塆东北角的山坳里建吴氏宗祠，占地 15 亩，瓦房 34 间（1050 平方米）。土地革命时期，中共甘肃省委原书记冯纪新以此祠为据点，开展革命活动。解放战争时期，刘邓大军挺进大别山，吴氏宗祠成为解放军驻地。2012 年 6 月，吴氏宗祠被批准为省级文物保护单位。薛家山支，始迁祖永兴吴氏良材三十三世洪珍公，于雍正年间携长子柱武、五子柱富由湖北大冶市灵乡上吴庄，迁至薛家山九龙头，肇基吴家老塆。武公三世孙复迁湖北竹山。竹插畈支，由仲安偕弟仲明自江西迁河南商城居住四十余年，后又业医于固始县樟柏岭，继又迁至金寨县双河镇居住数年，仲安公又自双河迁至汤家汇镇，定居于竹插畈，明公裔仍居双河。其后裔于 1932 年在汤家汇街道大铺组建吴氏宗祠，历经朝代更迭，宗祠损毁，竹插畈吴氏于 2012 年在旧址又重建了宗祠。汤家汇镇其他近十支吴氏先后不同由邻近县、镇复迁或移民于此。汤家汇吴氏，不同支系在汤家汇镇传代世数不一，最多已下传十五世，现存续的有八代。吴氏先后编修宗谱的最多达六次，堂号有至德堂、三让堂、忠孝堂等。吴氏家训的主要内容是："忠祖国，爱同根；举孝德，齐家声；振祠宇，兴人文；重祭祀，悼先人；续谱牒联宗亲；精业务，长技能；守国法，慎婚姻；知荣耻，正品行；和本族，睦乡邻。"

舒氏 元朝末年，福三公由江西进贤县迁入湖北罗田县，此公为迁鄂后第一世祖，到十二世祖仕现公迁入泗道河村高家冲。经繁衍发展到今已二十五世，现有 102 户、530 人，主要分布在泗道河、瓦屋基、笔架山等村。辈派为：福、华、志、文、后、友、大、正、良、载、启、仕、有、典、一、二、绍、宗。现存续有：先、隆（文）、贻、谋、期、燕、翼七代。后续懋、德、在、丰、功、育、才、培、国、脉、光、荣、自、显、崇、科、第、祖、克、耀、圣、经、翰、墨、香。十四世祖典尧公领建舒氏宗祠和家庙（白衣庵）共 24 间，占地 5 亩。1929 年至 1932 年在此建乡苏维埃政府和列宁中心小学，属革命遗址。泗河舒氏七次修谱。舒氏家训："爱国敬业，勤俭持家。尊老爱幼，夫妇互敬。遵纪守法，惩恶扬善。济贫救危，舍己为人。诚信亲友，处事文明。勤耕奋读，严教子孙。勿贪勿盗，不赌不淫。强身健体，振兴家声。"

何氏 汤家汇何氏两支先后迁入。一支为隆德堂，允公七十四孙栋公四子应举公于清乾隆十年（1745）自罗田大河岸迁至汤家汇街道上黄湾，分布在汤家汇街道、笔架山、斗林、豹岩、茅畈等地。另一支为福荫堂（罗星河支）应时公之后裔，有质、有壁、有珥、有璋公四弟兄自康熙年间从江南宁国府南陵县陆续迁往南湾、曾家畈居住，后迁笔架山楼房。上黄湾支的辈为"之、一、应、承、先、列、元、辉、大、道"。罗星河支的辈为"奕、世、有、承、德、正、思、良、光、旺"。1944 年，两支房长会议，决定合祠联宗，从绪字辈起统一辈派，即"绪、昭、符、乃、式、运、启、端、维、绍、经、章、蔚、国、才、伦、理、树……"从迁商始祖为第一世，现已繁衍到第十三世，有 275 户、1275 人，存续的有道、绪、昭、符、乃、式六代。何氏祠始建于清道光二十七年（1847），一进两栋，上下各 9 间，两端正包厢耳房各两间，封闭式的四合院。用地面积 1430.2 平方米，建筑面积 447.5 平方米。坐落在汤家汇街道胡垅组。1929 年，该院是革命暴动地之一、中共商城县委办公驻地。红二十五军、二十八军部分伤员曾在此疗养，后设为弹药仓库。1947 年，为刘邓大军第二纵队后方医院和守备连驻地。中华人民共和国成立后，红光高级社、英雄人民公社在此先后办起木器加工厂、机械厂、面粉厂等。"文化大革命"后期成为校舍，一直是汤汇辅导区小学所在地，直至 1997 年秋迁出。何氏祠为省级文物保护单位，2014 年财政拨款数十万元进行全面维修。何氏家训有十二条：“忠勇为爱国之本，仁爱为接物之本，和平为处事之本，服从为负责之本，整洁为强身之本，学问为济事之本，孝顺为齐家之本，信义为立业之本，礼节为治事之本，勤俭为服务之本，助人为快乐之本，有恒为立志之本。”

刘氏 原居河南省固始县火龙岗，于明万历十年（1582）以巨容公二十世裔孙戴科公为迁汤家汇门坎山始祖，已逾 435 年，下传二十一世，支派繁衍，居地益广。至 2015 年，存续的有八代，为章、百、殿、光、治、平、原、心。境内 321 户，1383 人。主要分布在大小门坎山、斗林、银山畈、汤家汇、竹畈、泗道河、笔架山一带。族裔二十九世荣晓公于 1821 年创建门坎山刘氏宗祠，占地面积 1730 平方米，25 间。立堂号为忠孝堂，倡导孝为先，耕读传家之祖德。立夏节起义后，在刘氏祠堂建立第一个苏维埃政权“村农民协会”。随后又设立“门坎山阻击战前线指挥所”，解放战争时期为刘邓大军后方医院。2012 年被批准为省级重点文物保护单位。2012 年，筹资把毁于战乱的刘氏祠堂修复，并得以“大转折纪念馆”殊荣。刘氏家训主要内容：“孝父母以笃根本，和兄弟以敦于路，端家范以权典模，敬祖先以尚人伦，恭敬以事长上，善教以成子女，守国法以案本分，睦宗族以笃孝义，重丧祭以崇先，和亲邻以友善，重嫁娶以节礼，勤务生以厚生，财富节俭恤孤寡，戒淫赌以立品，惩恶禁讼治刁顽，敬师长以广交游。”

周氏 汤家汇境内周氏有两大支，一支为瓦屋基周氏，一支为泗道河程家山周氏。于清乾隆年间由贞四公六世孙廷凤公从河南商城迁居入籍，繁衍十余代（之、文、德、维、时、百、世、其、思、乃、承、福、庆），分布在泗道河周湾、竹畈一带。清康熙四十七年（1708）后编修宗谱 10 次，修宗谱共二十余卷。泗道河周氏由始祖宗强公第十七世裔孙琼公从湖北罗田迁居程家山，主要分布在泗道河周湾、高冲、詹山周湾一带。其主要辈派为德、厚、发、其、祥……境内有 356 户、1675 人。利用宗祠独特的红色资源、配合当地政府和学校，发挥爱国主义基地的教育功能和作用。周氏家规：“爱祖国、守法规、立户长、举房长、建宗祠、修宗谱、谨茔墓、和宗族、敦孝悌、尚勤俭、教子弟、谨闺门、禁忤逆、息争讼、治生理、存老谱。”

李氏 镇域内李氏多支。一是唐王李世民三子吴王恪、九子治的后裔，分别为崇伦堂瓦屋基李氏，汤汇斗林、大冲、中铺等地李氏，木山李塆李氏，银沙隔山子李氏，枣林黑凹李氏，系季八公曾孙成五公后裔。高山石桥李氏和九棵松李氏系唐高宗李治的后裔。二是蓟庄后河李氏、佛山李氏。佛山李氏于清康熙年间由迁商一世祖间鲍氏率领由湖北新洲迁居佛山，为太白百堂。分居于泗道河小铺、瓦屋基老岩、高山栗坳、佛山独田、杨湾、人口约500人。域内李氏宗祠5处：瓦屋基李氏宗祠，铜佛寺李氏宗祠，大门坎山南塆李氏宗祠，斗林李氏宗祠，小铺李塆李氏宗祠。瓦屋基下塘崇伦堂灯公支祠始建于清同治年间，于2014年翻新重建。之德、大公、文华、长熙等支参入。崇伦堂李氏族谱创修于明天启四年（1624），至2005年已修6次。汤家汇李氏849户、4011人，位居全镇姓氏人口第一位。

晏氏 原籍罗田县多云山，繁衍生息至一品公、维法公之下，清朝先后迁入汤家汇泗道河、瓦屋基、金刚台。分布在瓦屋基佛山晏湾、詹山、孙山、晏老湾、东湾、金刚台、高冲小铺等地，晏氏宗族于2013年六修宗谱。堂号姜桂堂。晏氏宗族成立理事会，负责续谱、修祠、祭祖、办理婚丧事宜，处理矛盾纠纷。晏氏家族家训为："忠孝以笃根本，友爱以敦手足，睦族以广孝友，恭敬以事长上，善教以成子弟，重丧祭以崇先，平等以摒贵贱，谨闺门以范礼，务本业以厚生，戒淫邪以惩恶，禁赌奢以立品，戒涉讼以息怨，重六亲以资家政，敬师友以广交游，爱婿媳以厚家风，勤修行以求完美。"

蒋氏 原籍江西九江府德安县。明洪武二年（1369）由江西九江迁至汤家汇、蓟马庄。主要有三支，分布在（蓟庄）蒋家塆、周塆、斗林、托冲、花岩、笔架山、张家塆、文冲、陡岭、银山畈、余河等地，下传二十世，另有8户自商城迁入。现有220户、994人。蒋氏宗祠始建于1866年，共12间，占地面积1100平方米。1932年，林维先二二四团团部曾设于此，后毁于战火。2010—2016年蒋氏族人集资重建12间。蒋氏家谱老谱自明末遭兵焚烧后，于道光年间创墨谱，立辈派百代，清迁立志本。蒋氏先后编修宗谱六次共10卷。蒋氏其堂号为报本堂。

王氏 汤家汇王氏先由江西瓦霄霸迁至湖北黄冈，清嘉庆二十一年（1816），正大公子守乾公再由湖北黄冈迁至汤家汇、茅畈东大山居住，是为迁商始祖。主要分布在杜塆、上铺、茅畈、河口、柏塆、石朗子、赵畈、薛家山、彭畈、胜利、银山畈峭尖等20多个村点。现有600户、2639人。王氏宗祠始建于清乾隆四十六年（1781），基址定在中铺岗上。其房上下两进，左右厢房共28间，占地面积1500平方米。土地革命时期曾为红四军总经济处和赤南县一区一乡苏维埃政府驻地。新中国成立后，王氏祠先后为中铺小学、中铺村支部、村委会用房。2012年，王氏祠被批准为省级文物保护单位。已续家谱五次十余卷。郡号为"琅琊郡"，堂号为"三槐堂"。祠堂内载有《圣谕十六条》《祖训》《家规》《王氏专用对联》等家教方面内容。

张氏 族大支繁，派系众多，年代久远，很难统一。汤家汇有10余支系，共640户、2753人。人口居境内第五位。竹畈张氏支派原居河南省固始县火龙岗龙王庙集，于明朝嘉庆至万历年间始祖庚公迁汤家汇竹畈，已下传十九世。现在存续的七代，为瑞、行、守、铭、芳、发、源，分布竹畈、茅畈、汤家汇街道。清道光年间在竹畈九峰建宗祠22间，土地革命时期为赤南县一区二乡苏维埃政府驻地，新中国成立后两度为竹畈乡政府驻地，至1992年撤并归汤家汇镇。修谱六次八卷。堂号为清河郡百忍堂。辈派以四字为序，共82代："学遵孝瑞、行守铭芳，发源固邑、宏启安邦，积善余庆，修德永昌……恩沛延续，功建普唐。"家训："孝父母、和兄弟、敬长上、睦宗族、重丧葬、慎继立、肃闺门、谨婚嫁、笃师友、务本业。"麻河张氏支派在汤家汇境内，为人口较多的一支。其辈派为："启大道、正贤良，贻径传家宗。"现存续的有九代。葫芦塆张氏支派居竹畈、汤家汇街道、泗道河村，其辈派为："一二三四五六七八九，宗功传族。"水围子张氏居茅畈、竹畈。南湾支系张氏迁银山畈村。沙泥湾张氏为百忍堂，清顺治七年（1650）迁商始祖利公率族人由河南商城陶家河迁至瓦屋基苏畈、卢湾、斯家湾等处居住。后分迁詹山、张湾、高冲沙湾、笔架山燕岩、金钩、黄畈等地。辈派为："世代万年清，承祖福自兴……"现存续的有6代，100余户、400余人。1983年与双河、桃岭张氏各修宗谱10卷，2002年四修家谱12卷。

余氏 梅梓河余氏于清乾隆初期从湖北罗田独珠河迁移到汤家汇。人才辈出，先后有余良驹中举、余炳文中进士、余焕文中举，民国时期外出求学、经商、从政、从军人员纷纷涌现，余氏兴盛发达、人丁兴旺，许多家庭人员外迁，大部分前往河南商城居住。据2015年统计，境内有793户、3580人。梅梓河余氏宗祠始建于清朝光绪年间，建筑面积700余平方米，徽氏建筑风格，砖木结构，分上、中、下三栋9间，左右厢房各7间，共23间。1929年5月，商南立夏起义后，宗祠内建立梅梓河苏维埃政权机构。新中国成立后，宗祠收归国有，先后作为村委会、学校、医疗室房舍。2003年，该房已成为危房，学校、村委会相继迁出，余氏进行简单的维修，2013年，自筹资金90余万元又进行全面修缮，恢复了原貌，建立起余氏家族历史文化展室，彰显人文灵光。

程氏 出自风姓，以国为氏。南宋的一支随程颢长子由河南开封迁到安徽六安。后经辗转，于元末明初一支迁到汤家汇境内。清雍正七年（1729），又有一支迁入。现存有德（维）、思（新）、启（克）、东、晋、鸿、勋、业共八代。汤家汇镇内程姓共有576户、2951人。

表 6

2015 年汤家汇姓氏人口一览表

序号	姓氏	户数（户）	人口数（人）	序号	姓氏	户数（户）	人口数（人）
1	李	849	4011	33	钟	67	315
2	吴	790	3664	34	闵	76	311
3	余	793	3580	35	熊	62	305
4	程	576	2951	36	田	71	279
5	张	640	2753	37	丁	62	273
6	王	600	2639	38	孙	55	238
7	廖	394	1800	39	童	52	230
8	周	356	1727	40	肖	56	221
9	陈	374	1724	41	詹	44	187
10	彭	343	1530	42	林	38	172
11	邓	318	1518	43	叶	39	142
12	胡	471	1448	44	董	35	142
13	刘	321	1383	45	杜	29	135
14	徐	290	1363	46	金	24	124
15	何	275	1275	47	洪	25	116
16	杨	250	1102	48	朱	27	116
17	蔡	225	1060	49	姚	28	109
18	蒋	220	994	50	戴	21	107
19	赵	205	927	51	罗	20	98
20	晏	199	864	52	文	29	96
21	曹	153	639	53	万	22	92
22	夏	135	617	54	潘	21	92
23	易	114	556	55	方	19	86
24	舒	102	530	56	邵	18	76
25	黄	120	523	57	谢	19	75
26	石	131	494	58	乐	13	72
27	郑	110	484	59	郭	18	70
28	汪	100	439	60	花	16	69
29	毛	110	410	61	严	17	69
30	陶	89	409	62	高	15	67
31	冯	86	375	63	付	17	67
32	涂	78	337	64	曾	16	66

续表 6

序号	姓氏	户数（户）	人口数（人）	序号	姓氏	户数（户）	人口数（人）
65	柴	13	62	85	梅	7	22
66	姜	12	61	86	许	3	18
67	漆	11	57	87	管	3	17
68	岳	11	50	88	季	3	17
69	邱	15	49	89	祝	4	16
70	葛	12	46	90	沈	3	16
71	桂	9	39	91	项	4	16
72	郎	7	35	92	甘	2	15
73	尹	7	34	93	温	4	15
74	鲍	6	34	94	饶	2	14
75	江	6	33	95	苏	2	9
76	南	6	31	96	楚	2	8
77	龚	7	30	97	宋	1	8
78	章	6	30	98	范	1	7
79	智	7	29	99	闫	1	6
80	唐	6	28	100	翁	1	6
81	袁	6	28	101	圣	1	4
82	秦	6	27	102	韦	1	4
83	蔚	4	27	103	荣	1	3
84	马	6	24				

基础设施

新中国成立前，汤家汇集镇只有一条不足 200 米的小街。新中国成立后至 20 世纪 80 年代初期，建有镇政府、信用社、供销社、邮政所、粮站、中小学。20 世纪 60 年代前没有公路，物资运输主要靠肩挑手提。1972 年，丁（埠）商（城）公路通车。1978 年，开始通电。1990 年，安装饮用自来水。1994—2015 年集镇内笔架山路、金刚台路、赤南路、富民新街、相继建成，银山畈街道、泗道河街道、竹畈街道初具规模，农村茅草房、土墙瓦顶住房基本消失，被楼房、别墅所代替。村村通水泥路、组组通公路，形成四通八达公路网络。电信、移动、联通等有线和无线通信镇内全覆盖。

集镇 始建于 1985 年，此前为一条老街。街道长不足 200 米，宽 7.2 米，居民约 300 余人，住房全是土墙瓦顶，还有一部分住草房。1990 年将汤家汇村南头、北头、石祠、平地、清塘 5 个村民组及大冲村的井湾村民组合并，成立街道居委会。1993—1994 年，对集镇进行扩建，新建赤南路。2001 年，由政府牵头、土地建设部门具体负责，对汤家汇集镇进行统一规划，经过县政府详审，镇人代会表决通过。集镇总体规划，定位为全镇商贸、行政、文化、旅游、交通中心。1999—2003 年，金刚台路，富民新街建成，“H”型集镇框架初步形成，功能日臻完善配套。2008 年，村级区划调整，将大冲、汤汇两个行政村并入街道，形成新街道。2010 年，集镇规划结构总体空间布局为“两轴”“五区”，“两轴”即沿金汇大道的城镇发展轴、沿金刚台路的城镇发展轴；“五区”即城北新区、政务文化区、东部居住区、西南产业区、旅游教育区。

2014—2015 年，汤家汇、竹畈、泗道河、银山畈小集镇实现水、电、路、邮“四通”。街道居民用电率 100%，移动、联通全覆盖，宽带全面普及。铺设水泥路面 2.5 万平方米，建设公厕 6 处。投资 250 万元，建自来水厂，日供水量 600 吨。安装和改造路灯 314 盏，下水道 4 道长 5460 米。绿化带面积 8500 平方米、植香樟、桂花、绿化树 5600 余株。在石祠兴建变电所；在大铺兴建供电所。在富民新街扩建卫生院，建办公楼一栋，在老医院建职工公租房 1 栋。汤家汇实验学校、泗道河实验学校、银山畈实验学校所辖中小学校舍全面维护加固，分别建公租房各 1 栋。在大铺兴建 1000 余平方米的中心幼儿园 1 所。在金汇大桥南侧开发金汇湾小区，新建商品房 5 栋 300 套。农村商业银行、邮政储蓄银行、派出所、电信所、财政分局、国土资源管理所等单位均坐落于街道。

道路

1970 年，境内只有一条可供小板车行驶的简易公路通往上码头，无公路和大桥，到县城梅山要步行 30 千米到上码头乘船。1971 年 10 月至 1972 年 12 月，境内修通贯穿全镇的 30 千米长丁（埠）商（城）公路。2000 年后，镇内主干道路不断升级改造、拓宽加固，由土路面提升为渣油或水泥路面。1992—2015 年，村、组道路相继通车，实现“村村通”水泥路目标。

至 20 世纪 60 年代末，境内主要人行小道有 6 条，竹畈经茅畈、奶奶庙至双河道观；笔架山经彭畈铁冲至河南苏仙石；汤家汇经泗道河、瓦屋基分水岭或挥旗山至河南商城；泗道河经高冲、焦元至沙河店到梅山；银山畈经上畈、卧牛岭至河南伏山达权店；银山畈经银山顶至关庙。

镇级公路 新中国成立后，各级政府高度重视发展农村交通建设。20 世纪 50 年代至 80 年代，主要通过政府摊派民工建勤修路。1957 年，南溪至汤家汇公路建成，为 5 米宽土路。1972 年，修通境内主干道丁商公路。1978 年，四河至银沙公路建成通车。90 年代，通过以工代赈，库区、老区、国债、社会集资，民工建勤等形式修建公路。1994 年，镇内汤木、汤豹、汤彭路等到村主干线贯通，原银山畈乡境内全长 4.3 千米，银伏路修通。1999 年，铺设全长 7.8 千米的汤家汇至火炮岭的柏油路。21 世纪以来，通过争取政府项目、库区移民、乡村自筹、社会捐助、旅游设施建设等形式，多渠道筹集资金解决。2004 年，修通银山畈境内的 3.8 千米银关路，同年银伏路铺设柏油路。2008 年，银山畈至商城公路通车。2011 年，修通彭畈至铁冲公路。同年，汤家汇经铁冲至梅山线路开通，使汤家汇至梅山的里程缩短 25 千米。2013—2014 年，改造升级汤家汇至南溪 10 千米的旅游公路建设，汤家汇至佛山公路 18 千米，泗道河至银山畈公路 15 千米，汤家汇至铁冲 12 千米 4 条主干道。同时铺设水泥路面（泗道河至分水岭段为柏油路面）。2015 年，汤家汇在全县乡村公路的“四纵三横”网络中有 4 条线路途经境内 210 省道金寨段，分别为：大顾店—白塔畈—江店—梅山—桃岭—双河—南溪—汤家汇；霍山桃源—张冲—青山—古碑—丁埠—南溪—汤家汇—分水岭；梅山—铁冲—汤家汇—木山—银山畈—关庙—沙河—界岭；铁冲乡—灰冲—彭畈——汤家汇—泗道河—银山畈—河南伏山。另有商城—南溪路途经汤家汇。

村级道路 1972—1991 年，村道建设处于停滞状态。1992 年，提出“要想富、先修路”工作思路。至 1997 年，实现村村通公路的目标，但只能通三轮车、农用车、摩托车。2005 年，借助金寨县挤进全省“经济 10 强县 + 金寨县”，通村油（水泥）路建设试点县之机，调动干部群众铺设水泥路面的积极性。2008—2014 年，政府通过多种渠道争取财政、库区移民、旅游设施建设、扶贫等资金 2988 万元，修通 36 条村级及 4 条旅游线路，计 415 千米水泥路。采取群众修通路基、国家项目投入解决路面等形式，投入资金 6650 万元，其中政府投入 3990 万元、群众筹工筹资 2660 万元，全镇 12 个行政村“村村通”水泥路。

到 2015 年，全镇 11 个行政村、1 个街道全部通公路，通车里程 187.7 千米，其中通水泥路 136.6 千米，通柏油路 4 千米。公路受益人口 5 万人，彻底解决群众出行与返乡难问题。

20 世纪 90 年代起，镇内 300 多个村民组，普遍开山修路，至 2015 年合并后的 194 个村民组全部通公路，总长度为 100 多千米。21 世纪后，投资 30 多个村民组修筑水泥路。笔架山村王湾组自筹 20 余万元修通 1 千米的水泥路。

镇内主干道南溪至分水岭为省道，至银山畈为县道，省、县道由县公路局负责养管护。村级道路由各村负责养护。组道实行“谁受益谁养护”。

电力

供电设备 2004 年由省电力公司投资 317 万元，从南溪架设 35 千伏输电线路 14.3 千米至汤家汇，导线采用 LCJ—120/20 钢芯铝绞线。2005 年 1 月投入运行，电源点为南溪，供电范围汤家汇全镇。2014 年，电网升级改造后，供电主线路 8 条 10 千伏出线，主变 2 台 35 千伏安。35 千伏线路长度 35 千米，10 千伏线路长度 130 千米，低压线路 1350 千米。辖区内拥有公用变压器 111 台，总容量为 13425 千伏安；专用变压器 43 台，总容量 6140 千伏安。在泗道河上游修有金刚水库，蓄水 183 万立方米，双曲线型石拱坝，集发电、灌溉、养殖、旅游等于一体。总资产 300 万元，从业人员 2 人，装机容量 400 千瓦，年发电量 50 万千瓦时，年产值 20 万元。除此，在泗道河、汤家汇、花岩、河口分别建有周湾、汤汇、栖鹤、宏盛等小水电站 4 座，总装机容量为 2530 千瓦，年发电量 370 万千瓦时。其中汤家汇电站装机容量 200 千瓦，年发电量 30 万千瓦时；周湾电站装机容量 500 千瓦，年发电量 60 万千瓦时；栖鹤电站装机容量 800 千瓦，年发电量 150 万千瓦时；宏盛电站装机容量 630 千瓦，年发电量 80 万千瓦时。2015 年年底光伏发电并网电站 747 台。其中村集体 12 户，容量 720 千瓦；个体 735 户，容量 1905 千瓦，年发电量 200 万千瓦时。

用电 20 世纪 70 年代初期，汤汇公社在大桥西 100 米处用柴油机火力发电，仅供机关单位和街道居民照明。70 年代中期，金钩电站、四河周湾电站、金刚水库电站、汤汇河湾电站发电供应四河公社、汤汇公社、竹畈公社部分大队群众用电。1983 年，4 个乡镇全部通电后，除各村少量加工农副产品用电，主要是村民照明。后家用电器普及和家用加工机械推广，用电量呈上升趋势，到 2010 年成为农村电器化乡镇。依据县统计局提供资料，1978 年，全镇用电量 1.22 万千瓦时；2015 年，全镇工业、居民总用电量1500万千瓦时，是1978年的1230倍。1988年，全县大办企业，境内先后兴办蚕药厂、地毯厂、洗麻厂、花岗石厂。1992年，办缫丝厂、色织绢纺厂，工业用电量大幅增长。特别是2004—2015年，兴办金福石材公司、元一矿山、华信矿业公司等企业，工业用电量逐年增强，成为镇内用电量主体。2015年，全镇用电客户12084户，年供电量1500万千瓦时，其中居民用电750万千瓦时，工业用电750万千瓦时。

邮电

邮政 1930年，商城县苏维埃政府在汤家汇徐氏祠设立“商城县赤色邮政局”。1932年2月，商城县改为赤城县，邮政局也改为赤城县邮政局，下设邮政支局，配有邮戳、公章、插信布袋，主要依靠铺递哨传邮件，公开营业。平信邮资2分，挂号邮资4分，使用苏区发行的邮票。寄往“白区”的信件仍用“白区”通行的邮票。现徐氏祠保存完好，是全国仅有的两所赤色邮政局之一，为国家级重点文物保护单位。1995年前，与外界的主要联系为邮路，联系方式为书信。邮电所有一部通用电话，紧急的可发电报与外界保持联系。至2015年，设有汤家汇、泗道河2个邮政所和银山畈1个邮政代办点，职工8人，隶属金寨县邮政局南溪邮政支局管辖。邮政分4条线路，汤家汇街道2条，泗道河、银山畈各1条。固定资产有ATM机登折机、验钞机、保险箱、叫号机、电脑、电视等，年邮政业务总收入45万元，其中订报300多种，订费40余万元。

电信 1995年，开通程控电话。经过近几年建设，实现光纤数字化，建成宽带网、数字数据网、计算机及互联网等。拥有固定电话用户2230户，100%村组通电话，电话普及率95%。1996年，汤家汇镇邮政所和汤家汇镇电信所分家，各自单独建所。1997年，开通移动电话。2008年至2015年，建移动基站9处、联通基站2处、电信数字基站4处、移动电话用户11860户，宽带用户920户，智能用户8780户。全镇平均每2人拥有1部手机。金寨县电信、移动、联通3家公司分别在汤家汇镇内设13家业务代办点，全年营业纯收入410万元。固定资产总额达1000万余元。全镇电讯移动光缆线路总长254千米，全镇布局基站（点）15处。

给排水

人畜饮用水 1990年前，居民饮水以井水和露天水为主，镇内水资源富含铁、钙等微量元素，无污染、清澈、干净卫生，人畜可直接饮用。1990年，政府投资10万元在井湾建成自来水厂，日供水量200立方米，输水管道长度为1000米，用水400户，受益人口为2000人。2000年后，村民通过高位引水，自发联户或单户建井、引水、蓄水、取水。2000 年，扩建街道自来水厂，总投资 250 万元，其中水利局投资 100 余万元，民生工程投入 100 余万元，其余为股份投入。1996 年以前，由政府管理，以厂养厂。到 2012 年，街道、泗道河、瓦屋基、竹畈、中铺、银山畈、竹畈等地建有 7 条集中供水线，全镇 8000 多户，近 4 万人使用自来水或高位引水。

排水 镇内居民以自然排水为主。居民生产、生活用过的废水多是经过沙土过滤后沁入地下，或排水到沟、渠、溪。2014 年，改造赤南路 1800 米（延伸至加油站桥头）路面下水道升级改造，实现雨污分流排水。2015 年，街道全长 3000 米，应建排水沟 8580 米、涵洞 32 条，长 1280 米；已建排水沟 8580 米，涵洞 30 条，长 1000 米。在瓦屋基、泗道河、银山畈、竹畈 4 条主要街道建有排水沟。

居民生活

收入 新中国成立之前，镇域经济是生产资料私有制为基础的半封建、半殖民地经济，地主、富农占有大量土地，并以此为手段剥削农民。全镇 80% 的土地被不足总人口 5% 的地主、富农占有，95% 的农民仅有 20% 的土地，绝大多数农民靠租种地主土地生存，农民要将收获农产品的 50% 左右交付地租，交租之外还要交小租（附租），如茶、麻、果、花生、棉布、蚕丝也要交税，逢年过节还要向东家（地主）送塘鱼、鲜鸡。佃户还要无偿地为东家干杂活、服劳役，农民终年劳动收入极低，不得温饱，逃荒乞讨较为普遍。新中国成立后，1950—1957 年，农村经济在低生产力水平下恢复较快，镇内开展土地改革运动，农民分得了土地、山场、农具等生产资料，经历互助组、初级社、高级社等合作社运动，农民生产积极性非常高涨，生产的粮食基本能够自给，从集体分配的收入基本维持最低生活，农村再没有出现逃荒乞讨现象。1978 年中共召开十一届三中全会后，汤家汇地区率先推行联产承包生产责任制，逐步将土地包干到户。1979 年冬，全社（指原汤汇公社）123 个生产队实行包产到户 37 个队，包产到组 78 个队，全社的粮食产量由 1978 年的 1723400 千克增加到 1979 年的 2583400 千克，增长近 50%。经过 30 多年改革，农民收入成倍增长，农村变化翻天覆地。2004—2015 年，国家免征农业税、农业特产税及取消“三提五统”后，支持、扶持农业、林业等政策措施得力，农民负担减轻，农业、农村、农民“三农”工作出现新局面。积极调整农业产业结构，土地实行自愿、有序流转，各类专业合作社不断兴办，农民生产积极性提高。政府开展招商引资，农村剩余劳动力自发向大城市转移，到沿海及江、浙、沪等地创业打工。镇内传统支柱产业为桑、栗、茶、菌、药、杂，特别是天麻、茯苓、香菇、木耳、灵芝等生产规模较大、效益较好。有机水稻生产，葡萄、瓜蒌、药材、茶叶、山核桃、黑毛猪、山羊、黄牛、土鸡等种养业逐步兴起，典型引路，辐射全镇各村。政府加大扶贫攻坚力度，多种途径增加农民收入。1978 年全镇人均纯收入 36.8 元，2000 年人均收入 1362 元，2004 年人均纯收入 1830 元，2010 年人均纯收入 4726 元，2015 年人均纯收入 8503 元。2015 年是 1978 年的 231 倍，是 2000 年的 6.2 倍，2004 年的 4.6 倍，是 2010 年的 1.8 倍。2015 年，农民纯收入在贫困线以下的人口为 10538 人，占总人口 20.6%。2015 年，镇内创业人员中，资产 100 万 ~ 1000 万元的家庭有 120 多户，资产超 1000 万元以上的有 21 户。

支出 新中国建立前，在小农经济状态下，农民占有土地很少，农民生活水平很低，每年有三分之一的农户借粮负债。新中国成立前农民终年的劳动收入不足以生活支出。1950—1957 年，实行土地改革，农民分得土地，吃、穿、用日常生活较解放前有了改善。农民收入中有 60% ~ 70% 用于生活开支，有的农户开始改善住房条件，穿戴方面也有所讲究，这方面支出大约占全年的 30% ~ 40%。1958—1978 年，汤家汇农民收入增长缓慢。三级核算、以队为基础的集体经济管理模式从 1958 年开始一直延续到 1978 年，农民靠工分吃饭，日劳动工值仅在 0.16 ~ 0.6 元之间，最高的不超过 1 元。贫困人口发生率在 80% 左右，多数农民收入低，少数农户勉强解决温饱问题。1978 年，全镇农民人均纯收入为 36.8 元（当时猪肉价格 0.73 / 斤）。据调查，这个阶段农民用于生活支出方面费用在 60% 左右，用于教育及医疗方面费用在 10% 左右，用于人情礼往方面费用在 30% 左右。1978—2015 年，农民收入成倍增长，生活水平显著提高，农民的衣、食、住、行有了改善。镇内几位 80 多岁老人回忆说，现在的生活水平和文化水平是他们一生中从未见过的，是中国历史上农民过得最好的时期。

2015年，全镇总人口50952人，农业人口49727人，占总人口的98%，平均每户3.4人。家庭结构为夫妻和孩子或夫妻、孩子和父母。四代以上家庭极少。家庭支出大致分4个方面。建房支出，农民收入增加后，对住房条件要求逐步提高，结构不断加固。有的农户，改革开放后曾两三次翻建新房。教育支出，汤家汇镇每年陪读费至少要3000～5000元，在外镇或县城陪读一年至少要1万元以上。家庭教育支出占家庭总收入一般在20%～40%。日常生活支出，20世纪70—80年代，瓜、菜系主粮，粗粮代细粮，至2015年，饮食结构，粗细搭配，肉、蛋、奶、饮料等多种营养食品搭配，油料由动物油、猪油、植物油、花生油、菜籽油等多种油料搭配，生活质量由温饱型向营养型转变，支出大约占家庭支出的15%～20%。人情礼往支出，一般家庭一年礼金需要1万多元，五六口之家，亲朋好友多的家庭一年礼金需要2万～3万元。青年农民娶媳妇，20世纪80年代彩礼只需3000～5000元，2015年需要10万～20万元。超过人均收入增长，该项支出占家庭总收入的30%～50%。

居住条件 新中国成立前至20世纪70年代，镇内农民住房主要以草房为主，约占80%。少数富裕户小瓦土墙约占15%，极少数户是青砖小瓦房。70年代至80年代中期，住房结构多为土墙瓦顶，土墙草顶，少数砖墙瓦顶结构。80年代中期至90年代末，农村草房逐步减少，换成砖瓦房，或将原草房换成小瓦房。农村草房只剩下不足10%。大部分农户建基建房，人均住房面积不足15平方米。2000—2015年是农村住房变化最大的15年，住房面积快速增加，房屋质量大幅提高，由瓦房到楼房，由砖木结构到砖混结构、框架结构，房型由平房到楼房再到小别墅。农民建房选择交通方便、通风、向阳的地方，大都为坐北向南。2015年年底，全镇人均住房22.2平方米，其中一层楼房878户、970间、28530平方米；二层楼房5603户、20132间、585671平方米；三层楼房以上647户、2294间、84010平方米；青砖瓦顶3241户、14944间、376587平方米。在镇外购买房屋612户、55513平方米。境内有200户左右建小别墅，占总农户的2%，镇内全部消灭草房。

至2015年，村民生活条件得到普遍改善，80%以上农户拥有电视机、洗衣机、电冰箱等家用电器，电脑、宽带也逐步走入农家。耕田机、收割机取代老式农具，黄水牛耕田、人工收割已很少见到。

社会保障 2015年，全镇在档五保户524人，其中在敬老院集中供养36人，分散供养488人。集中供养每人每年补助3600元，分散供养每人每年补助2420元。农村低保与城镇低保实行动态管理，一年一评定，资金按季度打卡发放。2015 年，评定农村低保 1495 人，一类每人每月补助 195 元，二类每人每月补助 120 元，三类每人每月补助 80 元。城镇低保 26 人，一类每人每月补助 580 元，二类每人每月补助 330 元，三类每人每月补助 200 元。社会保险所于 2010 年成立，负责全镇的城乡居民社会养老保险工作。2015 年，全镇已有 33320 人参保，收缴保险金 463 万元。7425 个老人已领养老金 560.5 万元。2015 年，计划生育奖励扶持发放资金 78 万元，义务教育救助贫困学生发放资金 41.8 万元，政策性农业保险发放理赔款 51.5 万元。

2015 年汤家汇镇村民拥有电器情况简表

表 7

村名	电视机（台）	电冰箱（台）	洗衣机（台）	手机（部）	电脑（台）	收割机（台）	耕田机（台）
合计	10172	6065	2345	26505	3133	39	370
竹畈	1771	795	144	1994	64	3	46
汤家汇街道	1515	598	411	2490	416	26	26
门山	480	257	57	1020	15	—	18
金刚台	511	455	101	824	26	1	35
斗林	632	726	128	1660	18	—	25
豹迹岩	555	350	196	2140	28	—	39
银山畈	600	600	253	2302	450	3	40
上畈	702	220	194	2224	47	3	16
泗道河	1155	685	377	4001	80	2	48
瓦屋基	1277	738	430	4040	135	—	40
茅畈	443	340	35	2010	6	1	29
笔架山	531	301	19	1800	47	—	8

社会事业

汤家汇镇文化历史悠久，源远流长。镇内及在外工作从事诗歌创作、书法创作和绘画创作的人员很多。大量作品荣获国家级金奖、银奖，多次参加全国学术展、艺术展，多人担任国家级、省级书法协会、美术协会会长、副会长、会员等职。

文化　镇内从事诗歌创作的人员有周世坤、张行柱、廖荣存、张行志、蒋本芷、叶茂、张强等十余人，创作诗词千余首，以周世坤、张行柱、蒋本芷创作数量居多。张行柱的《登金刚台》获“中华情”读书大赛一等奖；蒋本芷的《春忙》获“东方美”金奖。歌曲创作人员有廖家骅、张强等人，创作数量达100余首。廖家骅的《跟着毛主席向前走》《啊！高山》获国家级二等奖。

教育　明朝时期域内始设私塾，热心教育人士和村民捐资办义学，其中设立于汤家汇街道接善寺的蒙馆最为著名，众多学子前来求学，明末麻城人梅之焕早年曾就读于此。清朝时期，境内开始兴办义学（社学）。汤家汇义学属梅溪塘上社义学。清光绪三十一年（1905），废科举兴学校，义学停办，境内开始办初等小学堂，但私塾仍存在，小学教育得到发展。清光绪三十四年（1908），在笔架山大庙创办自强小学堂，并开办商城乙种蚕科学堂。1918年，商城乙种蚕科学堂改名为商城县甲种蚕科学堂（又称笔架山农校），为金寨县境内最早的职业技术学校。土地革命时期，苏区办列宁小学20余所，其中以设立于瓦屋基的赤城六区一乡列宁小学最为著名，高冲舒氏祠设立列宁中心小学。1932年，苏维埃政府在汤家汇易氏祠办赤城县师范学校。立煌县建立后，私塾又逐渐恢复。1935年，汤家汇办起立煌县第六区汤家汇中山民众学校。1939年，安徽省实施政教卫合一，汤家汇设立完全小学1所，初级小学10所，同时在汤家汇易、廖、钟姓祠堂办立煌县初级农业职业学校。1943年，立煌县设立中心小学5所，其中立煌县汤家汇乡中心小学设在接善寺。

1950年，汤家汇设立公立小学，开设班级4个。1956年，金寨县第二初级中学在汤家汇接善寺成立，1957年迁南溪，改名南溪中学。1958年，根据县人民委员会通知，汤汇办起中学，民办小学有所增加，到1964年民办小学发展为简易小学（耕读小学）多所，3～4个生产队共办一所。1966年，简易小学停办。1969年，中小学实行分散布点，汤汇各大队办起“戴帽中学”。1977年，汤汇中学、列宁小学招收初中毕业生，办高中班。1978年，逐步撤销各“戴帽初中”，抽调教师强化汤汇中学，并于四河油坊征地新建四河初级中学。小学分片成立辅导区小学，至1986年，辅导区小学以乡镇更名为中心小学。

1983年，乡镇体制改革开始，公社改称乡（镇）人民政府后，中小学名称随之改变，各乡（镇）成立教育委员会，由乡（镇）长兼任主任，并由一名党委成员或政府领导具体分管教育。1992年，撤区并乡后，成立汤家汇镇教育办公室、银山畈乡教育办公室，负责中小学的教学业务管理。各辅导区小学恢复为中心小学。汤家汇镇初级中学更名为笔架山职业学校。2001 年 4 月，撤教办室。2004 年 9 月，汤家汇镇、银山畈乡分别成立中心学校，负责各乡镇的教学管理工作。中心学校办公地点设在各乡镇政府所在地中学。笔架山职业学校更名为汤家汇镇中心学校，银山畈中学更名为银山畈乡中心学校。2014 年 9 月，银山畈中心学校改为银山畈实验学校，隶属汤家汇中心学校管理。

20 世纪 80 年代，实行“三结合”（大队、学校、社会结合）建校。2002—2008 年，实施学校危改工程。2009—2001 年，中小学校实施安全工程项目。2015 年，各实验学校建教师周转房，中小学校舍及教师办公生活条件得到了根本改善。

1983 年前，各公社教育工作由公社党委管理，宣传委员具体分管教育。1983 年至 1992 年年初，各乡镇设教育委员会，乡镇长任主任，党委副书记或宣传委员分管教育。1992 年撤区并乡，各乡镇成立教育办公室，负责乡镇中小学教育管理。2001 年 3 月撤教办室，至 2004 年，由乡镇分管领导直管。2004 年 9 月，各乡镇成立中心学校。中心学校设在乡镇所在地的中学。2014 年 9 月原银山畈中学、银山畈中心小学合并为银山畈实验学校，属汤家汇中心学校管理。2015 年 9 月县教育体制机构改革，原汤家汇中学、汤家汇中心小学合并为汤家汇实验学校，原泗道河中学、泗道河中心小学合并为泗道河实验学校。

2014 年 9 月成立的银山畈实验学校，2015 年 8 月，撤销汤家汇镇中心学校，成立汤家汇实验学校、泗道河实验学校，汤家汇镇现有 3 所县管学校。

2015 年汤家汇镇教育基本情况简表

表 8

实验学校名称	校园占地总面积（平方米）	建筑总面积（平方米）	国定资产总值（万元）	在校学生（人）			在职教师（人）				完全小学（所）	教学点（所）	幼儿教育		
				合计	初中	小学	合计	小学	初中				学校（所）	学生人数（人）	教师人数（人）
									人数	中高职称					
汤家汇实验学校	56500	19828	1228.74	1790	471	1319	98	48	50	9	—	12	3	228	15
泗道河实验学校	46290	10722	1288	1288	441	847	80	55	25	5	1	10	2	187	8
银山畈村实验学校	16415	10144	634	834	280	554	58	35	23	5	—	3	2	34	4
合计	119205	40694	3150.74	3912	1192	2720	236	138	98	19	1	25	7	449	27

卫生 1992年，撤区并乡时，在汤家汇镇卫生院、泗道河乡卫生院、竹畈乡卫生院的基础上组建镇中心卫生院，下辖泗道河、竹畈两所分院。中心卫生院原址位于街道笔架山路。汤家汇镇中心卫生院担负全镇5万人的预防、保健、各科医疗和计划生育技术服务任务。2004年，更名为汤家汇镇卫生院，同时原竹畈分院撤并，泗道河分院改为门诊部。在编在岗职工25人，县卫生局聘用人员5名，自聘1人，开设病床12张，设有内、外、妇产、中医、预防、保健及放射、B超、心电图、检验等科室。2006年8月，由国债项目资金扶持，卫生院在汤家汇富民新街重新选址，新建1492平方米医疗服务综合楼和附属用房。2009年4月，卫生院整体搬迁，原医院综合楼和附属用房改为职工住房。同年9月，全省卫生资源规划再布局时，卫生院被省卫生厅重新确认为汤家汇镇中心卫生院。2010年8月，原银山畈乡卫生院并入汤家汇中心卫生院，更名为汤家汇镇中心卫生院银山畈门诊部。同时，泗道河门诊部实行撤并，人、财、物并入汤家汇镇中心卫生院。

广播电视

广播 1978年前，公社、大队建有收音站，农民家家有“小喇叭”，可以在家中收听分站转播的节目。1996年全面恢复镇广播站建设，购置广播器材，创建甲级站。同时，通过单线传输，将信号传递到镇内8个行政村，通村广播线路30千米。除1天3次转播指定节目外，创办“汤家汇新闻”等自办节目，有男、女播音员各1名。1998年，广播站达到甲级广播站标准，使用高单喇叭进行广播，街道及附近村安装25瓦的高音喇叭8个。 2007年后，受经费和电视影响，镇广播站基本停播。2009年，投入资金50万元，新建镇综合文化站大楼。1995—2000年，全镇23个行政村建成广播室，购置接收、扩音设备，有到村民组的广播线路，通播率80%。2007年后基本停播。2015年，安装“村村响”广播124个点、248个喇叭，20台音柱设备。

电视 1985年前，境内很少有电视机。1994年后，有线电视机开始进入普通家庭后，日渐普及，逐步形成由小换大、由黑白换彩色局面。2015年，全镇家庭电视机拥有量11384台，普及率95%。1995年，以项目投入方式，开通汤家汇镇有线电视。1996年，开通泗道河、竹畈、瓦屋基有线电视。同年，在高山村建成并开通有线电视差转台。2007年，实现县乡有线电视节目数据联网同步传输。至2015年，有线电视能收看中央电视台、安徽电视台等39套节目，有线电视用户达3000余户。汤家汇中心集镇及3个卫星集镇普及有线电视，11个村、1个街道全部实施广播电视“村村通”工程。2012—2014年安装地面卫星设施1415套2000余户。

红色汤家汇

组织机构

1924年，在笔架山农校建立了金寨县第一个中共党组织——笔架山农校党小组。1929年，立夏节起义（又称“商南起义”）胜利后，镇内建有中共商城县委、县苏维埃政府，赤城县、赤南县委、县苏维埃政府，豫东南特（道）委、皖西北道委、道区苏维埃政府，隶属关系多次发生变化。

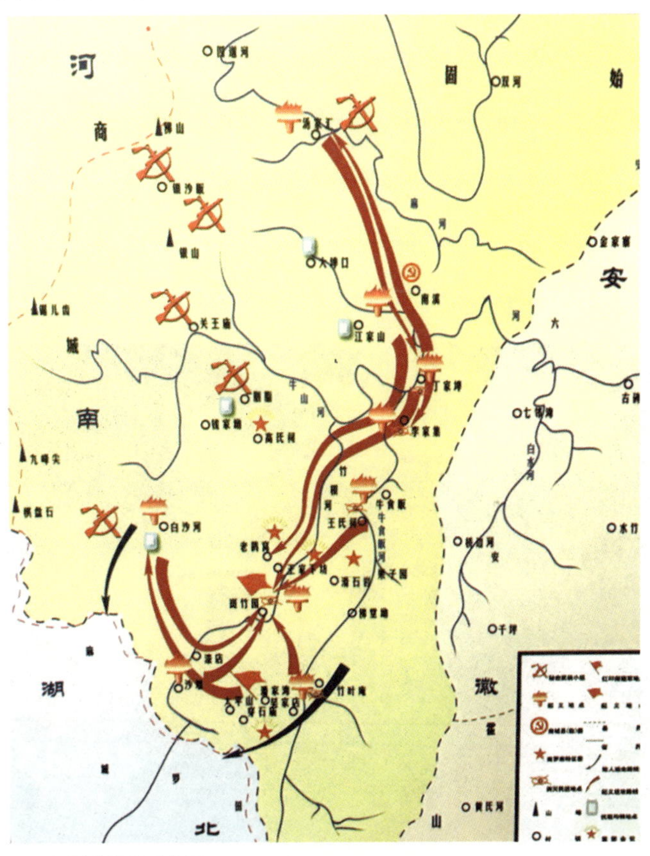

立夏节起义示意图

20世纪20年代，境内建成多个中共党组织和革命武装，领导工农群众从事革命活动和武装斗争，建立大片红色革命根据地。1930年3月，商城县委、县苏维埃政府进驻汤家汇后，汤家汇成为商城县革命的指挥中心。1932年12月，豫东南道区撤并归皖西北道区，县、区、乡、村各级党组织和苏维埃政府相继恢复。赤卫队、童子团、共青团、妇联、总工会、列宁小学、邮政分局、政治保卫局、枪械局、红军医院、红日报社、红日剧团、红日印刷厂等机构齐全，革命活动如火如荼。1933年2月，皖西北道委迁驻后，汤家汇成为豫东南、皖西北革命根据地政治、经济、文化及军事活动的领导和指挥中心。抗日战争、解放战争时期，镇域为中共汤家汇区委、区政府所在地。

中共党组织

笔架山农校党组织 1924年春，革命先驱、中国共产党党员蒋光慈奉中央指示回家乡从事革命活动。其间发展他的老师——固始至诚小学教师詹谷堂加入中国共产党。当年秋，中共党员詹谷堂、曾静华利用在笔架山甲种蚕科学校讲学作掩护，秘密发展具有进步思想的师生李梯云、罗志刚、周维炯、漆德玮、漆禹源、李声武、漆海峰、袁继安等人加入中国共产党，成立笔架山党小组，不久扩大为党支部。

中共商城县委 1925年，中国共产党商城县地方组织建立，称为党团支部委员会。1927年10—11月，中共河南省委和潢川县委组织召开党员会议，成立中共商城县委员会，属豫南特委。1928年3月，县委召开扩大会议，进行组织调整。1929年5月6日，立夏节起义胜利。7月，改商城县委为中共商城临时县委。8月，在斑竹园重建商城县委，

笔架山农校党组织旧址

12 月，县委机关迁入商城。1930 年 1 月，举行由县委机关、红三十二师 140 多名党代表参加的联席会议，选举产生中共商城县委。2 月，县委机关迁至汤家汇。1932 年 2 月，改中共商城县委为中共赤城县委。

中共乐区委员会 1929 年 4 月，根据中共豫东南特委和鄂东特委联席会议决定，划商城南部、罗田北部、麻城东北部为特别区。在吴家店平头山成立中共商罗麻特别区委，领导立夏节武装起义。同时建立中共乐区委员会，驻南溪，下辖南溪、笔架山、汤家汇、泗道河、竹畈、银山畈等 10 个支部。

中共商城二区委员会 1929 年 8 月，中共商城县委撤销中共乐区委员会，建立中共商城二区委员会，区委机关设在汤家汇，辖汤家汇、泗道河、竹畈、南溪、丁家埠、双河、九房、桐岗等地的 11 个党支部。

中共商城一区委员会 1930 年 3 月至 1932 年 2 月，中共商城县委驻汤家汇。商城县委在汤家汇建立中共商城一区委员会，辖汤家汇、泗道河、曾畈、竹畈、桐岗、九房、双河、笔架山等地的 8 个党支部。

中共商城五区委员会 1930 年 8 月，中共商城县委将银山畈一带划为五区，并组建了中共商城五区委员会，驻地银山畈陈氏祠。

解放战争时期汤家汇区委驻地旧址

中共商城五区区委驻地旧址

中共豫东南特（道）委 1931 年 3 月，按照鄂豫皖省委指示，豫东南特区苏维埃政府筹设于汤家汇。1932 年 2 月，中共豫东南特委和豫东南特区苏维埃政府在商城成立。辖商城（赤城）、固始、光山等县苏区。9 月，商城失陷，中共豫东南道区委员会转移至光山，豫东南道区苏维埃政府迁至汤家汇。1933 年 1 月，撤销豫东南道委，赤城、赤南县并入皖西北道区。

中共赤南县委 1932 年 2 月，商城县改称赤城县。8 月，豫东南道委将赤城县划分为赤城、赤南两个县，一区至七区划归赤南县。中共赤南县委和县苏维埃政府在银山畈陈氏祠成立（后迁汤家汇）。10 月，第四次反“围剿”失利，苏区面积缩小。12 月，中共赤南县委带领苏区军民坚持斗争，保存赤南大部分根据地，成为鄂豫皖根据地仅存的几块苏区之一。赤南县下辖七个区：一区汤家汇、二区丁家埠、三区吴家店、四区白沙河、五区银山畈，六区至七区在商城县境内。

中共赤南县一区委员会 驻地汤家汇，区委下辖汤家汇、笔架山、泗道河、竹畈、曾畈 5 个党支部。一区区委驻地钟氏祠。

中共赤南县一区区委、区苏维埃政府驻地旧址

中共赤南县五区委员会 驻地银山畈陈氏祠，区委下辖银山畈、渣子河、竹叶庵、周家湾 4 个党支部。

中共商南县委 红二十五军长征后，中共赤城、赤南县党的工作和革命斗争进入异常艰苦的岁月。1935 年 2 月，皖西北道委书记高敬亭为统一领导赤城、赤南、固始、六安四县党的工作，决定成立中共赤城中心县委。6 月，赤城、赤南县委在金刚台铁瓦寺召开扩大会议，合并赤城、赤南两县为商南县，成立商南县委。县委率商南游击大队及妇女排、便衣队，以金刚台为依托，继续坚持大别山区的游击战争。

抗日战争时期的党组织 1937 年 7 月，抗日战争全面爆发后，红二十八军根据中央文件精神，主动与国民党当局谈判，达成鄂豫皖边区停止内战、合作抗日的协议。红二十八军与边区游击队、便衣队改编为“鄂豫皖工农抗日联军”（后改称新四军第四支队）。9 月，中共商南县委率商南游击大队和便衣队到湖北黄安七里坪集结整编。根据商南形势，鄂豫皖省委决定商南县委继续保留，商南县委机关设在桃岭的新四军四支队兵站内，县委成员张泽礼、徐其昌参加兵站工作。省委先后派出部分党员干部，充实加强商南县委的力量，在立煌和商南恢复和发展党的基层组织。

1938 年 6 月下旬，中共安徽省工委撤销商南县委，组建中共立煌县委，下辖双河、汤家汇、斑竹园、麻埠 4 个区委和 3 个直属县委领导的党支部。中共汤家汇区委下辖汤家汇、斗林、下河、豹迹岩、曾畈、后冲、锦鸡笼 7 个支部。1938 年 8 月，中共立煌县委书记徐其昌深入汤家汇与区委共同研究党组织的恢复发展工作。1939 年春，中共鄂豫皖省委决定将立煌县委和商城县委合并，组成新的立煌县委，负责立煌、商城两县党的工作。1940 年春，立煌地区政治形势进一步恶化，根据上级指示，中共立煌县委领导成员先后撤离。

解放战争时期的党组织 1947 年 9 月 2 日，刘邓大军攻克立煌县城金家寨，立煌县改称金寨县，成立中共金寨县委、县民主政府，下辖 9 个区委。汤家汇区委驻接善寺，银山畈区委驻土地庙。1948 年，刘邓大军主力转出大别山，国民党正规军和地方武装侵犯大别山解放区。汤家汇区委、银山畈区委领导游击队和人民群众在银山畈、汤家汇、泗道河、金刚台一带坚持游击斗争。1949 年 4 月，县委、县政府动员人民群众，配合人民解放军清剿残匪。9 月 7 日，金寨县全境解放，重建 8 个区委和 32 个乡。金寨县决定撤销银山畈区委。

苏维埃政权

豫东南道区苏维埃政府 1931 年 6 月，豫东南特（道）区苏维埃政府筹设于汤家汇，次年 2 月在商城正式成立，辖商城（赤城）、固始、光山等苏区。9 月，商城失陷，豫东南道区苏维埃政府迁驻汤家汇不久移至金刚台。1933 年初撤销，赤南、赤城苏区并入皖西北道区。

商城县二区苏维埃政府 1929 年至 1930 年，商城县二区苏维埃政府设在汤家汇。

商城一区苏维埃政府 1930 年 2 月至 1932 年 2 月，商城县在汤家汇成立一区苏维埃政府，下辖泗道河、汤家汇、南溪、彭畈、曹畈、丁埠、竹畈、麻河、九房、双河、桃岭、金院子 12 个乡苏维埃政府。

商城县五区苏维埃政府 1930 年 8 月，中共商城县委将银山畈一带划为五区，成立五区苏维埃政府。至 1932 年 2 月，下辖 7 个乡苏维埃政府，其中五、六、七乡苏维埃政府位于商城县。

赤南县苏维埃政府 1932 年 2 月，商城县改称赤城县。8 月，赤城县划分为赤南、赤城两个县。汤家汇属赤南县。赤南县苏维埃政府先设在银山畈，不久迁至汤家汇。10 月，第四次反“围剿”失利，苏区面积缩小。12 月，赤南县组建一路游击师，配合红二十八军坚持武装斗争，恢复赤南苏区。

1934 年 11 月至 1936 年，红二十五军进行长征后，苏区进入了艰苦的 3 年游击战争时期。中共赤南县委、苏维埃政府带领苏区军民坚持斗争，保存赤南大部分根据地，成为鄂豫皖革命根据地仅存的几块苏区之一。赤南县下辖汤家汇、丁家埠、吴家店、白沙河、银山畈和商城境内的 2 个区，共 7 个区。汤家汇为一区，下辖 7 个乡苏维埃政府。

苏维埃政治保卫局 1929 年冬，商城县苏维埃政府在汤家汇姚氏祠成立商城县苏维埃政治保卫局。1930 年 1 月后迁至商城，不久迁回汤家汇。政治保卫局的任务是为苏维埃机关和红色根据地实行政治防卫，内设侦察科、审讯科、事务室、保卫队（含看守所），下辖 5 个区代办处，全局近百人。1931 年，豫东南道区成立后，道区保卫局同时设在汤家汇。1932 年 2 月，改称赤城县苏维埃政治保卫局，驻商城。9 月中旬，转移至金刚台，继迁熊家河。1934 年冬，建制撤销。1932 年 8 月，建立赤南县苏维埃政治保卫局，先设在银山畈，后迁汤家汇，由原赤城县苏维埃政治保卫局一区代办处扩建而成，设侦察、审讯、保管等科和保卫队以及二、三、四区代办处，全局 130 余人。1934 年冬，编入一路游击师。

赤色邮政局 立夏节起义胜利后，汤家汇地区成为豫东南革命斗争中心及豫东南、皖西北革命的指挥中心。道苏维埃政府在位于汤家汇街道北头徐氏祠设立了商城县赤色邮政局。1932 年 2 月，商城县改为赤城县，邮政局称为赤城县赤色邮政局。徐氏祠是一座具有徽派建筑风格的四合院，占地面积 500 余平方米，建筑面积 150 平方米。分前后两殿，共 6 间，后殿 3 间砖木结构，前廊 12 根木柱一字排开。赤城县赤色邮政局负责邮政局邮件发放及管理，下设商城、银山畈、斑竹园、古碑、苏仙石、燕子河、麻埠等 7 个邮政支局，各支局配有统一的插信布袋，邮戳、公章，采取人员步行方式传递邮件。主要任务是担负鄂豫皖苏区红军通信、20 多个地下党组织传递信函、苏维埃政府之间的通信及苏区之间民间通信工作。机构设置、业务分工、信件交换等制度较为科学合理。

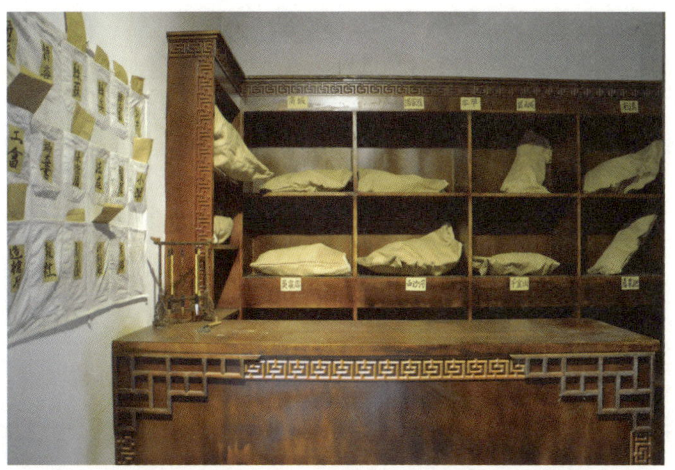

赤色邮政局邮袋

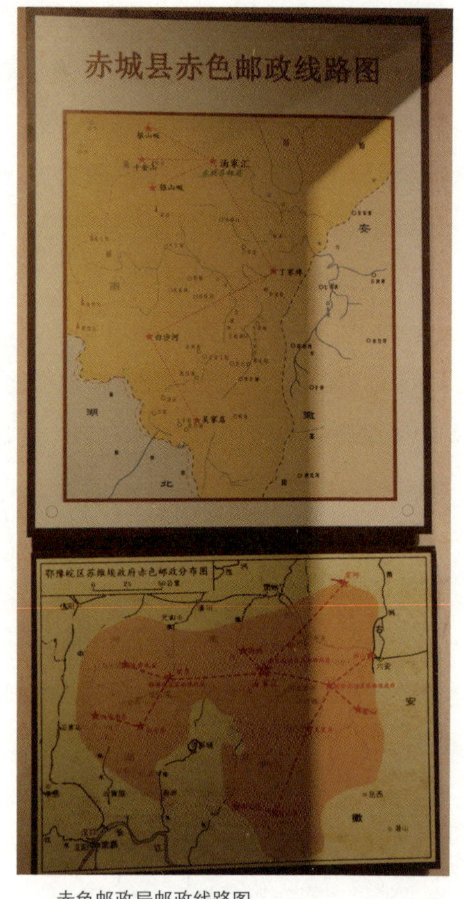

赤色邮政局邮政线路图

赤色邮局信件传递方式多种多样，道区至各县、区、乡之间的重要邮件均用牛皮纸密封加盖邮局邮戳印章。一般信件捆在一起，写上“代”字，表示私人信件，由一人传送。公务人员相互寄送信件，不收费用。省委、省苏维埃政府的公文、信件、报刊等邮件，除密封外派两人以上传送，确保传递到位。苏区与白区地下党组织之间的信件，一般由交通员化妆秘密传送，采用把信件放在衣服、帽子、鞋子的夹层或者搓成很细的纸捻子缠到绳子里等方式，绕过敌人的封锁线，尽量避免与敌人接触及发生冲突。所有邮件在交换时取据为凭。六安县徐集区大岭乡高岗寺村（现六安市裕安区徐集镇菊花村）卢家老庄的卢炳银，18 岁参加皖西毛正初领导的农民暴动，后在红十一师三十一团一营一连任战士。1932 年 3 月至 5 月，红一军发动苏家埠战役，歼敌 3 万余人，击落敌机 1 架，取得鄂豫皖根据地最大的胜利。5 月 28 日，红军在汤家汇休整期间，卢炳银从汤家汇赤色邮政局两次写信给父亲卢义章报捷。信的封面上盖有两枚双圆形邮戳。一枚加盖黑色“赤城县第七区赤色邮政局”邮戳，另一枚加盖红色“赤城县第一区邮政局”邮戳。卢炳银发出第二封信后不久，即壮烈牺牲。1959 年，卢炳银的继子卢士林整修草房时，发现继父的两封家书。现收藏于六安市皖西大别山烈士陵园。

赤城邮政局从 1930 年年初建立至 1932 年 10 月停办。1998 年和 2006 年，徐氏祠被批准为全国和安徽省重点文物保护单位，是全国仅存的两处苏维埃政府设立的赤色邮政局旧址之一。

汤家汇、银山畈区政府（解放战争时期） 1947 年 8 月底，刘邓大军途径汤家汇，将当地国民党军及地方武装全部消灭。9 月，立煌县改称金寨县，成立中共金寨县委、县民主政府，下辖 9 个区政府。汤家汇区政府驻接善寺；银山畈区政府设在土地庙。

1948年，刘邓大军主力出大别山后，国民党正规军和地方武装向大别山解放区进犯。汤家汇区委区政府、银山畈区委区政府领导游击队和人民群众在银山畈、汤家汇、泗道河、金刚台一带坚持游击斗争。1949年4月，县委、县政府动员人民群众，配合人民解放军清剿残匪。8月，汤家汇区人民政府再次成立，驻地汤家汇接善寺，下辖4个乡政府。

群团组织

共青团 豫东南境内早期团员多为出外读书的青年学生，他们先后受组织委派返乡发展组织，多数成为党员。白塔畈的蒋光慈于1920年经陈独秀介绍到上海参加第三国际主办的外国语学社学习，同年冬，加入社会主义青年团。1922年，加入中国共产党。1924年，由莫斯科回国，介绍志成小学老师詹谷堂加入中国共产党。1921年南溪的袁汉铭入武汉中学。1922年，经董必武介绍加入中国社会主义青年团，不久加入中国共产党。历任商城县党团支部书记、特支书记。1925年夏，豫皖青年学会部分会员在金家寨召开学会第二次会议，并游行示威，演出募捐追悼上海、汉口等地死难同胞。1924年，部分在外地求学的青年团员、共产党员陆续回到家乡，进行革命活动，秘密发展团员。1925年，中国社会主义青年团改称中国共产主义青年团，又称“少共”。1925年春，成立商城县党团支部委员会。1926年，商城党团组织公开后，分别建立党团支部。1927年9月，中共商城党组织恢复活动，在商城建立团支部，后改城区区委。1928年，在斑竹园老鸹窝建共青团商南区委，下辖小河，斑竹园、漆家店3个支部。周维炯领导汤家汇、南溪、斑竹园、白沙河等地青年运动，参加春荒均粮斗争，积极协助筹划武装，不少团员在斗争中加入了中国共产党。在立夏节起义的准备活动中，共青团组织积极发展团员，宣传组织进步青年，壮大革命力量，参加立夏节起义。1929年4月，成立共青团商罗麻特别区委员会，辖商南和区、乐区两个区委团组织。1929年7月，共青团商城县委迁驻汤家汇易氏祠，全县团员300多人。1930年8月，汤家汇、丁家埠、吴家店、白沙河、银山畈和金家寨、流波、麻埠一带，先后建立9个区的团组织。商城3个区后调整为5个区，1932年8月，划归赤南县领导。豫东南特（道）区党委、苏维埃政府成立之后，在汤家汇易氏祠先后成立少共豫东南道委、少共赤南县委，领导豫东南各县青年运动及少先队、童子团工作。1931年，皖西北特委决定少共商城县委改建为中心县委，隶属于少共皖西北特委领导。商城县青年团员是支援革命战争和巩固苏维埃政权中的一支重要力量。苏区的青年运动在参加红军与地方武装作战方面，以及在后方捍卫及参加苏维埃各种建设方面，都发挥着很大作用，而且表现积极。在1931年的“红五月”中，豫东南苏区各县输送3000名青年到红军及独立团中，提供了7000双布鞋、8000双草鞋、6000多双袜底、粮食290石，并且将20元大洋及二三百串钱送给红军。

1933年4月，中共皖西北道委书记郭述申领导红二十八军恢复了原商南地区老根据地，道委机关及各级团组织得以恢复。随即少共皖西北道委在汤家汇设立。1934年冬，苏区形势恶化，县境的一些地方成为游击区，汤家汇的少共道委、县委组织活动转入地下，纳入党的活动之中。

1929年秋，县境建立少年先锋队，系共青团所属基层组织和半军事性质的青年群众自卫组织。它是红军和赤卫队的后备兵力。组织系统是县大队部、区中队部、乡小队部或分队部。平时接受同级苏维埃政府和共青团的领导，作战时受红军和赤卫队的指挥，装备有刀、矛、土枪等简单武器，间或有少量步枪。县、区、乡所设组织受同级共青团组织领导。凡15至20岁的贫、雇、中农子弟均可加入少先队。少年先锋队主要任务是配合赤卫队保卫苏维埃、维护革命秩序、参加生产、补充红军，必要时配合红军、游击队、赤卫军作战等。1932年10月，一部分队员随红四方面军西去川陕，一部分参加游击师、游击队，其组织活动转入地下。

1932年10月，红四方面军主力西进川陕，留下红军子女340余名，在游击队掩护下辗转于豫东南山区。1934年年初，徐海东率红二十五军回到商南，将这300多个儿童组织成一支小红军，为继承“少年国际师”的革命传统，命名为“少共国际团”。团员佩戴“国际”袖章，背上小马枪，跟随红军训练、战斗，还学文化、学政治。11月，少共国际团随红二十五军转移北上。

儿童团，后称童子团，是共青团领导的苏区少年儿童的群众性组织，其组织系统为县团部、区大队部、乡中队部、村小队部。儿童团员脖子上系一条红色领带或臂上佩戴儿童团袖章，上面印着“全世界无产者联合起来”字样，每人装备一枝红缨枪或一根3尺红绿各半的木棍。从团部至小队均有自己的队（团）旗。凡8至15岁的非剥削阶级出身少年儿童均可加入。1929年秋，县境普遍建立了儿童团组织。出身贫苦的儿童，在共产党员和共青团员影响下，纷纷加入儿童团，担负起为农民协会站岗放哨、查看路条、捉拿奸细、搜集情报、观察国民党军队的动静、为党组织传递情报等任务。一些年龄稍大的儿童团员报名参加红军。1932年10月，红四方面军西去川陕，儿童团组织解体，部分团员随军西去，大部分参加或配合游击队坚持斗争。

妇委会 1928 年 3 月，在中共党员詹谷堂、曾宪三领导下，商城县成立妇女会，有会员 100 多人。1929 年，会员发展到 3000 多人。10 月，中共商城县委成立时，设妇女部，所属各区均设妇女部或妇女委员会，各乡、村设立基层妇女会。妇委会设主席（主任）1 人，组织、教育、宣传卫生委员数人。入会人员均系工人、贫农、雇农出身，年龄 18 岁至 40 岁。妇委会结合妇女特点，配合党的工作，宣传党和苏维埃政府政策、法令，反对迷信和封建礼教，提倡婚姻自由男女平等，动员亲属参军参战，参加生产，支援前线。红军过境时，妇委会组织慰问、救护小组，给红军做鞋和洗补衣服。前方打仗时，妇委会配合少先队、儿童团站岗放哨、盘查行人，保卫后方。第一、二、三次反“围剿”时期，皖西、商南的妇委会曾组织妇女运输队，为红军输送粮食、转运军用物资，为红军和苏维埃各级政府输送妇女干部和医护人员。1937 年以前参军入伍的女干部多数参加过基层妇女组织。

工会 汤家汇、南溪等地铁棚、锅棚的工人踊跃参加农民运动。1929 年 6 月 16 日，中共商城县委在汤家汇廖氏三柏祠召开商城县工人代表大会，杨山煤矿工人派员出席，袁汉铭作政治报告，报告立夏节起义后的革命形势、红军作战任务并宣布成立商城县总工会，汪学祥任主席。会后，县境南溪、吴家店、铁冲等地成立分会。1930年，苏区金家寨、燕子河、汤家汇、吴家店等地建立区级工会，领导农民、手工业工人参加根据地内革命活动，组织比较松散，偏重于经济利益方面的斗争。

1931 年 5 月 30 日，中共豫东南道委根据《苏区工会组织法》，对各县工会进行整顿，健全各区工会，部分乡成立工会小组。县、区工会委员会均设主席、秘书各 1 人、委员 3 人至 5 人，有组织、宣传、经济、青工等部，在同级党委领导下工作。

农民协会 1925 年 3 月詹谷堂、袁汉铭在汤汇、南溪一带发展党组织的同时，也发展农民协会会员，建立农协组织。1926 年春，笔架山农校学生党员周维炯、漆德玮、漆禹源、李声武、漆承基、徐俊生、朱士芬、赵瑞林和从武汉等地返回家乡进步同学以学校为基地、以教学为掩护，互相联系建立党组织，开展农民运动。同年农历六月廿二，詹谷堂、王凤池等共产党员在南溪火神庙集合 5000 名农民举行集会。当时驻在豫南的军阀任应岐部，经常到商南筹饷，侵扰地方。汤家汇、白河河一带农民在赵瑞祥的领导下以“保卫家乡”为口号，组织动员 1000 多名农民武装，在汤家汇的挥旗山、门坎山、椴群岭等山隘要口设防固守，经过多次战斗，终于赶走任应岐部，群众拍手称快。这年夏秋之交，汤家汇农民协会发动农民分掉廖、刘、王、吴四大地主的粮食，救济灾民。

1927 年 2 月，詹谷堂、袁汉铭、曾静华、王立洲等人在汤家汇、王家畈、麻河等地区分别成立农民协会。在汤家汇王氏祠召开成立农协大会，推选杨瑞坤为会长，并成立“钢枪队”，选举蒋绍洲为队长。会后游行示威、贴标语、呼口号。4 月 9 日，商城县农民协会筹备处在斑竹园成立，下辖 8 个区农会、97 个乡农会。南溪为第八区，辖 18 个乡（包括竹畈、汤家汇、泗道河、银山畈乡），会员 2300 名。立夏节起义胜利后，农民协会除了行使农协权利外，还负责管理地方治安，筹集红军给养、扩军。1929 年 9 月，农民协会改为苏维埃政府。

1947 年 9 月，金寨县民主政府成立后，区、乡、村普遍建立农民协会，以贫农为核心，发动贫苦群众打土豪、斗地主、分田地。1950 年，成立金寨县农民协会，区、乡相继建立农民协会组织。农协组织贫苦农民反匪反霸，积极进行土地改革，走互助合作道路。

红军队伍

红一军独立旅 1930 年 5 月，根据党中央指示，红一军军部以原红三十二师一部和商城游击队为主，组建红一军独立旅。5 月中旬，在汤家汇大河中间沙滩上召开成立大会。编成 5 个团，300 多人。这是金寨境内诞生的第三支红军队伍。独立旅旅部曾一度设在汤家汇大铺吴氏祠。独立旅的主要任务是开展游击战争，保卫豫东南革命根据地。在廖业麒的指挥下，先后在余子店、余家集、汤泉池、小马店、小河子等豫东根据地周边地区开展游击斗争。豫东南革命根据地在独立旅的保卫下，得到巩固和发展。1930 年 10 月，独立旅编入红一军第三师。

红八十二师 1933 年 4 月，皖西北道委在汤家汇再度组建新的红八十二师，对外称红二十八军。全师下辖两个团，由红二十八军特务营和第二四四团一营及第三路游击师的一、二大队组成二四四团；由二路游击师改编为二四六团，全师 1000 多人。1934 年 4 月 16 日，红二十五军、红二十八军在豹迹岩会师，中共鄂豫皖省委将红二十八军编入红二十五军。鄂豫皖省委指示皖西北道委，要求创建红二十八军新主力，扩大游击战争，巩固中心苏区。下旬，皖西北道委在豹迹岩第三次组建红八十二师，对外仍称红二十八军。红八十二师辖二四四、二四六两个团、一个手枪队、一个交通队，全师 1000 余人。红八十二师是皖西北道委领导下的一支红军主力部队，几经改编，始终保持这一番号，是一支土生土长、深受根据地人民爱戴的革命武装。皖西北处在国民党军队层层包围之中，随时受到进攻，几乎天天都有战斗。红八十二师与其他红军队伍相互配合，采取灵活的游击战术，在苏区内外与国民党十万大军周旋，曾攻占燕子河、西界岭、金家铺、流波𬒗等据点，使赤城、赤南以及六安六区、三区 4 块根据地得以坚持。红二十五军长征后，红八十二师留下来，保卫皖西苏区。12 月，红八十二师在长山冲乌凤沟遭国民党军重兵包围，激战半日，周世觉师长等 200 多人壮烈牺牲，只有 600 余人突出重围。1935 年 2 月，中共鄂豫皖省委指示高敬亭重新组织鄂豫皖边区党的领导机构，再次重建红二十八军，一路游击师并入红二十八军。红二十八军重建后，下辖红八十二师和手枪团。八十二师辖二四四团（由 3 个营组成）和特务营，在外线游击，直至 1937 年 8 月，随红二十八军编入新四军第四支队。抗战时期，与红二十八军一起发展为新四军第四、第五支队，后编入新四军第二师第四旅、五旅。1945 年 9 月，北上山东，组成新四军第二纵队。1946 年 1 月，改称山东野战军第二纵队。

合编后的红二十五军 1934 年 4 月 16 日，徐海东率红二十五军到达皖西北赤南县，与红二十八军在豹迹岩胡氏祠会师。随军的中共鄂豫皖省委召开会议作出决定，红二十八军再次编入红二十五军。全军 3000 余人，下辖七十四、七十五两个师。原红八十二师改编为第七十四师，下辖 3 个营；红七十五师下辖 2 个团，原红八十四师改编为二二三团，原红二十五军编为二二四团（辖 2 个营）。豹迹岩整编后，红二十五军返回鄂东北。7 月，红二十五军在罗山县长岭岗给东北军一一五师以毁灭性打击。8 月初南下，中旬到达根据地赤城熊家河，后在商城、六安、英山之间活动，不断歼灭国民党军。9 月，采用出其不意远距离奔袭战术，攻占敌军后方太湖县城，并在太湖、英山交界的陶家河建立起纵横十五千米的游击根据地，宣告敌“三个月围剿”计划破产。11 月，红二十五军在军长徐海东率领下开始长征。1935 年 9 月 15 日，红二十五军胜利到达陕西延川永坪镇，与刘志丹率领的红二十六、二十七军胜利会师。历时 10 个月，行程一万余里，成为长征到达陕北的第一支红军，被誉为“长征先锋”。

红军独立团 1932 年 8 月，中共赤南县委、县苏维埃政府成立后，在汤家汇佛山成立赤南县独立团。程德方任独立团团长，全团 500 余人，团部设在瓦屋基伏山程氏祠内。任务是抗击国民党部队和地方民团武装，保卫苏区根据地。1932 年年底，独立团在泗道河与国民党军四十七师多次发生战斗。多次击退该部进攻，终因敌我力量悬殊被迫撤退。后独立团被编入红七十三师。

赤南县一路游击师 1932 年冬至 1933 年年初，中共赤南县委在银山畈组建一路游击师，约 1000 人，一路游击师多活动在墨园、关王庙、斑竹园、丁家埠、胭脂、白沙河、银山畈、门坎山等地。1933 年 1 月中旬，一路游击师在林承祥的带领下，打击佛堂坳柯寿恒民团，毙敌百余人，俘敌 40 多人。接着又在松子关前的蜜蜂洞，伏击国民党军四十七师的运输队，缴获大批年货和饷银。1933 年夏，一路游击师活动于商城亲区、麻城三河口、罗田僧塔寺等地。1935 年 7 月 2 日，皖西北道委书记、红二十八军政委高敬亭率红二十八军到达太湖县，与皖西特委、二四六团、一路游击师、商北大队会合，一路游击师被编入红二十八军。

赤南县（五区）战斗营 1932 年冬，中共鄂豫皖省委根据斗争形势初步好转的情况，指示皖西北道委创建红二十八军新主力，中共赤南县委在组建一路游击师的同时，着手成立各区战斗营。1933 年年初，成立五区战斗营，由各乡赤卫队、区游击队组成，共计 200 余人。该营下辖两个连。活动在赤南的银山畈、长岭关、麻城和罗田边界。配合红军主力作战，袭击敌军，打击民团。1935 年，赤南战斗营编入一路游击师。

商南大队 1935 年 6 月，经皖西北道委批准，在金刚台的铁瓦寺成立中共商南县委，并将由赤城、赤南、六安六区及固始、霍邱等地撤退到赤城的区、乡工作人员，加上商北大队留下的特务队约 80 多人组成商南游击大队，下辖 2 个分队和 1 个手枪分队。以金刚台为根据地，活动于熊家河、槐树坪、葛藤山、野人冲等地。

1935 年年底，当敌军得知商南游击大队在金刚台一带活动时，便把金刚台团团围住，所有路口建起封锁网，不断搜山、烧山，并与民团、地方武装相互配合，实行“五家连坐法”，移民并村，强迫群众插白旗，切断县委、游击队与群众联系及游击队的生活来源。

中共商南县委和游击大队将部队化整为零，冲出包围圈，避实击虚，坚持根据地斗争。曾在挥旗山截获由 1 个连国民党军押运的 500 多担给养。

1936 年 10 月下旬，商南大队打碉堡、破围寨，摧毁敌人锁封线，恢复赤南根据地。

在不到 1 个月时间里，商南游击大队在林维先和张泽礼领导下，拔掉熊家河、汤家汇、麻河岗、胭脂、墨园等地 30 多个碉堡和 60 多个“移民并村”围寨。

1937 年 12 月，商南游击大队到达黄安七里坪，与红二十八军会合。后改编为新四军第四支队。1938 年 3 月，新四军第四支队奉命东进皖中地区抗日，部队途经汤家汇、双河地区时，受到老根据地人民的热烈欢迎。许多青壮年参加新四军。

金刚台妇女排 1932 年 9 月，商城失陷。中共豫东南道委转移光山。豫东南道区苏维埃政府迁汤家汇，继移金刚台一带。至 1933 年年初，撤销豫东南道区，赤南、赤城两县并入皖西北道区。1935 年，赤南、赤城两县中共党组织在金刚台铁瓦寺举行会议，合并成立中共商南县委。中共商南县委在组建商南游击大队的同时，编成由地方党政干部中的女同志、红军医院部分护士和红军女眷 30 多人组成的妇女排，由排长袁翠明和中共商南县委委员史玉清具体负责，留守在金刚台。在护理伤病员的同时，与国民党军进行周旋。国民党武装持续封山围堵，妇女排很少得到粮食和食盐补给，以野菜、野果充饥，吃草根度命。彭玉兰等医务人员克服无医、无药、无医疗技术等困难，用盐水清洗伤口、用南瓜瓤子处理后代替消炎敷料，护理伤员。便衣队队员陆化宏，到国民党统治区购买粮食，不幸受伤，伤口严重腐烂，被送到妇女排养护。她们用草药贴敷，精心护理，使其伤愈归队。妇女排老肖负伤，子弹留在体内，她们就用针、兽骨片代替手术刀，取出子弹，用草药治愈伤口。1936 年夏，便衣队中敌埋伏，战士小邢在激战中腿部负重伤掉队失踪，县委命令妇女排找回小邢，史玉清带领妇女排战士翻山越岭，10 多天后，终于找到小邢。由于是夏天，伤口已化脓生蛆，妇女排同志把他抬回驻地，经过几个月护理，小邢伤愈归队。3 年间，妇女排护理治愈几十名重伤红军战士。

1936 年秋，晏玉香带着十几个战士在金刚台西猫儿石一带活动。由于几天没吃一粒粮食，筋疲力尽，刚坐下来休息，不幸碰上搜山人员，晏玉香为了保护战友，独自冲出丛林，朝着另一方向跑去，引开搜山人员。晏玉香跑到一座悬崖边，无路可走，身后敌人又追逼上来，为了不当俘虏，纵身跳下深涧，壮烈牺牲。队员张敏带着年幼孩子行军，因饥饿孩子经常啼哭，为了保护其他同志，不致哭声暴露目标，张敏含泪用乳头捂死自己的孩子。在一次搜剿中，妇女排被冲散。史玉清、陈宜清等 4 人在寻找妇女排时，不幸被包围，她们 4 人便从几十丈高的岩石上滑下深涧。史玉清攀着树枝落在一个乱石丛中，陈宜清等 3 人为了掩护史玉清，暴露自己，被敌部队抓走。妇女排里唯一的男战士老李 60 多岁，儿子跟随红军参加长征。妇女排冲散后，他和排长袁翠明在寻找史玉

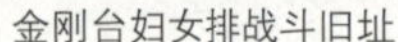
金刚台妇女排战斗旧址

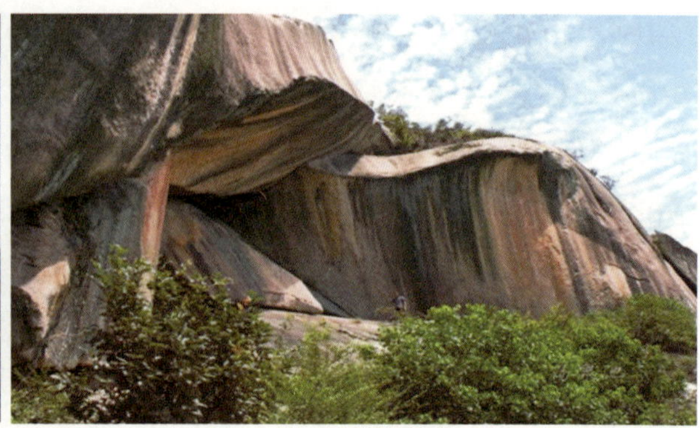
金刚台红军洞

清、陈宜清等人途中，被搜山部队发现。老李为了掩护袁翠明而被捕。国民党军严刑拷问妇女排下落，他至死不说，最后被敌人杀害。“山沟山洞是我房，树枝稻草盖身上，山茶野果能当粮，三天不吃打胜仗。”在3年游击战争岁月里，妇女排在金刚台上吃野菜、嚼草根、穿密林、卧冰雪，同敌人周旋，克服难以想象的困难，牵制敌军，配合中共商南县委、游击队、便衣队坚持根据地斗争，直到最后胜利。妇女排的史玉清、袁翠明、范明、彭玉兰、方立明、胡开彩、陈发新、吴继春等，被群众誉为“金刚台上英雄八姐妹”。1938年，妇女排被编入新四军第四支队。

2007年，六安市委党史研究室编印的《六安市革命传统教育读本》刊登的《巍巍金刚台》一文中，记载的就是金刚台妇女排英雄八姐妹的感人事迹。2009年，河南省商城县文物普查队在金刚台上发现“金刚台上妇女排”旧址，自然形成的山洞有朝阳洞、女人洞、水帘洞、大石棚等20多个洞群被称为“红军洞群”，并被开发成红色旅游景区。人民网、新华网、中央电视台、中国网等多家媒体予以转载报道。2011年7月28日，电影《杜鹃花飞》(原名《姐妹排》)在河南信阳首映。该片取材于金刚台妇女排事迹。

2012年10月17日，中共六安市委宣传部邀请专家学者实地深入汤家汇镇调研，把金刚台妇女排八姐妹坚持游击战的事迹搬上荧幕。2013年8月30日，由中共六安市委宣传部制作、市文联、中共金寨县委宣传部、金寨县广播电视台承办的《大别山的女儿》广播剧举行研讨会。该剧主要反映大别山“金刚台上妇女排”坚持武装斗争、保卫根据地的事迹。2014年4月13日，以金刚台妇女排为创作原型的3集广播剧《永远的金刚台》，在中央人民广播电台“神州之声”播出。

军事活动

1929 年立夏节起义至 1949 年新中国成立，汤家汇地区经历大大小小几百余次战斗。

漆德千何家湾夺枪 1929 年 5 月 6 日晚，立夏节起义成功后，中共党组织决定成立红军队伍，从民团处获取枪支弹药。领导丁家埠起义的负责人周维炯得知汤家汇何家湾民团团总杨晋阶家为护庄新购 10 支步枪的消息，决定由赤卫队员漆德千负责带领丁家埠 20 多名赤卫队战士，连夜赶往汤家汇何家湾杨晋阶家夺枪。杨晋阶的家人并不知道丁家埠的民团已经起义，其家人和家丁都在熟睡之中。国民党商城县政府派到汤家汇地区的县“清乡委员”卢士达也住在杨晋阶家中。漆德千带领的 20 多个战士从丁家埠赶到杨晋阶家里时，天已快亮。漆德千以杨团总派来取枪为名敲开了门，留下 4 人把门，

漆德千夺枪处旧址

其余的人穿过天井院子来到后屋。这时，“清乡委员”卢士达也走出房间，两个战士把卢士达按倒在地捆了起来。漆德千又带领大家冲进厢房，把正在睡觉的家丁全部捆了起来，后又冲到楼上，取来10支步枪。

漆德千向杨晋阶的家丁宣传革命形势，进行现场教育后，全部释放。然后押着卢士达前往南溪，带着枪支，与起义队伍会合。

周维炯虎形地歼敌 1929年8月，蒋介石命令湖北、河南两省国民党部队联合“围剿”刚刚诞生的苏维埃政权和红三十二师。8月10日，敌十三师三十九旅七十八团及补充团在麻城郑其玉民团和罗田柯寿恒民团配合下，分别向红三十二师和地方武装发动进攻，红三十二师和赤卫军被迫进行反“围剿”斗争。红三十二师从汤家汇出发到南溪刚驻扎下，周维炯就接到汤家汇发现大量国民党军队、佛堂坳遭民团侵犯请求支援的报告，当即派吴云山从学兵团抽调20多名战士到佛堂坳增援，大部队赶往火炮岭一线阻击。

红三十二师主力在汤家汇火炮岭一线与敌七十八团补充团相遇。红三十二师利用地形熟悉的有利条件，打击国民党军，取得一定战果。但敌援兵不断到达，周维炯命令部

周维炯虎形地歼敌旧址

队向葛藤山一带转移。天黑后，敌补充团在竹畈驻扎宿营。红三十二师战士张行忠得知补充团一个营的营部驻扎在他家所在村庄虎形地的消息后，马上赶到葛藤山向师部报告。周维炯、漆德玮获悉后，决定偷袭敌人。黎明时分，红三十二师一部向虎形地进发。周维炯踢开敌营部大门，冲了进去，睡在外边的勤务兵来不及穿衣服就做了俘虏，睡在里边的敌营长被红军战士击毙。同时，红军分头围打居住在各家各户的敌人，十几分钟战斗结束。打死打伤敌人 20 多人，俘虏 20 多人，缴获枪支 50 多支、子弹 3000 多发。周维炯教育并释放俘虏，带着队伍返回葛藤山。

红二十八军泗道河歼敌 1933 年 1 月，红二十八军在麻城县大畈组建后，到达赤南县，决定拔掉据点，使根据地连成一片，成为恢复和发展皖西北苏区的坚强后方。1 月 13 日，红二十八军各部及各路游击师、游击队 2000 余人，向驻扎在泗道河的国民党军七十五师发动猛攻，激战两天两夜，击毙和俘获国民党军四六六团团长焦克功及以下官兵数百人，缴获步枪数百支、机枪二十余挺、子弹上万发。此战是红二十八军组建后的第一仗，有力配合了皖西北革命根据地开展武装斗争。

泗道河战斗遗址

红二十五军、红二十八军瓦屋基战斗旧址

红二十五军、红二十八军瓦屋基联合拒敌 1933年9月，中共鄂豫皖省委率红二十五军转移到商南山区，在南溪与红二十八军八十二师会合后，部队驻扎在汤家汇瓦屋基。9月14日，国民党军七十五师二二四、二二五旅在飞机配合下，向瓦屋基阵地攻击，准备占领汤家汇。红二十五军和红八十二师激战一天一夜，将敌主攻部队二二四旅击溃。二二五旅又从东西两侧夹攻过来，经过激战红军给其重创，打退敌二二五旅数次进攻。国民党军六十四师一九零旅从背后夹攻，使红军腹背受敌。红军不得不向外围撤退，皖西北中心区保卫战以失败告终。

皖西北保卫战 1929年，立夏节起义胜利后，年仅14岁的蒋本兴参加童子团，当上中队长、大队长，打土豪、分田地、站岗、放哨、管制地主，非常积极。不久，被调往汤家汇区苏维埃政府当通讯员。1930年年底，被调到商城县一区保卫局，当了一名红军战士。1931 年年初，蒋本兴由保卫局调到红四方面军少共国际团，参加苏家埠战役，后被安排到汤家汇禅堂庙的商城县石印馆当工人。1932 年 9 月，由于敌人进攻，红四方面军被迫转移，蒋本兴所在的石印馆把印刷机器拆开埋起来，抬着伤员随部队一起转移。蒋本兴被编到赤南县一区（汤家汇）战斗营，后扩编为赤南县独立团，先后担任班长、排长，留在鄂豫皖苏区根据地坚持斗争。1932 年年底至 1933 年年初，红二十五军与红二十八军合编，蒋本兴由赤南县独立团改编到红八十二师交通队任排长，在南溪、双河、汤家汇一带活动。1933 年 9 月，皖西北根据地保卫战打响了。蒋本兴所在的红八十二师二四四团一营守卫在挥旗山北侧的隘口，连夜在山口构筑工事，准备抗击敌人。国民党军一个旅在大炮、机枪掩护下，向红军阵地发起了集中冲锋。红军武器差、弹药少，敌人冲上来，战士们从阵地上跃起与敌人进行肉搏战。蒋本兴身高力大，大吼一声冲进了敌群，敌军看着红军战士们红着眼、挺着寒光闪闪的刺刀冲过来，都吓慌了。阵地上到处是大刀和刺刀的碰撞声以及喊叫声。有一个敌军从侧后捅了蒋本兴的胳膊，血立即流了出来，他一咬牙，趁敌人刺刀还没收回去，一枪托把敌人打蒙，后面战士抡着大刀把敌人劈死。敌人慑于红军的威力，仓皇地退了下去。激烈的战斗进行一整天。晚上，蒋本兴所在的连队只剩下 40 多人，蒋所在的那个排也只有七八个人。到第三天中午，当敌人退下去，战士们正吃饭时，敌人又攻了上来。蒋本兴对大家说：“你们赶紧吃饭，我到前面去看看。”蒋本兴刚走出不到一百米远，一架敌机飞过来扔了几颗炸弹，他们排剩下的战士全部牺牲了。敌人冲上来，他端起步枪与敌人拼起刺刀。每天敌人都要进攻几次至十几次，红军与敌人激战七天七夜。打到第七天，红军队伍伤亡很大，只好撤下来，到门坎山和林维先率领的二二四团一起防守，又打了两三天，红军终因寡不敌众，才向后转移。在激战中，营长受伤了，且伤势很重，连长叫蒋本兴把营长送到医院去，蒋本兴背着营长出发。医院在牛食畈，离前线有近二十千米。他把营长送到医院后，立即返回门坎山，发现部队已经撤走，到处是敌人的枪声，他赶紧抄小路往回走。路过蒋老湾家门口时，看见一年多未见的母亲，只问候几句便离开去找部队。皖西北保卫战，终因敌众我寡而失败，红军不得不撤出汤家汇根据地。

刘德利牺牲朝阳山 1934 年 2 月 6 日，红八十二师与国民党军五十四师在竹畈朝阳山遭遇。红八十二师 1000 余人，与敌激战一天一夜，击溃敌人一个团。这场战斗中红军伤亡较大，当地群众送水送粮，救治伤员。红八十二师师长刘德利不幸中弹牺牲，梁从学接任。

椴辟岭战斗旧址

椴辟岭攻坚战 1934 年 1 月 10 日，中共赤城县委书记石裕田率二区武装配合二路游击师、红二十八军一部在水口岭、铁炉冲取得一天两战两胜后，士气大增，敌人闻之丧胆。2 月 12 日，石裕田率领部队经双河灰冲、汤家汇彭畈椴树岭返回南溪葛藤山。敌军集结部队在椴树岭设伏阻击红军，并以一部兵力迂回到彭家山，对红军侧后构成威胁。石裕田率先扑向敌人，战士们紧跟其后，与敌人展开激烈的肉搏战。突然，震耳欲聋的喊杀声骤然响起，正面阵地的红军将士端着土枪大刀，拿着石块棍子，也一起朝敌人围拢过去。红军对敌形成合围，敌军扔下一大堆尸体慌忙逃命。

便衣队夜袭高冲民团 1935 年 2 月红二十八军重新组建后，蒋介石命令鄂豫皖“剿总”于6 月前完全肃清皖西北红军。在赤城、赤南苏区，中共商南县委发展 8 支便衣队。佛山便衣队长冯培元率 10 多个便衣队员活动在金刚台下的瓦屋基、苏仙石、铁冲、高冲一带。队员都是经过挑选的优秀指战员和党员干部。主要任务是宣传、组织、武装群众，恢复和建立中共党组织，扩大游击区，严惩反动分子，分化瓦解敌人，巩固政权。在很短时间内，8 支便衣队清除熊家河、麻河、胭脂、汤家汇、高冲等地的 30 多个碉堡和 60 多个“移民并村”围寨。高冲保的地主“余剥皮”横行乡里，鱼肉百姓，残害红

便衣队夜袭高冲民团旧址

军家属、共产党员和红军干部。1935 年 12 月，冯培元带领伏山便衣队，夜袭高冲民团，俘获团丁 10 余人，处决民团头目“余剥皮”，烧毁碉堡。

雷维先智端碉堡 1935 年夏季一天傍晚，中共汤家汇区委书记雷维先率领手枪队，从伏山赶到悬剑山去执行任务，路过笔架山楼坊碉堡附近，遇上一个形迹可疑的人。经盘问，他供认是本地的伪甲长“王扒皮”。于是，雷维先让手枪队的同志就地隐蔽下来，他只身一人，带上伪甲长，径直朝着碉堡走去。未等敌人发问，伪甲长就按照雷队长事先的吩咐，喊叫敌人开门，说是急等着见他们的排长。国民党军排长认得伪甲长，身后跟来的只有一个人，便深信不疑开了碉堡的大门。一见雷维先，便知中计，拔腿就往回跑。雷队长一枪结果了他，猛地冲进了碉堡，堵住了大门，厉声命令：“投降没事，抗拒就杀！”几十名敌兵，一看头目被打死，也不知来了多少红军，只好乖乖投降。缴获的枪支弹药等物品，正好解决了红军急需。事后，百姓编了一段顺口溜：“队长雷维先，浑身都是胆，单枪破楼坊，活捉小民团。”一传十，十传百，顺口溜很快流传开来。

石裕田汤汇找亲人 “西安事变”后，在大别山“围剿”红军的国民党军队，遭到红军的一再打击，也不得不同意和红军签订地方性的停战协议。红二十八军发出通知，贴出布告，派出部分同志到各地传达指示，要求鄂豫皖边区的红色武装开赴黄安七里坪集合整编。石裕田是汤家汇笔架山人，曾担任红二十八军八十二师政治部主任，由于在赤城土生土长，且担任过县委书记，情况熟悉，政委高敬亭便指派他和李世焱、雷文学等，带一个班去赤城、赤南寻找商南县委，传达抗日战争形势和任务，集合商南游击大队、妇女排、便衣队去整编。

中共商南县委书记张泽礼领导商南县委一直在赤城、赤南的陈家寨、金刚台、挥旗山、伏山、银山冲、槐树坪、打麦场、枫香树等地坚持活动，发动农民参加红军，打击镇压地方民团，保护红军家属，安置红军伤病员，为红军筹办经济，争取保甲人员。并在金刚台、佛山、西河桥、悬剑山等地建立几支便衣队，工作很有成绩。张泽礼领导坚持的地区，是皖西老苏区的最后一块根据地。石裕田和李世焱、雷文学等一行，带着政委高敬亭给张泽礼的书信，拿着国民党的通行证件，日夜兼程。三天后的一个夜晚，赶到汤汇附近的木山。第二天又转到泗道河、瓦屋基，接着上到金刚台，下到双河、茅草畈、尖碴石沟，十几天过去了，不但找不到同志，连一点音信也没打听到。

一天，石裕田在银山冲遇到一个挖地的农民，向他打听，一问三不知。第二天，又转到伏山，没料到赤城苏仙石的老党员戴文彬找来了，原来他就是从挖山地的农民那里得到石裕田到赤南的消息。石裕田说明了来意。戴文彬叫来约三个班的武装人员，并带石裕田一行去见张泽礼。由于斗争的复杂性和他长期游击在深山老林，与上级失去联系，因而对国内外形势发展不了解，对带来的信件真假拿不准，不敢相信当时的抗日战争形势和国共合作抗日政策，连石裕田这个老战友，他也持怀疑态度，险些发生意外，酿成惨祸。晚上，石裕田单身不带武器去找他，他对石裕田非常冷淡。石裕田向他作了很多解释，仍没有解除疑团。

原来高敬亭政委临走前向张泽礼作过交代，规定商南工作由他单线联系，虽有介绍信和高亲笔信，他不敢轻易相信。张泽礼和县委的同志，再三分析商量，反复验证过去信件笔迹和印章，才相信石裕田等人，同意把赤城、赤南的革命武装带往黄安七里坪。但又秘密留下在悬剑山大河冲活动的杜立保便衣队，作为革命种子，以防意外。当他到达七里坪后，才确信石裕田所说的抗日战争形势、新的斗争策略，叫人通知杜立保。这支坚持在赤城、赤南的双河、汤家汇、斑竹园3个区革命武装，后来编入新四军四支队，开赴皖东抗日前线。

陈伯禄为刘邓大军筹粮 1947年8月29日清晨，刘邓大军挺进大别山，进驻汤家汇。刘邓大军二纵八旅后勤部政委陈伯禄也随军到达，驻在汤家汇孙家榜文昌宫，旅长周发田交给陈伯禄一个任务，就是为刘邓大军筹粮。立夏节起义后，陈伯禄参加红军，1930年冬在攻打河南商城时，假扮卖柴农民的陈伯禄，用计骗开城门，解放商城，在汤家汇一带很有名气。听说陈伯禄回来，很多人前来探望。陈伯禄灵机一动，面带笑容向大家讲道："当年打顾敬之是我们红军群策群力，用计打下商城的。我们红军今天打回来，红军改名叫八路军，现又改名叫解放军。我们刘邓大军，也是解放军。我们几十万人进驻大别山，兵强马壮，头等大事是吃的粮食。我是负责大军吃粮食的干部，大家既然来了，帮我就是帮你的亲友，大家想想办法。"彭大爷开口道："我们能给大军一些粮食，但不多，怕是杯水车薪，解决不了大问题。"陈伯禄听到亲长的表态，眉开眼笑地说："我们不能要老乡的粮食，我们以刘邓大军名义开个收条给你们，你们保管好条子，等到你们分到田后，抵上缴的公粮任务。"在场的群众齐声说："好！"他又说："这只是解决刘邓大军几十万战士吃粮的头一个办法；第二个办法是没收国民党仓库的粮食为我刘邓大军所有。汤家汇姚氏祠仓库粮食我们查封了，今后我们刘邓大军先吃那里的粮食；第三个办法是征收当地财主多余粮食作为刘邓大军军粮。当地哪家是大户？是地主有粮食？"群众心中知道是谁，但不敢开口。彭二爷的长工李六说："红军是自己人。西湾廖四爷是大地主，他家有四大仓粮食，是收租来的，每年春天放高利贷害穷人。把他家粮食拿出来给回来的红军吃，看他还神气不！"长工李六的话一出，陈伯禄又问大家："廖四爷家有多少亩田？"大家七嘴八舌不停口，说有几十亩土地。陈伯禄就对大家说："那就请你们回去带上扁担和箩筐，帮我们把粮食运到文昌宫来。"陈伯禄带领一百多名战士在李六带路下直奔西湾廖家，一查真有四仓稻谷。汤家汇人民你一挑、他一挑，除留下廖家的口粮外，几趟就把四仓粮食运到文昌宫。

8月31日，汤家汇区人民政府成立后，又成立汤家汇乡、黄林乡、彭畈乡等政府。陈伯禄在各乡负责人会议上宣传征粮的三个办法，很快各乡征集不少粮食送往文昌宫。征来的全是稻子，有几万千克，堆放在文昌宫。为了将稻子加工成大米，这里又建成了大米加工厂。陈伯禄从汤家汇附近的孙家榜、老坟湾、西湾、大铺、大平地等村庄借来十几台加工稻谷的工具，请来会用筛子的妇女，对稻子进行加工。帮助加工稻谷的妇女用筛子、簸箕把加工后的稻谷筛出无壳的大米，速度非常慢。大平地程德寿在油坊做过工，会使用大筛子，就建议请文昌宫东边的何篾匠做几个大筛子筛米，陈伯

陈伯禄筹粮处旧址

禄听了后，立即找到何篾匠商量，何篾匠师徒马上动手，仅一天半就做成两个大筛子，后又做了四只。程德寿不仅自己筛，还教会其他人使用。这些由各乡送来的稻谷，很快都加工成糙米。加工好的糙米由战士、群众分别送到汤家汇姚氏祠粮仓保管。陈伯禄筹集的军粮源源不断地送往立煌、英山、罗田等地的部队，为刘邓大军解决了军粮供应。

蔡大娘勇救解放军 1947 年冬，刘邓大军留下的解放军工作队陈队长率领几个工作队员在银山畈、门山一带继续坚持斗争。元旦后的一个黄昏，陈队长做完群众工作回来，经过泡树岗岭脚下的山沟时，被敌小保队发现。陈队长转过一道山冈，跑到红军烈属蔡钱慧家，其妻正在喂鸡，见陈队长跑来，明白一切，蔡大娘赶紧把陈队长领进屋，让他藏在床下，并迅速转身回到屋外继续喂鸡。小保队追上来，问蔡大娘看见陈队长没有，她机智地将小保队指向油坊方向。陈队长跑上山尖，连开几枪，山后的工作队员听闻后迅速向陈队长所在的山头集结。由于天黑，没能追上小保队 ，但敌人吓了一跳，赶紧逃之夭夭了。

红军食品和用具

食品 苦菜馍：苦菜摘好用开水烫后切碎，用麦面或红芋面和面包好蒸熟，是红军最好的食物。

玉米馍：玉米面用开水烫后和成面团，可包菜，也可不包菜，蒸熟即吃，是红军、赤卫队的主粮。

将军菜：又名苦菜，长在山沟、田地边阴暗潮湿的地方。除冬天外，都能采到，味苦。采摘回来后，用开水烫后即可食用。

珍珠菜：又名花儿菜，生长在山坎边。农历二月初，当树枝发芽长出花蕾时即可采摘，用水煮沸，凉水漂洗后即可食用。

洋胡姜：一种根茎植物，腌制后食用。挖回来洗净煮熟后作为主食填肚。

南瓜：春季种植，秋季采摘。红军战士在金刚台打游击时，在山间种植，作为主食食用。

红芋：春季育苗，夏季栽植，秋季收获。红军打游击时最好的食物。

黄瓜头：山间野菜，一般采回煮熟喂猪。红军时期缺粮，采回、煮熟用来填饱肚子。

马齿苋：长在山沟田边，一般为喂猪饲料。红军战士采回洗净煮熟以填饱肚子。

观音豆腐：山间一种绿色树叶，采摘后捣成糊状过滤加入草木灰汁，用布包裹压成豆腐状即可食用。

用具 干粮袋：用白布或染成黄布裁成长条缝成布袋，为红军、赤卫队员装食物的工具。

斗笠：用竹丝编制，内填竹叶，为红军战士日夜挡风遮雨之用。

蓑衣：采集山间茅草或粽片晒干后用麻绳穿制而成，作为挡风遮雨用具。

草鞋：用糯稻草先搓成草绳，然后按脚的尺寸，用麻绳穿制，砸实而成，代替布鞋。

公文包：皮制品，装公文的用具。

军械 红军成立初期，除极少数干部、战士有枪支弹药外，多数赤卫队和红军干部

红军枪械局旧址

战士的武器为长矛、大刀等。1929 年 5 月中旬，成立佛堂坳兵工厂。1930 年 2 月，在汤家汇高家山设立造枪局，在汤家汇小街石氏祠、大冲徐氏祠建武器修配站。造枪局和武器修配站的工人都是出身贫苦、手艺精巧的铁匠、铜匠、木匠。后从汉口、潢川、信阳等地请来一部分技术工人。1930 年年底，造枪局有工人 300 多人，内分修配组、兵工组、弹药组，除修理枪械外，能造长、短枪和手榴弹、子弹。此前在麻埠、江家山、瓦屋基等地也设立过兵工厂，修造枪械、子弹、手榴弹。红军主力长征后，造枪局、武器修配站停止生产。

军事驻地

红军时期，红二十五军、红二十八军、独立旅、独立团、一路游击师等红军队伍，解放战争时期刘邓大军的七旅、八旅等部队在战斗间隙，都曾在汤家汇的祠堂、村庄驻扎。至 2015 年，这些地方有的作为革命文物，有的作为革命遗址被很好地保存下来。

红一军独立旅旅部驻地　位于街道大铺组吴氏祠。1930 年 5 月中旬，红一军军部将原红三十二师一部和商城游击队组建红一军独立旅，编为 5 个团 300 多人，是金寨境内诞生的第三支红军队伍，旅长廖业麒，旅部曾一度设在吴氏祠。

红一军独立旅旅部驻地旧址

赤南县独立团驻地

赤南县独立团团部驻地 位于瓦屋基村佛山程氏祠。1932 年 8 月，中共赤南县委、县苏维埃政府成立后，为配合主力红军坚持苏区斗争，在金刚台脚下佛山成立赤南县独立团。程德方任独立团团长，全团 500 余人，转战商南地区。团部设在瓦屋基村（原泗道河乡佛山村）程氏祠内。后程氏祠大部分房屋被国民党部队烧毁，只剩下三间。经当地群众献工献料、捐款捐物，对旧址进行重建，现程氏祠保存房屋 12 间。

二二四团团部驻地 位于斗林村蒋氏祠。蒋氏祠始建于 1866 年，属砖瓦结构，一进两幢清式建筑，历史上曾为学堂。1933 年 9 月，国民党军 7 个师向皖西根据地中心区南溪、汤家汇、双河一带合围，意在消灭鄂豫皖边区红军主力。红二十五军七十五师

二二四团团部驻地旧址

二二三团在挥旗山与敌人激战了七天七夜后，二二四团团长林维先率部与二二三团一起在门坎山防守，当时二二四团团部就设在蒋氏祠重建的草房内。1934 年冬，国民党部队将蒋氏祠的草房点着作为部队联络信号，蒋氏祠被毁。现存建筑是由蒋氏族人筹资重建。

赤南县游击队、刘邓大军驻地 位于泗道河村中湾组吴氏祠。1936 年，赤南游击队在负责人冯纪新（曾任中共甘肃省委书记、中央顾问委员会委员）带领下，驻吴氏祠。商城民团头领顾敬之获悉，随即来“围剿”。游击队得知后转移到金刚台。顾围剿不成便放火烧了吴氏祠，部分房屋被毁。抗日战争期间，吴氏族人又筹资修复吴氏祠。解放战争时期，刘邓大军挺进大别山，有一个连曾驻宿祠堂，与国民党军队及地方民团开展斗争。2012 年，吴氏祠被批准为省级文物保护单位。

红二十八军二四四团驻地 位于豹迹岩村黄湾组黄氏祠。1933 年 3 月 29 日，红二十八军在汤家汇门坎山与国民党军七十五师激战，政委王平章在战斗中牺牲，全军战士无不悲愤，发誓要为政委报仇。3 天后，红二十八军在豹迹岩打垮国民党军七十五师。

红二十八军二四四团驻地旧址

战斗结束后，红二十八军留下军特务营和二四四团一营，与皖西北地方武装一起坚持斗争。军特务营驻胡氏祠，二四四团驻黄氏祠。战斗中牺牲的红军战士就安葬在祠堂外止马河边，坟墓尚存。

赤南县赤卫队驻地 位于笔架山村雪山组薛山大庙（华严寺）。立夏节起义胜利后，地方武装赤卫队也得到发展。境内及周边苏维埃政府相继成立，后赤卫队改称游击队。1932 年，中共赤南县委、县苏维埃政府在彭畈薛山大庙组建赤南县赤卫队。队员是来自银山畈、汤家汇、泗道河、彭畈一带的党员和区、乡、村干部及部分革命积极分子 40 多人，下设 3 个小队。赤卫队主要任务是保卫苏维埃政权，肃清残余武装，配合红军作战，为红军补充兵源。赤卫队纪律严明，不拿群众一针一线，不打人骂人，不调戏妇女。白天住在庙里学习训练，晚上去镇压反动分子，袭击国民党民团，在方圆几十里，影响较大。1935 年年初，赤南县赤卫队改编为赤城县商北大队，中共赤城县委书记石裕田领导商北大队。 3 月，高敬亭到汤家汇，在薛山大庙与商北大队汇合。薛山大庙在当地群众看护下保存完好。

薛山大庙（华严寺）

苏区教育、文化及医疗

教育 立夏节起义胜利后，豫东南道区大部分区、乡都建立列宁小学，商城境内就有 20 多所，在校学生 2000 多人。泗道河高冲舒氏祠办有列宁中心小学。列宁小学的教育定位就是培养革命干部，学校教师选用很严格。苏维埃政府创办有师资训练班。

1930 年春，中共商城县委和红三十二师在瓦屋基周家庄园创办苏区第一所小学——六区一乡列宁小学校。学校开设 6 个班，学生 180 余人，校长由乡苏维埃主席、共产党员周德谦兼任，教师 4 人，兼职教师 5 人，大多是红军和苏维埃政府干部。教师和学生既是师生关系，又是革命同志，互相尊重，共同提高。课程有国语、算术、常识、音乐、体操，有校舍 30 间，课桌椅一部分是没收豪绅地主的，一部分是师生上山砍树制作。课本大多由教师自编。学校成立学生公社，下设总务、教育、宣传、卫生、音乐 5 个股，成立少先队和儿童团。除学习文化课外，经常组织慰问队到红军医院慰问伤病员，帮助烈军属挑水、打柴、站岗放哨、传递情报和打土豪、抓特务。女学生周百彩在巡逻放哨时，发现村头有一个形迹可疑的人，立即上前盘问，并叫同学报告红军。原来此人是敌军探子，当场被抓，从他身上搜出红军活动路线和红军领导人家庭住址，使红军部队和红军家属避免了可能出现的严重损失。学生吴尚慈在慰问演出的归途中被敌人逮捕牺牲。根据地编印的《列宁小学校歌》《读书歌》《童子团歌》等油印件、童子团佩带的红袖章、使用的梭镖及“六区一乡列宁小学校”校匾现保存完好。从办学开始至停办的 4 年中，列宁小学培养出 4 位将军（周纯麟、邓忠仁、陈明义、程明）、4 位大校（夏群、陶海清、吴作启、杨立夫）。列宁小学学生毕业后，多数参加红军或在地方苏维埃机关工作。

红军长征后，国民党军队将列宁小学烧毁，几十间校舍只剩下门楼两边 6 间房屋。程德新老人将门楼上方置上杂物遮挡，使得校匾完整保存下来。列宁小学老师王耀芝、晏宇

列宁小学校匾

宙合写的“六区一乡列宁小学校”的校匾丝毫未损。

1961 年，六区一乡列宁小学校被安徽省人民政府批准为省重点文物保护单位。2006 年，被批准为全国家重点文物保护单位。

文化

苏区报刊 境内豫东南特（道）委、皖西北道委及商城（赤南）县委、各区委均设有宣传部，中共各支部配有宣传干事，县、区、乡苏维埃设有文化教育委员会，组织领导文化宣传工作，办有报纸杂志、印刷厂，创设剧团，以扩大苏区影响。1930 年 2 月，河南军阀李克邦率暂编第二旅向商城进攻。中共商城县委随即撤离迁回汤家汇何氏祠。不久，委派罗银青、何复舟在汤家汇柳林禅堂庙创办县委机关报《咆哮》旬刊；群众性报刊《红日》半月谈、《红日》五日刊、《红日画报》。共青团商城县委创办有《少年先锋》《共产儿童》报刊。报刊载有县委、苏维埃政府和上级机关指导苏区工作的文章，刊登有苏区的新闻要事，有宣传共产党的方针政策和苏区党政、经济建设的报道，有红军战况、生产消息，还刊登短小的诗歌、散文及宣传漫画、革命歌曲等。报社还编印了《告白区人民书》《告白区士兵书》等宣传品。1932 年秋，鄂豫皖苏区反“围剿”失利后，报社工作终止。

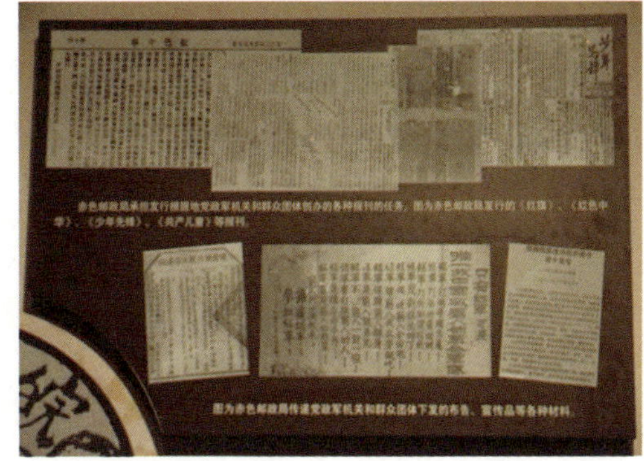
苏区报刊

红军标语 大革命时期，红一军独立旅、红三十二师、红八十二师、红二十五军、红二十八军及苏维埃政府重视舆论宣传，在红军、政府驻地、学校、祠堂、大街小巷、村道路口书写各种标语。1932 年至 1934 年间，红二十五军、红二十八军宣传部门及苏维埃各级政府为配合战事和日常工作，用石灰、黑墨汁、红泥巴在胡氏祠、黄氏祠、童氏祠、舒氏祠、易氏祠前，书写多幅标语。红军每次在战斗前后以及苏维埃政府在大型活动前都安排工作人员用红纸或石灰、墨汁书写标语以作宣传。红二十五军、红二十八军在合编地胡氏祠的墙壁上用石灰书写“打倒匪首刘镇华”“反对国民党出卖皖西北”等标语四幅。皖西北第一次工农兵代表大会召开时，道区苏维埃政府在易氏祠的大门两边用黑墨汁书写标语三幅，至今保存完好。

豹迹岩胡氏祠红军标语

易氏祠苏维埃政府标语

左边是：“配合中央苏区红军暴动，争取一省或数省获得首先胜利！”右边是：“全体工农兵武装起来，保护皖西北区第一次工农兵代表大会！”落款画的是五角星和镰刀斧头的图案。

大门的石门框上写着：“打倒蒋介石，我们有饭吃！”

苏区印刷厂 1932年2月，中共商城县委、县苏维埃政府在街道柳林禅庙堂创办红日印刷厂。创办之初均为油印、石印，后发展为木刻、铅字活字印刷。除印刷苏区报刊外，还印刷列宁小学、商城师范学校（设在汤家汇）的课本和文艺宣传演唱材料、布告、传单等。承印道委机关报《火花》《红旗》，商城县的《红日》《咆哮》，共青团的《少年先锋》《共产儿童》等刊物及红三十二师的各种报纸、宣传品。红日印刷厂实有工人20余名，老式石印机3台。由于设备简陋，承印任务繁重，工人们采用人闲机不闲的办法，轮班作业，昼夜赶印。1931年年初，红军缴获了一副活字木印箱后，印刷效率大大提高。各种报刊、学校课本源源印出。国民党政府对苏区实行封锁，印刷厂采取各种办法获得纸张、油墨等原料以保证印刷。在反“围剿”斗争中，国民党军来犯，工人们埋藏机器，拿枪参加战斗。国民党军退后，又挖出机器洗净泥土继续印刷。只要红军打了胜仗，或有重要指示、文件需要宣传，印刷工人想尽一切办法完成任务。这些报刊、宣传品通过赤色邮局送往基层、送往前线。1932年秋，红四方面军西移后，商南苏区大部分沦落，印刷厂被国民党捣毁停办。

红日剧团 1930年农历正月底，中共商城县委在禅庙堂创办红日剧团，有演员20余人。剧团编排反映苏区军民斗争生活和控诉反动派罪行的舞蹈、话剧、歌曲等节目，到部队、乡苏维埃去演出，《穷人调》《送郎当红军》《大别山峰连峰》《八月桂花遍地开》《红军打商城》等歌曲一直流传到现在。《大别山峰连峰》的歌词主要内容是：“大别山峰连峰，出了个英雄周维炯，打入民团闹暴动，闹得满天红。”《红军打商城》歌词是：“民国十八个春，红军打商城，打得土豪乱纷纷，喜坏我穷人。二十五清早，红军计划好，手提油条肩挑草，就把城破了。城里县卫队，亲区红枪会，一见红军火浇水，个个都软了腿。红军砸牢门，救出我穷人，反动分子除干净，不留害人根。”罗银青填词的《八月桂花遍地开》，被中共商城县委和红三十二师定为党政军民必唱歌曲，先是在鄂豫皖苏区传唱，后在川陕和陕甘宁革命根据地传唱，并演绎出多个版本歌词。1964年，在中央新闻纪录电影制片厂、中国人民解放军八一电影制片厂联合制作的大型音乐舞蹈史诗电影《东方红》的35首革命歌曲中，第11首歌曲即为《八月桂花遍地开》。1931年8

月18日，中共皖西北道委领导观看红日剧团演出后，将剧团调往道委。是年年底，商城县委又要求调回原红日剧团的两名老演员并吸收10余名新演员重建红日剧团，团长吴月芳，廖赤见是主要演员。1932年春，红军第三次攻占商城，皖西北道委剧团在县政府大操场、城隍庙、南河等地搭起几个大戏台，连日演出，四乡群众扶老携幼，前来观看，整个县城洋溢着一片欢乐气氛。是年秋，鄂豫皖苏区第四次反“围剿”斗争失利后，剧团停止活动。

俱乐部与宣传队 立夏节起义胜利后，各乡、村都建有宣传队和俱乐部（又称列宁室）。宣传队成立之初主要为重大节日、重要会议宣传演出，后成为半脱产的宣传组织，以演讲、教唱革命歌曲、表演文艺节目为主要内容，深受军民欢迎。俱乐部内有图书、报刊、画册和锣鼓乐器等宣传品和宣传工具，是军民娱乐场所。商城县总工会俱乐部设在廖氏三柏祠。后宣传队随红二十五军去川陕，俱乐部停办。

医疗 立夏节起义胜利后，红军及地方武装的伤员，均转至起义中心区丁家埠，由商城临时办事处在丁家埠周家祠堂筹建的临时红军医院进行治疗。这是商南苏区最早的红军医院。后在商城、余子店、金刚台、汤家汇、熊家河等地建起红军医院分院。1929年5月，中共商罗麻特别区委和红三十二师，在斑竹园附近的界板冲创办了豫东南红军医院。此后，豫东南境内相继建立红军医院多所，其中规模较大的为商南总医院，初设于南溪江家山，后在汤家汇、南溪、斑竹园、麻埠下设6所分院，后改为鄂豫皖边区红军第二医院。此外，红军战地临时救护所（又名山林医院）设立多处。1929年至1931年，金寨县境苏维埃政府先后建立6所医院和4所药房。

鄂豫皖红军第二后方总医院，简称红二医院，是由1929年年底在南溪江家山成立的商南红军医院改编的，有中西医务人员30余人，并相继在双河黄鹤湾、泗河关门石、汤汇枣林邓氏祠、南溪吴氏祠、果子园徐氏祠、关庙蔡家畈设立6个分院，总医院和分院可接纳伤病员1000余人。设在汤汇邓氏祠的分院有医务人员30多人，借用廖家老屋作伤病员疗养病房，邓中羲为院长。1929—1932年，红二医院救治伤病员2000多人，做大小手术

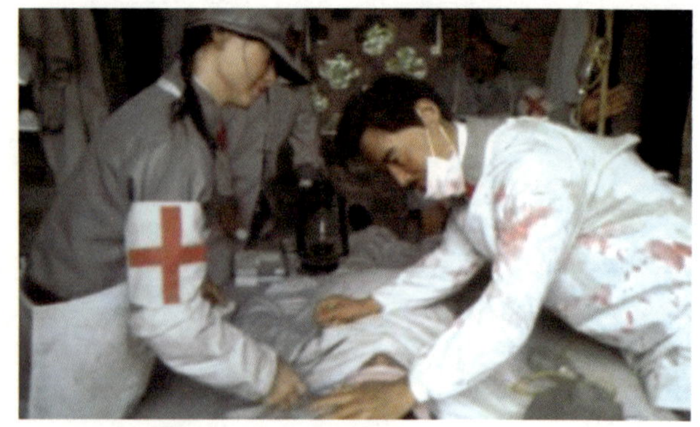

为红军伤员治疗

1000多例，安抚红军流失人员近千人，捐献银圆500多枚，捐粮300余担，大量红军干部战士伤愈归队重返前线。汤家汇的泗河曹氏祠、街道廖氏太守祠、易氏祠、木山刘氏祠、大冲徐氏祠等均为豫东南革命根据地的红军临时医院和临时救护所所在地。

在国民党军反复“清剿”中，赤城苏区红军医院一、二分院均遭受较大损失。1935年6月，两分院剩余人员转移至金刚台，在中共商南县委领导下，建立金刚台红军医院。医院没有医生，妇女排里仅有几个曾做过护理工作的女同志，她们一面坚持对敌斗争，一面照顾伤员，在难以想象的条件下救治红军伤员，坚持三年。其间，伤员分住在金刚台铁瓦寺一带的蝙蝠洞、穿山洞等几个大山洞里。金刚台红军医院医疗条件极其艰苦，医疗器械只有一把普通镊子、一把止血钳和一把竹制的夹敷料的夹子。药品仅限于少量的红药水、紫药水、阿司匹林等。最苦难的时候，撕被子当绷带，扯被套作药棉，以茶水洗伤口并敷上绿青苔，把南瓜子嚼烂糊在伤口上，使很多伤病员伤好归队。

红色遗址

全国重点文物保护单位

境内全国重点文物保护单位有4处。

中共豫东南、皖西北道委，道区苏维埃政府遗址接善寺 位于汤家汇街道南头组。1931年夏，根据中共鄂豫皖省委指示，在汤家汇街道接善寺建立豫东南道委和道区苏维埃政府。1932年8月，中共豫东南道委将赤城县划分为赤城和赤南两县，中共赤城县委驻商城。中共赤南县委驻银山畈，赤南县苏维埃政府驻汤家汇廖氏太守祠。1933年，中国工农红军第四方面军主力撤离鄂豫皖苏区后，中共鄂豫皖省委指示豫东南道委、道区苏维埃政府和皖西北道委、道区苏维埃政府合并，统称皖西北道委、道区苏维埃政府，办公地点仍设在接善寺。先后设有商城县、赤城县、赤南县县委，县苏维埃政府，建立赤色邮政局、政治保卫局、总工会、红军医院、少共道委、县委（共青团）、妇委

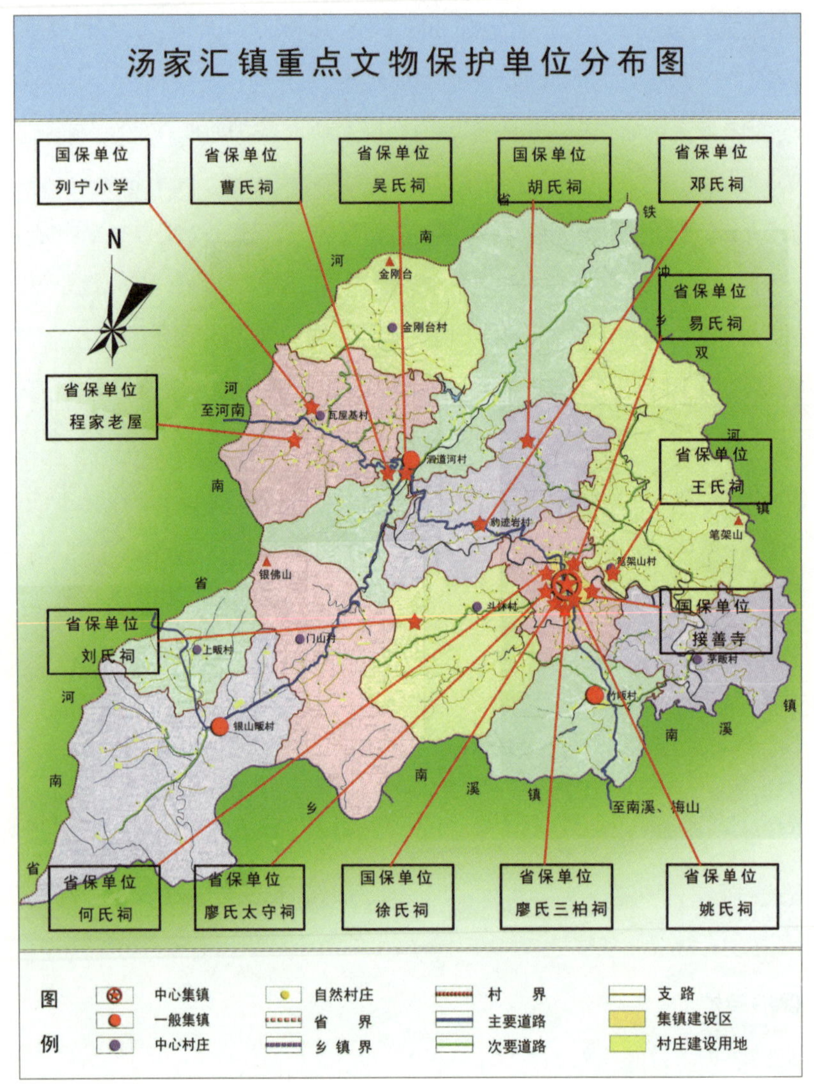

汤家汇镇重点文物保护单位分布图

会、武器修配站、红日剧团、红日报社、红日印刷厂、列宁小学、商城县总工会。各区、乡、村党组织和苏维埃政府相继在汤家汇一带建立起来，普遍开展斗地主、分田地运动，组织青年报名参军。红二十五军、红二十八军相继成立，进行反“围剿”斗争，汤家汇成为豫东南、皖西北革命指挥中心。1932 年，徐向前率红四方面军东征时，路过汤家汇，曾在此住宿过一夜。

2006 年 5 月，该寺被批准为全国重点文物保护单位，2015 年被六安市确定为爱国主义教育基地。

赤城县六区一乡列宁小学遗址 位于瓦屋基村小街以东200米处。原为周氏庄园，前、中、后三栋，两边厢房，总计36间，占地3000平方米。1930年春，中共商城县委和红三十二师在周氏庄园创办苏区第一所小学——“六区一乡列宁小学校”。1961年，被批准为安徽省重点文物保护单位，2006年5月被批准为全国重点文物保护单位。

赤城县邮政局遗址 位于汤家汇街道北头组徐氏祠。立夏节起义胜利后，商城县苏维埃政府在徐氏祠设赤色邮政局，1932年，改商城县为赤城县，邮局也改为赤城县邮政局。邮局为地下组织传递信函，为苏维埃政府送报刊，传递个人来往信件，为全国仅存的两所赤色邮政局之一（另一处在江西）。2006年被批准为全国重点文物保护单位。

鄂豫皖省委会议、红二十五军和红二十八军合编地遗址 位于镇西北部的豹迹岩村的胡氏祠。1934年4月16日，红二十五军和红二十八军在胡氏祠会师。随军的鄂豫皖省委召开会议，作出两军合编为新的红二十五军的决定。下辖七十四、七十五两个师，全军3000余人。并组建新的红八十二师，全师1000余人。1981年，胡氏祠被批准为安徽省重点文物保护单位，2006年被批准为全国重点文物保护单位。

安徽省重点文物保护单位

少共豫东南道委、共青团赤南县委遗址易氏祠 位于汤家汇街道笔架山路北侧。立

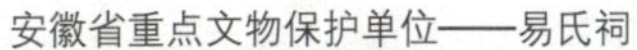
安徽省重点文物保护单位——易氏祠

夏节起义成功后，在汤家汇、丁家埠、吴家店等地先后建立了 9 个区的团组织。在汤家汇易氏祠成立了少年共产党豫东南道委、共青团赤南县委、共青团赤南县一区区委，区以下各乡成立团支部，领导豫东南、赤南县的青年运动以及少先队和儿童团工作。2012 年被批准为安徽省重点文物保护单位。

赤南县苏维埃政府遗址廖氏太守祠 位于在汤家汇镇街道北部。1932 年 8 月，赤南县苏维埃政府在汤家汇廖氏祠挂牌办公，组织农民打土豪、分田地、支援红军前线作战，组织各区乡青年参军，组织妇女、童子团、少共青年团学习识字、站岗放哨。1985 年，中国人民解放军总后勤部编审后勤史时，确认廖氏太守祠为革命旧址。2010 年，县文管部门拨款将上下殿进行全面维修。2012 年被批准为安徽省重点文物保护单位。

安徽省重点文物保护单位——廖氏太守祠

安徽省重点文物保护单位——姚氏祠

商城县总工会遗址廖氏三柏祠 位于汤家汇街道笔架山路西侧。立夏节起义胜利后，商城县总工会在廖氏三柏祠成立，6 月 16 日，中共商城县委在汤家汇三柏祠召开商城县工人代表大会。2011 年，县文管部门拨款将房屋进行全面维修。2012 年被批准为安徽省重点文物保护单位。

赤城县苏维埃政府政治保卫局遗址姚氏祠 位于汤家汇街道南头组。1931 年 8 月，商城县苏维埃政府在姚氏祠建立商城县苏维埃政治保卫局。政治保卫局的主要任务是为苏维埃机关和红色根据地实行政治防卫，惩治特务、反动分子，保护人民利益。1932 年 8 月，赤南县苏维埃政府在此兴办县苏维埃银行。2010 年，县文管部门拨款将二、三重房屋全面进行维修（第一重已倒塌）。2012 年被批准为安徽省重点文物保护单位。

豫东南红军第二医院汤家汇分院遗址邓氏祠 位于豹迹岩村枣林组。汤家汇分院是由 1929 年年底在南溪江家山成立的商南红军总医院下设附院改编成的，18 间廖家老屋作为伤病员疗养用房。4 年间，共救治伤病员 2000 余人，进行大小手术 1000 多例，安

安徽省重点文物保护单位——豹迹岩邓氏祠

抚红军流失人员近千人，使一大批负伤的红军战士伤愈归队重返前线。2012 年被批准为安徽省重点文物保护单位。

赤南县游击队、刘邓大军驻地遗址吴氏祠 位于泗道河村中湾组。赤南游击队在负责人冯纪新带领下，驻吴氏祠。解放战争时期，刘邓大军挺进大别山，有一个连曾住宿于祠堂内。2012 年被批准为安徽省重点文物保护单位。

程家老屋 位于瓦屋基村岩西组。1947 年刘邓大军挺进大别山，解放军一个营的营部驻扎于程家老屋，前后两次 20 余天。2012 年被批准为安徽省重点文物保护单位。

中共商城县委遗址何氏祠 位于街道胡垅组。1930 年 1 月 15 日，中共商城县委和红三十二师召开联席会议，出席会议人员140多人，选举产生中共商城县委。中共商城县委先驻斑竹园，后迁汤家汇何氏祠。主要工作为建立党的基层组织，宣传党的土地政策，镇压反革命，为红军组织后勤供应。1932年2月，商城县改为赤城县。8月，赤南县从赤城县中划出，赤城县委驻商城，赤南县委迁至银山畈。1935年，红军游击期间，何氏祠曾为红军训练及伤病员疗养场所。1947年，刘邓大军挺进大别山时，解放军第二纵队后方医院驻此。新中国成立后，英雄公社在何氏祠先后办起木器加工厂、面粉厂、机械厂，后设学校。2012年被批准为安徽省重点文物保护单位。

安徽省重点文物保护单位——何氏祠

安徽省重点文物保护单位——王氏祠

红四军总经济处和赤南县一区一乡苏维埃政府遗址王氏祠 位于笔架山村中铺岗上组。1930年10月，红四军总经济处设在王氏祠，1932年迁至流波。1931年2月，中共商城县一区一乡笔架山支部、一乡苏维埃政府在王氏祠成立。笔架山党支部、一乡苏维埃政府领导全乡人民，宣传土地政策，镇压反革命，支援红军作战，组织青年参军，开展地方武装斗争，维护社会治安，组织生产，直至1935年6月主力红军撤离，地方组织上金刚台打游击。新中国成立后，王氏祠为中铺小学、中铺村党支部、村委会用房。2012年被批准为安徽省重点文物保护单位。

赤南县一区六乡苏维埃政府、刘邓大军野战医院遗址曹氏祠 位于泗道河村方冲组。1929年12月，商南地区普遍建立区乡村苏维埃政权，汤家汇为商城县一区，辖十二个乡，泗道河为一区六乡。乡苏维埃政府由高冲舒氏祠迁至泗道河曹氏祠。1932年2月，商城县改为赤城县，8月改赤城县为赤城、赤南两县。汤家汇为赤南县一区，曹氏祠仍为一区六乡所在地。苏维埃政府的主要任务是发动群众参军、支前、慰问伤病员，进行土地改革，成立赤卫队，镇压反革命。1934年，红二十五军军长徐海东指挥红军战士在泗道河阻击敌人，战斗结束后，红军伤员数十人在曹氏祠治疗，妇委会委员赵家秀一连几天不休息，给伤员洗伤口、洗血衣。红军主力长征后，革命转入地下，曹氏祠一直为中共地下秘密活动场所。新中国成立后，曹氏祠办起单班小学教学点。2012年被批准为安徽省重点文物保护单位。

红二十八军战地医院、刘邓大军驻地遗址刘氏祠 位于斗林村木山刘老湾组。1929

安徽省重点文物保护单位——泗道河村曹氏祠

年 5 月，立夏节起义成功后，刘氏祠为村苏维埃所在地。1933 年 3 月 26 日至 28 日，红二十八军军长廖荣坤、政委王平章率部与国民党军七十五师二二四旅于大门坎山激战 3 天，毙敌数百。王平章牺牲前曾在刘氏祠包扎治疗后被送往关庙。9 月 15 日，红二十五军在大门坎山与国民党军七十五师二二四旅、二二五旅激战数日，红二十五军前敌指挥部

银山畈陈氏祠

设于刘氏祠。交战数日，双方互有伤亡。至23日，国民党军援兵六十四师一九零旅迂回到红二十五军左侧后方，红二十五军多面受敌不得不撤出阵地向根据地外围转移。国民党军相继占领汤家汇、双河、桃岭、南溪等地，皖西北中心区保卫战失败。1947年秋，刘邓大军一部攻打商城县城，其后方医院曾设于大门坎山刘老湾，刘氏祠成为伤病员驻地。附近农户家里及刘氏祠住满伤病员，到1948年5月伤病员才全部归队，医院撤离。新中国成立后，刘氏祠成为村部、村小学。2011年，刘氏族人筹资全面维修。2012年被批准为安徽省重点文物保护单位，此祠办有“大转折纪念馆”。

金寨县文物保护单位

境内县文物保护单位2处。

李老湾 位于斗林村李湾组。1929年立夏节起义胜利后，仅百余人的李老湾就有25人参加工农红军，牺牲7人，被誉为“红军村”。2012年被批准为金寨县文物保护单位。

三元桥 位于笔架山村楼房组。清乾隆二十九年（1764）群众集资，乐姓领建。大革命时期红二十五军、红二十八军干部战士经常从桥上经过，群众称其为“红军桥”。2011年被批准为金寨县文物保护单位。

其他遗址 境内其他革命遗址43处。

表9

2015年汤家汇镇革命遗址一览表

序号	遗址名称	地址	革命活动主要内容
1	笔架山大庙	笔架山村笔架山组	金寨县第一个中共党组织——笔架山农校党小组、党支部诞生地
2	舒氏祠	泗道河村油坊组	赤南县六区一乡苏维埃政府、一区列宁中心小学所在地
3	陈氏祠	银山畈村银山组	中共赤南县委驻地
4	张氏祠	竹畈村九峰组	赤南县一区二乡党支部、苏维埃政府驻地
5	李氏祠	泗道河村李湾组	赤南县一区二乡一村苏维埃政府驻地
6	高冲战斗遗址	泗道河村塝上、油坊一带	1935年12月中共商南县委佛山便衣队夜袭高冲民团所在地
7	银山畈小街	银山组	陈伯禄将军故居
8	柳林湾	汤家汇街道柳林组	1934年国民党独立第五旅残杀根据地军民、党员、干部遗址
9	兵工厂红军医院遗址	汤家汇街道大冲组徐氏祠	1931年至1934年，为红二十五军兵工厂、红二十八军后方医院
10	吴氏祠	汤家汇街道大铺组	1930年红一军独立旅旅部驻地

竹畈村张氏祠

续表 9

序号	遗址名称	地址	革命活动主要内容
11	程氏祠	瓦屋基村新湾组	1932 年赤南县红军独立团驻地
12	石氏祠	汤家汇街道	1930 年建红军枪械局、武器修配站
13	钟氏祠	汤家汇街道	1931 年 5 月建商城县妇委会，1932 年中共赤南县委、中共赤南一区区委、区政府驻地
14	蒋氏祠	斗林村蒋塘组	二二四团团驻地
15	禅堂庙	汤家汇街道柳林组	中共商城县委红日报刊、红日印刷厂、红日剧团驻地
16	华严寺	笔架山村雪山组	1932 年赤城县赤卫队驻地
17	黄氏祠	豹迹岩村中湾组	1929 年建一区十乡苏维埃政府，1933 年二四四团驻地
18	长岭何家湾	汤家汇街道长岭组	立夏节起义取枪处
19	文昌宫	汤家汇街道孙塝组	1929 年商城游击队驻地，洪学智参军地
20	小河雷湾	汤家汇街道小河组	抗日战争时期中共汤家汇区委驻地
21	竹畈村虎形地	竹畈村	红三十二师反鄂豫会剿战斗遗址
22	泗道河	泗道河村	红二十八军歼敌遗址

续表 9

序号	遗址名称	地址	革命活动主要内容
23	门坎山	斗林村门山村交界处	红二十八军战斗遗址，政委王平章牺牲地
24	火炮岭	竹畈村火岭组	红二十八军战斗遗址
25	朝阳山	竹畈村朝阳组	红二十八军战斗遗址，师长刘德利牺牲地
26	瓦屋基	瓦屋基村黄坳	红二十五军、二十八军联合作战遗址
27	金刚台	金刚台村	中共商南县委成立地，商南大队、妇女排战斗遗址
28	程氏祠	瓦屋基上塘程新湾	红军游击队驻地
29	李氏祠	瓦屋基院墙	红军游击队驻地
30	杨家寨	金刚台	妇女排驻地
31	余氏祠	金刚台村	村苏维埃政府驻地
32	陈氏祠	门山村	红军战地医院驻地
33	泡树岗	门山村	安葬 9 名红军烈士处
34	黄旗山	瓦屋基村	红军战斗遗址
35	火岭头	竹畈村	洪学智参军前学做雨伞的地方
36	彭畈老庙	笔架山村	商南游击队驻地
37	上畈	茅畈村	红军烈士墓
38	张氏祠	竹畈村学岭组	刘邓大军某部后方医院驻地
39	奶奶庙	茅畈村胜利组	洪学智参军前放牛的地方
40	楼房后冲	笔架山村楼房组	安葬红军时期牺牲的 7 位烈士处
41	童氏祠	笔架山村文冲组	赤南县一区十乡苏维埃政府旧址
42	六斗塝廖氏庄园	豹迹岩村枣林组	红军第二医院住院部驻地
43	邓祠组	豹迹岩村	邓忠仁将军故居

保护与管理

汤家汇镇有革命遗址 60 处，其中全国重点文物保护单位 4 处，安徽省重点文物保护单位 11 处，金寨县文物保护单位 2 处，加强对文物的保护和管理尤为重要。

保护 对革命遗址和重点文物保护单位，分级明确责任，县文广新局与镇、镇与村、村与组及农户分别签订管护责任书。明确文物四方界址，划分保护区。保护区内严禁建房、搭棚、砍伐和种植农作物。向居民广泛宣传《中华人民共和国文物保护法》，对破坏文物的违法行为及时处理，严重的要追究法律责任，文物有破损情况，要早汇报，及时维修。

管理 镇、村成立文物保护领导组，确定分管领导。定期检查文物的保护情况，全年不少于 4 次。记录检查情况，处理有关问题，建立管护档案，年终汇总归档。文物保护工作，每年评比 1 次，做好奖惩工作。重点文物，镇、村确定管护人员，负责文物安全、环境卫生、杂草清除、防火等项工作，保证保护区内安全卫生，环境优美。

古村落　古迹

古村落

古村落也叫古民居或传统村落。2014 年，住房城乡建设部、文化部、国家文物局、财政部、国土资源部、农业部、国家旅游局（以下简称国家七部局）公布《关于切实加强中国传统村落保护的指导意见》和《关于做好中国传统村落保护项目实施工作意见》，汤家汇镇对照标准上报传统村落 10 处，经县、市、省逐级上报，上畈村朱家湾、瓦屋基村的佛山晏家老湾两处被国家七部局列入第三批中国传统村落名录。瓦屋基村佛山李家老湾，金刚台村的东湾、岳林，斗林村李老湾，豹迹岩村枣林廖氏庄园，笔架山村下河易家湾 6 处被安徽省住房城乡建设厅、安徽省文化厅、安徽省文物局、安徽省旅游局列入第一批安徽省传统村落名录，其他传统村落 2 处。

中国传统村落

朱家湾 位于上畈村东北部，金寨县最西端，大别山腹地。仅有河东一条水泥路与外联系。村庄依山而建，三面群山环绕，一面敞开，占地 6500 平方米。相传朱家湾是朱姓所居，始建于明朝，距今 400 年。由于家道衰落，朱氏将其卖给赵姓，赵姓卖给黄姓，黄姓卖给吴姓，吴姓居住至今，村落仍保留朱姓名称。朱家湾大门两边有一对雕花石鼓，门头两旁有一对雕制石球，代表明代石工精美工艺。朱家湾古村落一幢四进，两边各有两套厢房，房屋 72 间。一幢门厅，二幢会客厅，三幢主殿，四幢祖堂。每幢房屋间有天井相隔，两边厢房有回廊相连。建筑群呈规范的长方形，秩序井然，居住舒适。砖木框架结构是村落建筑主体，有山水、草木、人物、珍禽异兽等雕饰，有“四季平安图”“麒麟送子”“六合同春”“龙凤呈祥”等，附带彩绘油漆，华贵古朴。青砖瓦顶，上有寿头、龙凤呈祥、砖雕；下有石柱、石凳、石雕造型。特别是柱脚石雕形态各异，绞络精细，似同又异。主要建筑的厅廊均呈穹形顶棚与飞檐相呼应，厅房、书房及公共场所地平和回廊均由方形釉面青砖镶嵌而成。古建筑群内设会客大厅、戏楼、绣楼、住宅、天井、花园、书房、回廊，外有空旷公共场地，用作稻场、碾米场等。古村落前有一口大塘，满塘荷花，碧波荡漾，池塘边几株百年古树；后有遍山松林，林间古墓林立，依稀可见碑文，记载着村落中逝去的先人。整个建筑采光充沛，冬暖夏凉，屋面排水、地面排水系统严密完美。青砖条石修成的明沟暗道，由各院落向外界自然排水。同时建筑结构设计时将高大厚重的青砖院墙与房外相连接，整个村落仅设置四道门，形成一个封闭完整的宅院。

佛山晏家老湾 坐落在高大的狮子垴东北方，佛山吐一山脉宛转北行，经此忽生二蛇形，下跌成一盆地，内有百亩良田，田内生一奇石如蛙，人称“二龙戏蛙”。晏家老湾坐落二龙形之中，一条水泥路随清澈的小溪由北向南横过，河边一横山至此雍起三峰，形如笔架。康熙年间，晏家始祖启元公由湖北罗田逃荒至此，见这山不高则秀，水不深则绿，地不广则坦，境不阔则奇，便落籍于此。经多年辛劳，老幼同心，日子越过越富，便有开山建宅之意。经良工巧匠精雕细琢十余年，于清乾隆四十三年（1778）终于建成占地7000多平方米大小64间的晏家大院。

一进9间，檐高四米，用5层雕砖封檐，飞禽走兽雕砖拱脊，开3道大门，中间为主门作门厅，均用雕花青石作门框，青石为门礅，青石为门，纹理清晰，显得坚固古朴，八根方柱擎着粗大的三根龙门木架，满架拱斗，宽厚的扯方将3间房子连成一体，并有花雕。上方悬挂的清朝宰相周祖培赠匾“年音德茂”字迹还清晰可辨。

二进9间为厅堂、为会客厅，方柱、龙门木架，满架拱斗雕花屏风，或山水，或花草，或飞禽，或人物，或走兽，有“孔子教学”“燕山五子”“松鹤延年”“龙凤呈祥”，上方悬挂清朝宰相周祖培赠匾“耄耋康强”。二进与一进用四耳房隔成三个院落，用回

瓦屋基佛山晏家老湾木雕

廊相连，出入方便，有条不紊。

拾阶而上，三进为堂屋，屏风内供奉家神，做工精细一米多高的供桌上，供奉家神，为祭祀先祖、除夕、元宵、红白大典之用，其雕刻彩绘及艺术品随年代长久而失色损坏。与二进用四耳房相隔成3院，回廊相通，三进12间长廊直达东西厢房。右厢9间与正房结合处开一后门。左侧因有一山脉如蛇形，有一石如蛇箭，为了保存山貌只盖了7间，这正房30间，厢房16间，耳房18间，一宅、二厢、三进、四门、八院64间，有戏楼、绣楼、书房、卧室，布局合理，错落有致。用院墙相隔，暗沟相通、回廊相连，巧妙设计发挥防火防盗、排涝、采光等作用。

该村庄三面环山、前面临水，一条小河从庄前潺潺流过，房屋依山傍水而建，左侧植一高大银杏已历经二百余年，参天遮地如同华盖，后有苍松翠柏、绿竹、黄栗、红枫，随着节令变化呈现“春绿秋黄冬银装，中秋时节稻穗黄。”宅前有晒场、农田、小溪上飘浮着麻鸭、白鹅，时而犬吠鸡鸣，一派田园风光。

安徽省传统村落

李家老湾 坐落在银佛山山洼里，重峦叠嶂之中，后山突兀横空，高大秀丽，呈“金狮拜佛”形。逶迤东行数千米，李家老湾就坐落在狮尾的南侧，枕山而建，右后方另吐一山脉，弯转东行呈玉带状，与后山狮尾同向并行，在乙方交汇，仅留一山口，清澈的溪水由此泻出，内有层层梯田，明堂开阔，内有“藏千军万马，外面不可摆舟”之称。康熙年间，李源灏由湖北新洲率子四宗智、宗瞬、宗瑞、宗厚逃荒至此，见山川秀丽，环境优美犹如洞天福地，落籍于此。经克勤克俭，家境渐渐殷富，李家请来良工巧匠，经数载努力，终于建成了三进21间主房，52间厢房、26间耳房，计99间6000多平方米。大庄园3栋每栋7间（3间主房两头2间陪房），取三七合十之意；四厢，每厢13间，24院子99间房屋，外开四道大门，象征一年四季二十四节，节节平安，九九为最大的阳数含久久长远之意。远看飞檐走兽，雕砖拱脊，青砖瓦顶，气势磅礴，华贵尊严；内看石鼓、石柱、石门框、石凳、石刻纹理清晰；木制屏风，雕刻有别，或山水，或花草，或飞禽，或走兽，或人物形态各异，栩栩如生，龙门木架，或方柱或圆柱，满架拱斗形状新颖别致。

一进门厅檐四米多高，用雕砖五层封檐，青石雕花，石门框将厚厚的木门镶嵌其中，两旁雕花石鼓，显得格外坚固古朴。

安徽省传统村落李家老湾

二进厅堂即客厅，与一进用四耳屋连接，内装雕花木制屏风；厅廊上呈穹形圆棚，下用釉面青砖镶嵌；条石、石柱纹理清晰，石凳下八方上圆形，雕刻各异；回廊屏风雕有山水人物，花卉“四季平安”“事事如意”“龙凤呈祥”。厅堂上悬有清朝宰相周祖培赠送的“霜节松龄”寿匾，天津知府张良运赠送的“大椿不老”寿匾，河南巡抚张良仪赠的“操比松筠，志同金石”寿匾。据说，大革命时期，红四方面军撤出鄂豫皖根据地，国民党七十五师进驻金寨，国民党军士兵搬来干柴，准备烧李家老湾房子，营长发现上面悬有周宰相赠的匾，慌忙跪下叩一个头，并带走士兵，李家庄房才免此一劫。

三进堂屋仍用四耳房与二进相连，为祭祖、红白大典之用，其木雕、彩绘、家具及艺术品因年久失修遭到部分损坏，也因时代久远黯然失色。在这古老建筑群里，客厅、戏楼、绣楼、书房、住房错落有致，回廊相连，浑然一体。院内植有桂花、玉兰、木瓜、梅兰竹菊，四季常青，繁花似锦，自然和谐。院院暗道相通，院院砖墙相隔，既能采光又能排水，既能防火又能防盗。由于布局合理，自然协调，从无内涝和火灾。整个村庄结构严密，浑然一体，开四道大门。

后在庄前修一口塘，蓄水养鱼、洗涮灌溉，左边植一棵银杏参天遮地，五人牵手方

安徽省传统村落李家老湾

能合围，已历300余年。

东湾 位于金刚台村，始建于清朝，距今约200年，建筑面积2800平方米，是一处颇具皖西建筑风格的古村落。周围青山绿水，绿树红花，古木参天。清朝道光年间，富商余善周始建此庄，庄园设计科学，规模不大，但相当紧凑、别致。建筑依山设计。建筑以木结构框架为主，一幢三进，两边厢房，回廊相连，主要建筑以实木叠架梁、木柱、木掾相串连，庭院分割，起居房屋相隔，环境优雅，错落有致，结构严密，浑然一体，木结构上有各种圆雕和浮雕，雕刻有山水、草木、珍禽异兽等，如“四季平安图”“麒麟送子图”“六合同春图”“龙凤呈祥图”等，木雕上油漆彩绘，华贵古朴，古色古香。青砖瓦顶，上有寿头、龙凤呈祥、砖雕；下有石柱、石凳、石鼓等石制雕饰。特别是柱脚石雕形态各异，纹络细腻，精雕细刻，精妙绝伦。古建筑群坐西朝东，内分南北，中分三进：一进门厅，有吊楼、彩绘；二进厅堂，是会客大厅；三进祖堂，祭祀先祖。地平用方形釉面方砖镶嵌而成。门厅为青石雕花，两旁有雕花石鼓，门框为双石套扣，将木门镶在其中，既坚固又美观，古朴大方。二进客厅，四周是木制雕花屏风，雕工精细。三进祖堂，上方是条台和香案，进口为木制雕花屏风，两边摆放着彩绘雕刻家具等珍贵艺术品，现多损失，仅存维修后的空房建筑。

村庄依山而建，村后是葱绿的松树林，北面是气势宏伟的金刚台，村前有一块空旷公共场地，场地边是一条源自金刚台的山溪。溪边有大片农田，村庄南面有一条组级公路，连接整个村庄。村旁有几株古树（古柳和黄栎），溪边有古井一口。整个建筑布局合理，冬暖夏凉。屋面大小阁沟处处相连，雨天里有走马转楼不湿脚之意境。青砖条石

安徽省传统村落东湾

东湾近景

修成的明沟暗道，由各院落向外界自然排水。整个村庄仅留3道门，形成一个封闭的整体宅院。解放战争时期，由于该村落地处豫皖两省交界，并且为深山老林，土匪经常出没。东湾古村落曾经被土匪强占，将门厅改作炮楼和瞭望塔，至今门厅还残留着枪炮射击孔等痕迹。

岳林 位于金刚台村，始建于清朝，距今200余年。建筑面积约6600平方米，是一处颇具皖西建筑风格的古村落。周围青山绿水，绿树红花，古木参天，一派生机盎然。余柽公于清代康熙年间始建此庄，庄园设计精细，规模宏大。建筑依山傍水，系大别山古民居，庄园特色明显。采取依山设计，为复式结构。

建筑以木结构框架为主，一幢三进，两边各有两套厢房，后因余姓居民人丁兴旺，在其东侧另建一幢两进两厢的旁舍，但与主体建筑相通相连。整个建筑群有13个院落，回廊相连，环境优雅，错落有致，结构严密，浑然一体。木结构上有各式圆雕和浮雕，山水、草木、人物、珍禽异兽，应有尽有。木雕为油漆彩绘，华贵古朴，古色古香。整个建筑青砖瓦顶，上有寿头、龙凤呈祥、砖雕，下有石柱、石制门框、石鼓、石凳、石碾等石雕制品。各种石雕形态相异，纹络精细，体现工匠精湛技巧。古村落背靠金刚台，坐北朝南，内分东西，中分三进，两边配以厢房。主要建筑的厅廊均是穹形顶棚与飞檐相呼应，整个厅房、书房及公共场所地平和回廊均用方形釉面青砖镶嵌而成。门厅为青石雕花，两旁有雕花石鼓，门框为双石套扣，将木门镶在其中。一进门厅；二进客厅，客厅上方悬挂清朝翰林余炳文赠匾“五世同堂”，至今字迹清晰，保存完好；三进祖堂，堂前有戏亭，每进廊柱间有木制花雕屏风相嵌。

古村落三面环山，前方有一泻山溪绕过，尤其背靠风景秀丽的金刚台，更增添其神奇和美观。村落背后有葱绿的松林，其中有几株百年黄梨树。村落前有空旷的场地，既作晒场又为休闲之所，其东侧有阡陌良田，是当地居民的“粮仓”。

李老湾 位于斗林村，坐落在斗笠寨山脚下，占地面积6400平方米，属皖西古建筑风格。该建筑群始建于明朝，由李姓春荣公主持兴建，前后施工近20年，距今300余年。院落依山傍水，系大别山古民居，庄园特色明显。古建筑采取依山势设计，为复式结构，建筑考虑到自然与人文相结合的理念，传播“忠厚传家”与“耕读绵延”的家训和风情。建筑以木结构框架为主，一幢三间，回廊连接，环境优雅，错落有致，结构严密，浑然一体。木结构上有各式圆雕和浮雕，山水、草木、人物、珍禽异兽，应有尽有，如“四季平安图”“麒麟送子”“六合同春”“事事如意”“狮子绣球图”“龙凤吉祥图”等，附带油漆彩绘，比比皆是，华贵古朴。一色青灰砖瓦，上有寿头、龙凤呈祥、砖雕。下有石柱、石桌、石雕造型。特别是柱脚石雕都有形态各异的花纹，且相似却不相同。该村落坐北向南，内分东西，中分三进：一进门厅、吊楼、采绘，二进厅堂，三进堂屋。主要建筑的厅廊都呈穹形顶棚与飞檐相呼应，整个厅房、书房及公共场所地平和回廊均由方形釉面青砖镶嵌而成。门厅为青石雕花，上有“忠厚传家”字样，两旁雕花石鼓，门框为双石套扣，将木门镶在其中，既坚固又美观，古朴大方。二进厅堂为3间，3块大匾高悬上方，内容分别为“礼隆三豆”“淑德延龄”“操坚寿永”，分别出自清嘉庆和道光年间，有200多年历史。三进堂屋为祭祖之用，其室内雕刻、彩绘、家具等珍贵艺术品，现多损失，仅存维修后的空房建筑。整体建筑有会客大厅、戏楼，有住宅、天井花园、绣楼、书房、药店、回廊、稻场、碾米场等。古建筑内假山、鱼池、屋檐草、茶花、海棠、百日红、紫薇等名贵花木。外有银杏、桂花、玉兰、木瓜、板栗树、毛竹园。院落四周四季常青，繁花似锦。建筑群古朴优雅、自然和谐，东西两道山泉顺势而下，有古井两个，从古到今从未干枯。门前有3口大塘，雨季蓄水，旱季灌溉，养鱼洗刷，为人畜提供用水。整个建筑各户采光充沛，冬暖夏凉，地面排水系统严密完整。厕所、牛棚、猪圈在住宅外围集中建盖，十分合理，曾被誉为“商南第一村”。革命战争年代，为中国共产党领导的红二十五军、红二十八军开展革命活动提供根据地和后方支援，抗日战争时期为汤家汇区委驻地。其中尤以1929年立夏节起义后参加红军的人员居多，据家谱记载，百余人的村庄有25人参加红军，随中国工农红军第四方面军长征的有10人，长征途中牺牲5人，4人被组织安排参加地下工作，11人掉队失散回乡，有着“红军村”称号。

枣林廖氏庄园　位于豹迹岩村，六斗山下卧牛地，左边东兰谷，右边西兰谷，环境优美。占地面积8000平方米。属于皖西古建筑风格，该建筑始建于清朝，距今约200余年。建筑依山傍水，系大别山古民居，庄园特色明显。古建采取依山设计，为复式结构，建筑物充分考虑自然人文相结合的理念，秉承“耕读绵延”的祖训和风情。建筑以砖木框架结构为主，一幢三进，两边厢房由回廊相连，分割庭院和起居房屋。木结构上有各式圆雕和浮雕，山水、草木、人物、珍禽异兽，应有尽有，如“四季平安图”“麒麟送子”“六合同春”“事事如意”“狮子绣球图”“龙凤吉祥图”等，附带油漆彩绘，比比皆是，华贵古朴。一色青灰砖瓦，上有寿头、龙凤呈祥、砖雕。下有石柱、石桌、石雕造型。古建群坐北向南，内分东西，中分三进：一进门厅、吊楼、采绘，二进厅堂，

安徽省传统村落枣林廖氏庄园

三进堂屋。主要建筑的厅廊都呈穹形顶棚与飞檐相呼应，整个厅房、书房及公共场所地平和回廊均由方形釉面青砖镶嵌而成。门厅为青石雕花，一进大梁上“文星朗照”四字清晰可见，两旁雕花石鼓，门框为双石套扣，将木门镶在其中。二进厅堂为3间，主要作会客厅，四周是木制雕花屏风，雕刻细腻精美。三进堂屋为祭祖之用，其室内雕刻、彩绘、家具等珍贵艺术品，现多为损失。整体建筑有会客大厅、戏楼、住宅、天井花园、绣楼、书房、药店、回廊、稻场、碾米场等。古建筑内有假山、鱼池、屋檐草、茶花、海棠、百日红、紫薇等花木，外有银杏、桂花、玉兰、木瓜、板栗树、毛竹园，院落四周四季常青，繁花似锦。建筑群古朴优雅、自然和谐，东西两道山泉顺势而下，有古井两个，从古到今从未干枯。庄园旁边一口大塘，雨季蓄水，旱季灌溉，养鱼洗刷。庄前有汤汇大河绕道，河水清澈。整个建筑采光充沛，冬暖夏凉，屋面排水、地面排水系统精密完整，屋面排水的大小阁沟处处相接，雨天各户之间往来从不湿脚。青砖条石修成的明沟暗道，由各院落通向外界自然排水，从未发生积水现象。在土地革命时期，为红军第二医院住院部。新中国成立后，曾为汤家汇供销社中药材收购门市部，办过农业中学。

下河易家湾　位于笔架山村，坐落笔架山脚下。始建于清朝，距今200余年。建筑面积6800平方米，是一处颇具皖西建筑风格的古村落。古村落是座庄园式建筑，设计科学，规模宏伟，建筑依山而建，为大别山古民居，庄园特色明显。建筑以木结构栿架为主，一幢三进，两边各有两套厢房，整个建筑群有 8 个院落，回廊相连，分割庭院和起居房屋，环境优雅，错落有致，结构严密，浑然一体。木结构上有各式圆雕和浮雕，山水、草木、人物、珍禽异兽。木雕为油漆彩绘，华贵古朴，古色古香。整个建筑青砖瓦顶，上有寿头、龙凤呈祥、砖雕，下有石柱、石制门框、石鼓、石凳、石碾等石雕制品。各种石雕形态相异，纹络精细，体现工匠的精湛技巧。古村落背靠笔架山，坐北朝南，内分东西，中分三进，两边配以厢房，回廊相连，有“院内东西南北”之效果和意境。主要建筑的厅廊均是穹形顶棚与飞檐相呼应，整个厅房、书房及公共场所地平和回廊均用方形釉面青砖镶嵌而成。门厅为青石雕花，两旁有雕花石鼓，门框为双石套扣，

安徽省传统村落易老湾

将木门镶在其中。一进门厅，二进客厅，三进祖堂，堂前有戏亭，每进廊柱间有木制花雕屏风相嵌。古村落三面环山，前方有两口大塘，背靠风景秀丽的大山，更增添其神奇和美观。村落背后有葱绿的松林，其中有几株百年橡树。村落前有空旷的场地，既作晒场又为休闲之所，其东侧有阡陌良田，是当地居民“粮仓”。整个建筑采光充沛，冬暖夏凉，排水系统设计合理。同时，该建筑结构紧凑，具有防火防盗功能。整个村庄对外仅留 3 道门，形成一个封闭的整体宅院。

其他传统村落

詹山晏老湾　坐落在瓦屋基村黄旗山东北方，黄旗山吐一山脉宛转北行，忽起一峰，形如莲花，花瓣栩栩如生，晏老湾就坐落在莲蓬下，左右有花瓣护卫，右前方百余亩冲田随一字形案山横过，秀丽的银佛山五峰呈现于前方，使村庄显得格外秀丽。

始祖启文公兄弟四人，祖籍湖北罗田，四弟启明公落籍吴家店，兄长启亨、启贞与启文公初迁瓦屋基闵冲，康熙年间，启文公见晏老湾地势优美，便落籍于此，建三进三厢八院六十四间的晏家老湾村庄。

一进门厅，一幢三间，檐高 4 米，5 层雕砖封檐飞禽走兽雕砖、拱脊，纹理清晰的条石作门挑、门框，大方形石门礅外镶石门套，显得坚固古朴，6 根圆木柱及两根 8 方石柱擎着 3 匹大木架，满架拱斗，由数根大方木将 3 间房子连成一体。二进厅堂即客厅，虽与门厅建筑规格颇同，但是做工更为精细，屏风、架托雕刻各样花卉，木柱下石凳雕

瓦屋基村詹山晏老湾

刻各异。三进堂屋，木制屏风式样新颖，结构紧密，雕刻精细，花卉、人物、山水、飞禽，看似相同而不同，看不同却相似，形态逼真，栩栩如生。

三进正房左右均用耳房相连，形成两个天井方院，回廊相呼应，左侧设有两幢厢房，第一幢厢房15间前面比正房突出一间，二幢比第一幢前伸2间共17间，右厢10间，厢房与正房均用三耳房相连，构成3幢9间，三厢房42间，耳房14间，共64间大院落，院院以砖墙相隔，院院以暗沟相通，房屋以回廊相连，院内载有红梅、白玉兰、金桂、黄菊、石榴，随季节百花斗艳，春夏秋冬四季芳香。庄前宽大空场，以备晒粮、碾谷、休闲、纳凉。并修一方塘，蓄水养鱼植藕，夏秋荷花盛开，景色宜人。

吴家中湾 位于泗道河村中湾组。清康熙四十八年（1709），迁商始祖吴士正率五个儿子及家眷，移居泗道河佛山后，建造该宅，命名为“吴家中湾”。吴家中湾依山而建，面山而立，户连户，屋连屋，砖青瓦黛，鳞次栉比。整体布局清晰严谨。村落有44间房屋，坐北朝南，设上、中、下三栋，左右对称。大门前两边矗立着一对花岗岩石鼓，门楼上方为翘形杉木天棚，门楼东西两边客房各3间。上面一幢的中间为堂屋，是祭祀祖先之圣地，左右两间耳屋，储存物品或供客人休息。中间一幢是3间大厅，庄重宽敞，颇有气派。上方是悬挂清朝时期的横匾3块，上书“世泽流长”“让德难名”“孝思维则”，至今保管完好。大厅东边是杉木隔房的3间书房，书房前有一个

泗道河吴家中湾

吴家中湾远景

四合院，院中建有凉亭，供人们休憩娱乐。下一幢为厅房，多为置放公用的大型农具（如水车、犁耙等），宅内各家红白喜事可在此设宴。宅内所有仰棚和廊坊的圆形柱子上，奇花异草、雕梁画栋仍依稀可见。四周外墙均为双层，外层采用33厘米×20厘米×10厘米的火烧青砖，内层为土坯。正面设有三道门，正大门是古宅的象征，又是出入通道。东西门也有各自的功能。为防盗贼，西门配有挡门杠，安放挡门杠的两块巨石至今还完整地矗立着。

吴家中湾东、南、西三方各有一口池塘，即使天旱，池塘依然碧水四溢。西边有一口井，井水源源不绝，透彻见底，清爽甘甜。古井上窄下宽，井水冬暖夏凉。很神奇地是，井内如果落入脏物，不到2个小时，泉水下沉，浑浊不清，只有通过井底清淤，才能水漫井面。吴家中湾兴建的构思设计、房屋结构、建材用料等充分体现了清代建筑特有的风格。

村落里世代居住着吴氏后裔，清光绪元年（1875），吴姓人又在该宅东北角的山坳里建成了吴氏宗祠，宗祠分上、中、下三殿、三十四间，外设三门，内有六院，殿宇宏伟古朴典雅。2012年6月25日，被批准为省重点文物保护单位。

吴家中湾建成距今已有300多年。有些建筑受到自然的侵害，也有人为的损伤，但其原型没变，风貌依旧。

古迹

古道 镇内古代陆路交通受地理条件限制，无道路可通行马车，民间物资交流，均靠肩挑背扛，翻山越岭，走高低起伏的人行小道。境内与外界联系的主要道路有6条：上码头往西，经南溪、汤家汇、瓦屋基，翻越挥旗山至河南商城，线路长约70千米。金寨往西，经吕家大院、茅畈、花岩、汤家汇、泗道河、瓦屋基、翻越分水岭至商城县境，线路长约55千米。汤家汇往西，经斗林、大小门山、银山畈、上畈、翻越卧牛岭到河南伏山至商城，线路长约 40 千米。银山畈往南，经关庙、西河至湖北，线路长约 40 千米。汤家汇往东，经花岩、茅畈、胜利奶奶庙至双河，线路长约 16 千米。汤家汇往北，经泗道河，翻越焦元坳至皂河、水店到苏仙石，线路长约 40 千米。

古桥

双龙桥 位于笔架山村。据桥碑记载，明嘉靖二十四年（1545），由当地百姓筹资兴建。桥有 2 孔，麻条石桥面，孔径 7 米，桥长 16 米，高 3 米，宽 1.8 米。1998 年夏，被洪水冲毁。

三元桥 位于笔架山村。据桥碑记载，清乾隆二十九年（1764），由当地百姓筹资兴建。桥体单孔石面，孔径 5 米，桥长 10.5 米，高 6.3 米，宽 2.7 米，拱圈厚 0.25 米。2011 年，被金寨县确定为保护文物。

三元桥

乐善桥 位于笔架山村。据桥碑记载，清乾隆二十九年（1764）以当地乐氏为主筹资兴建。桥体浆砌块石拱台，孔径 5 米，桥长 8 米，高 5 米，宽 2.7 米，拱圈厚 0.3 米。1998 年夏，被洪水冲毁。

古战场

金刚台 又名石额山，坐落镇西北部，主峰海拔 1584 米。西北蜿蜒至河南省商城县、固始县，东南伸展至铁冲乡。山势险陡，双峰高峙，它像一扇巨大的金刚门，牢牢锁在豫皖分界线上。自古以来，金刚台为“峰峦罗列隐千戈”的兵争之地。春秋战国时期，军事家苏秦游说六国，结成军事同盟，曾至金刚台考察。清咸丰五年（1855）捻军领袖张乐行率部在金刚台建立根据地，大战僧格林沁后撤离。

铁瓦寺 始建于清代，距今有 300 年历史，因其中有几间屋瓦是用铁铸成而故名。每块瓦重约 1.5 千克。寺东有尼姑祠，寺西有和尚塔。铁瓦寺东 2.5 千米处有一跑马场，长约 500 米，宽 100 余米，相传为当年余少保占寨时所建。其中“皇殿”位于铁瓦寺之西，当年余少保在此立寨为王建房数十间。“皇殿”背后，耸立一座小山峰，名曰“插旗尖”。当年余少保驻“皇殿”时，将帅旗插在此山尖上以号令军旅。铁瓦寺北部，尚有华祖庙一座，所存房屋现为农场驻地。

平天铺 位于豫皖交界的金刚台村，与主峰金刚台参差于山巅，构成鼎足之势，为历代兵家所器重。战国时期著名军事家苏秦，游说六国，组织军事联盟，曾至平天铺视察。宋绍兴初年，张昂兴师于此结寨，抵御金人入侵。南宋嘉熙元年（1237），蒙古人南侵，光州州官被迫迁署平天铺，在山南修筑古城，徙光州治于此。南宋咸淳六年（1270），都元帅也速带儿率大军南侵，略地光州，与宋兵大战并兵败于此。元朝末年，江西人余思敏率众揭竿起义，占据金刚台，招兵买马，反抗元朝统治阶级的压迫，从者万余，后归附朱元璋。此山仍存当年余思铭所兴建的里罗城、仓廪等遗址，所垒城垣，至今仍存一米多高。清乾隆年间，蕲州罗田县农民马朝柱密谋在县境东南部天堂寨起义，余少保等在此响应，后事露未成。清朝末，叶绿青、陈平曾在铁瓦寺组织白莲教起义。

汤家汇 明崇祯十五年（1642），张献忠破六安，曾在汤家汇与黄氏青年未婚妻薛小姐发生战事，兵败于此。1933 年，红二十五军、红二十八军先后在境内火炮岭、泗道河、瓦屋基、门坎山、豹迹岩与国民党军队作战，保卫皖西北革命根据地。

挥旗山 门坎山 椴辟岭 1926 年，中共党员赵瑞祥组织商南千余农民自卫军在境内上塘挥旗山、银山畈门坎山、彭畈椴辟岭等要口阻击敌军的侵扰并获胜。

古寺庙

笔架山大庙 笔架山位于镇东北部笔架山村，属金刚台余脉，落星河绕山脚下向东流去。又名三峰山，因形似笔架得名。濒临大水田，田边紧靠池塘，奇石状如钵盂、砚台，风景雅致。笔架山对面有一座大庙，即笔架山大庙。明末清初，有一游方和尚，到笔架山培养木耳，兴种茯苓，集资颇多，于是置田 300 亩，建庙于山。庙宇 80 多间，砖瓦结构，分正殿、侧殿、和尚祠 3 部分。正殿供奉地藏王，侧殿供奉十殿阎王。禅宇金碧，华丽雄伟，雕梁画栋，光彩夺目。和尚祠两边 8 扇亮格屏风（当地称鼓皮），雕刻的人物、山水、花草、鸟兽等，生动活泼，栩栩如生，精致可人。庙门口分立一对卷毛石狮，口含圆珠，威风凛凛。门西侧有老松一株，垂枝凤尾，皱皮龙鳞，青苍瘦曲，形似龙凤，与庙宇四周的奇松古柏交相掩映，清幽之势恰如洞天福地。

因山与庙远近闻名，名人学士常到此游览美景胜地。清光绪皇帝的老师、翰林院大学士蒋艮（字仲仁）常到庙避暑，留有手书“独居上乘”的匾额，悬挂大门头上，一进庙门即呈眼帘。湖北麻城县人陆知音母亲怀着知音到此讨饭，知音生于落星河，幼时在庙读书，后进翰林，是常来之客，亦留有手书“洞天福地”的匾额。

接善寺 位于镇老街南头，坐落在鲢鱼山与九龙山之间。该寺建于明初，原名祖师庵。清乾隆六十一年（1722）重修，更名“接善寺”。清道光七年至十四年（1827—1834）再次重修扩建。该寺有庙宇30间，占地4000多平方米，坐东向西，分南北两院，北院面积260平方米，内有正殿3间，与正殿相对的大门楼是3间2层飞檐画阁戏楼。两扇柳树大门，约10厘米厚，门框、门楣均是雕刻的条石结构。靠北是9间厢房。南北两院之间有一古式圆门相通，南院面积118平方米，有3间上殿，5间厢房，南院的东南角有一道拱门，入其内又有一个9平方米的小院，内置厢房两间。院与院、殿与厢房之间是环形走廊相连，廊上雕刻石柱各有特色，雅趣横生。寺大门外是块平台，200多平方米，向西、北远眺可见金刚台、头灵寺、笔架山，往下看整个汤家汇街道尽收眼底。平台外是石岸，往下有60级4米宽石条台阶，平台上下有3棵古柏，1棵银杏，均为建寺时栽，距今近500年，树高20米，两人合抱粗细，古柏苍劲，四时成荫，银杏傲首。

头灵寺 位于斗林村木山头灵尖山顶，1997年重建，为在安徽省民族宗教事务局登记的佛教活动场所。该寺坐南向北，为四合院式建筑。居士塔高60米，居右侧，居士院在其东南山窝，可容纳100人。大门前一道石岸，大门头上镶有“头灵寺”3个大字。院内大雄宝殿位居中央，前为弥勒佛殿，后为观音殿，左为罗汉殿，右为地藏殿。东南角是“魏征斩龙”，西南角为“百人钟”。一进正殿，弥勒佛笑脸相迎，四大天王分立左右。出弥勒佛殿，迎面就是大雄宝殿，院中有一尊露天大佛，方台高2米，像高8米，背南向北，笑脸相迎，气势雄伟，叹为观止。室内佛祖释迦牟尼像居中央，多尊菩萨分列左右及后方。寺院背后是上下寺庙的唯一通道，170多级青石台阶从山间缓坡直达山顶。台阶宽4米，每块青石长3.5米。

头灵尖上四季景色不同。春季山花烂漫，花香四溢。夏季满园苍翠，凉风习习。秋登头灵尖，红叶遍山，天高云淡，周边诸峰，起伏延绵，烟波浩渺的梅山水库，水天一色。冬降瑞雪，山舞银蛇，茫茫无边。云海奔腾，雾浪汹涌，群峰若隐若现。日出日落，满山红霞，情趣无限。

银山畈村东岳庙

银杏寺

银山寺 银山寺又称东岳府（庙），位于银山畈村陈湾组，银山畈小街往西 1000 米处。该寺始建于明朝中期，清咸丰九年（1859）重修，距今已有 500 年，庙内存有咸丰年间重修时的石碑一块。东岳庙供奉的是“东岳大帝”。据传是太阳神羲和氏的儿子，名叫羲仲。

1994—2011 年，当地群众集资重新维修。银山寺坐西向东，后两殿 8 间，左右厢房 4 间，占地面积 1000 平方米。

彭畈老庙　彭畈老庙又称龙尹观，建于清朝初年，坐落于笔架山村彭畈旦岭村民组，坐北向南，系古老四合院建筑，青砖瓦顶，9 间房屋。其中上殿 3 间，下殿 3 间，东厢房 3 间，西面围墙，上殿正中供一尊 2 米多高的木雕关公。下殿大门门方为石条雕花镶成。各种雕花工艺精湛，巧夺天工。院内有一棵年代久远的桂花树，大门外平台东西两侧各有一棵古柏，与寺庙相映成趣，给人一种古色古香之韵味。该老庙属于道教。庙上有田，有地，有山，道士们以教为业，以耕为生。改革开放后，民政部门对道人给予定期生活补助。20 世纪末，道士们先后去世。现房屋前殿部分倒塌。

华严寺　又名薛山大庙，位于笔架山村雪山组。建于元朝中期，坐西向东，一进两幢，左右厢房 20 间，占地面积 2000 平方米，新中国成立前被国民党军队烧毁。后下殿 10 间由当地村民集资维修，保护较好。

禅堂庙　坐落于汤汇街道柳林组。建于明朝，坐南向北，一进三重，两边厢房，50 余间，占地面积 2000 平方米，和尚 30 余人。在土地革命战争时期，县苏维埃政府曾在这里办红日报社、红色印刷厂、红色剧团，后被国民党军队烧毁。

铜佛寺　位于瓦屋基村佛山李家老湾银佛山脚下，坐北向南。建于清朝乾隆年间，一进两重，西边厢房，占地面积 500 平方米，房屋雕梁画栋、古色古香、布局合理。清道光二十一年（1841）、2014 年，两次维修。

黄旗山南海寺　位于瓦屋基村汪湾组。始建于唐朝中期，地处豫皖交通要道，来往行人多，且坐落于乱石丛林中，地形险要，是兵家所争之地。寺庙共 10 间，大殿供奉南海观音菩萨，偏殿有十八罗汉。占地 1000 平方米。战争年代曾被毁坏。20 世纪 90 年代，佛教信仰者筹集重建。

铜佛寺

黄旗山南海寺

银杏寺

银杏寺 位于银山畈村银山组，与关庙乡接壤。清朝中期，建寺十余间，占地200平方米。大革命时期周维炯、肖方指挥红三十二师经常路过这里，并在里面休息，后被国民党军烧毁。2000年后，集资重建。寺前有公母银杏树各一株，系二级保护古树。

财神庙 位于豹迹岩村江西坳组。坐南向北，正殿一间，厢房十一间，正殿边有观音庙三间，建筑面积300平方米，占地500平方米。

银杏寺石碑

红旗尖观音庙

红旗尖观音庙 位于豹迹岩村高山组。2013年，由善男善女集资新建。正间三间，左右两边厢房各三间，建筑面300平方米，占地600平方米。

火神庙 又名文昌宫，位于街道孙榜组。坐北向南，一进两重，上下各三间，两边院墙，中间有一个大院子。建于清朝，占地200平方米。2013年文物保护部门拨款按原貌重建。

古墓

郭金五墓 位于汤家汇实验学校南侧，距汤家汇街道仅200余米。“安史之乱”爆发后，唐王朝摇摇欲坠，百姓生活水深火热。郭子仪的四子郭金五率领部队追击叛匪到大别山，自已却在此为国捐躯了，郭金五当时就下葬在此。英雄永远被人怀念，清朝皇帝钦命大别山郭氏后裔于汤家汇鲤鱼山嘴建大坟一座，竖石碑一块。虽然历经沧桑，郭金五的碑文却十分清楚：“小龙山东地，老虎潭西坟，木星带火体，翻翅鲤鱼形，四围山水秀，衍庆万年春。”其文是“大清乾隆之伍拾捌年岁次癸丑十二月佳辰藏入我郭金五於鲢鱼山前千载而下曰”，至今已有200余年。2012年6月，郭氏后裔将原有的墓碑更换。

洪胜将军墓 位于银山畈村彭冲花坟河组。洪胜生于元末，明朝开国将军，封为武略公。因战争牺牲于银山畈洪家大寨，葬于洪家大寨山下。清咸丰五年（1855）立有碑记。

周宰相墓 周宰相即周祖培（1793—1867），谱名之翔，字叔滋，号芝台，河南商城人（今金寨县果子园乡人），清嘉庆二十四年（1819）进士，太子太保，体仁阁大学士，官至宰辅，谥“文勤”。灵柩从京城运回商城，葬于瓦屋基小街东北方“猪头地”，并与先卒的原配一品夫人刘氏合冢，墓左立有恩旨予谥碑，神道碑，并有墓碑，祭台和三层拜台。拜台上立有墓表，墓前有双石人、石马、石狮、石像，四周有垣墙，占地面积约 1300 平方米。1968 年，原地改砌为革命烈士公墓。周氏夫妇尸骨由其后裔迁葬瓦屋基小街南面莲花山。出土墓葬文物除少量毁坏与下落不明外，大部分由县文物管理所收藏。

烈士墓 境内除瓦屋基小街后的烈士墓外，尚有门山、笔架山楼房、茅畈上畈、豹迹岩止马河等红军时期、解放战争时期牺牲的革命烈士墓 4 处。

余善养墓 余善养 1895 年中进士，1907 年入翰林院为钦加侍讲。1912 年 3 月 13 日被袁世凯暗杀，葬于梅河村（现金刚台村）兴屋，坐北向南，因怕盗墓，故未立碑。

王氏迁商三世祖墓 位于豹迹岩村栗坳组，坐东向西。

晏氏祖墓 位于瓦屋基村竹湾组，坐西向东。

张氏竹畈祖墓 位于竹畈村路窝组，坐东向西。

李氏佛山支祖墓 位于瓦屋基村佛山李家老湾，坐西向东。

斗林李氏祖墓 位于斗林村李老湾组，坐北向南。

张氏迁汤一世祖墓 位于瓦屋基村下马垅组，坐西向东。

泗道河支吴氏迁商一世祖墓 位于泗道河村吴中湾组，坐北向南。

古物

薛小姐大刀 明末，张献忠的一支部队一路杀到汤家汇，沿途丝毫没有抵抗，准备到豹迹岩消灭黄氏族人。黄氏青年在新婚妻子薛小姐的带领下，依靠大畈有利地势，奋起反抗，激战三天三夜，终将这支部队赶出汤家汇，薛小姐累得吐血而死。薛小姐使用的武器一直供奉在黄氏祠里。

薛小姐大刀

古祠

全镇建有宗祠 47 处，其中倒塌 2 处（笔架山童氏祠、斗林陈氏祠），学校拆除 1 处（斗林李氏祠），部分拆除 1 处（街道钟氏祠），重建 8 处（街道黄畈组郑氏祠、瓦屋基占山晏氏祠、街道大冲徐氏祠、竹畈葫芦湾张氏祠、街道大铺吴氏祠、豹迹岩高山陈氏祠、泗道河小铺李氏祠、斗林蒋塘蒋氏祠）、维修 8 处（门山村蔡铺陈氏祠、瓦屋基上塘夏氏祠、上塘程氏祠、豹迹岩中湾黄氏祠、枣林黄氏祠、金刚台洪湾程氏祠、闵冲余氏祠、豹迹岩胡氏祠）。汤家汇宗祠建筑时间大都为清代，最早的王氏祠已有近 400 年，一般都在 200 年上下。宗祠的主要功能为各姓祭祀、研究族内大事、召开会议提供场所。各姓氏修有宗谱，从清朝以来，各姓氏一般修谱 5 ～ 8 次不等，最多的达 10 次。各姓氏均成立领导组织，负责人有的称族长、户长，有的称会长，主要负责族内祭祀、续谱、宗祠修缮、调解纠纷、婚丧大事主持等事务。宗祠的修建、维护及每年的祭祖活动或按人丁（男性）或按人口筹集，财务均公开。宗族活动对促进民族文化和社会稳定有一定的积极作用。

胡氏祠 位于豹迹岩村胡祠组。坐北向南，建于清宣统元年（1909），距今已有上百年历史。一进三重 12 间，建筑面积为 1200 平方米。左侧有厢房 10 余间，徽派风格。为全国重点文物保护单位。20 世纪 80 年代后，政府曾多次拨款维修。

徐氏祠 位于镇老街北头。坐南向北，一进两重，上下各 3 间，两边走廊，建筑面积 150 平方米，徽派建筑风格。为全国重点文物保护单位。政府拨款多次维修。

易氏祠 位于街道笔架山路北侧。始建于清乾隆年间，坐北向南，一进三幢，六院二十六间，占地 1500 平方米，保存完好。其地表无水沟，雨水全部过滤从暗沟流走。为安徽省重点文物保护单位。2010 年，政府拨款全面维修。

王氏祠 位于笔架山村岗上组。坐西向东，始建于清康熙十八年（1679），为四合院式建筑群，正殿 3 间，前殿 3 间，东西厢房 14 间，东西回廊房 8 间，计 28 间，占地 1500 平方米，一度为村级小学和村级组织办公场所。学校、村委会迁走后，宗族集资全面维修。为安徽省重点文物保护单位。2011 年，政府拨款部分维修。

廖氏太守祠 位于街道笔架山路北侧。坐北向南，一进两幢，为明清宫廷式结构，呈厢包正格局，上下各 9 间，两边厢房各 3 间，合计 24 间。该祠始建于清道光九年（1829），占地约 1500 平方米，为安徽省重点文物保护单位。2010 年，政府拨款对上下殿各 3 间、右厢房 3 间全面维修。

吴氏祠 位于泗道河村中湾组。坐西向东，建于 1875 年，上中下三幢，另有厢房，合计 34 间，占地面积 3000 平方米，族人集资多次维修。为安徽省重点文物保护单位。

邓氏祠 位于豹迹岩村枣林组。坐北向南，始建于清嘉庆年间，距今 200 余年历史。一进三幢，外加厢房，四周走廊，占地 2000 平方米，曾为村级组织的办公场所。村部迁走后，族人捐资多次维修。为安徽省重点文物保护单位。2013 年，政府拨款部分维修。

姚氏祠 位于街道南头组。始建于清咸丰八年（1858），坐北向南，一进三幢，两边厢房大小 18 间，占地 400 平方米。徽派风格，雕梁画栋、十分华丽。为安徽省重点文物保护单位。2011 年，政府拨款维修上、中殿 6 间。

曹氏祠 位于泗道河村曹祠组。背靠银佛山，坐西向东。始建于清乾隆年间，一进三幢，外加厢房，合计 15 间，占地 1000 平方米。为安徽省重点文物保护单位。

廖氏三柏祠 又名三辈祠，位于街道笔架山路南侧。始建于清咸丰元年（1851），坐北向南，一进三幢，每幢 3 间，两边院墙，占地面积 500 平方米，为安徽省重点文物保护单位。2011 年，政府拨款对二、三幢房屋全面维修。

刘氏祠 位于斗林村木山刘老湾，坐东向西。始建于清嘉庆年间，一进三幢，回廊式建筑，20 余间，占地 1500 平方米。20 世纪 70 年代，该祠用于建校时曾简单整修。学校迁出后，刘氏族人集资上百万元全面维修。为安徽省重点文物保护单位。

刘氏祠

余氏祠

何氏祠 位于街道胡垅组，坐东向西。始建于清道光二十八年（1848），一进两幢，上下各9间，两头厢房各2间，合计22间。成四合院型，占地面积1431平方米，为安徽省重点文物保护单位。2013年，政府拨款全面维修。

程氏祠 位于瓦屋基村佛山新湾组。坐北朝南，始建于清雍正年间，距今200余年。一进三幢，东西厢房，四周走廊，20余间，占地1500平方米。

余氏祠 位于金刚台村（原梅梓河）余祠组。始建于清朝中期，距今200余年。坐北向南，一进三重，每重3间，左右厢房各7间，祠内有6个院落，正殿前大院内建有亭阁一座，大门两边静坐一对石狮，门前置放八方石墩4对，竖旗杆1根，占地700余平方米。祠前古树参天，红檀树与祠同龄。族人捐资定期维修。

杨氏祠 位于竹畈村金山组。坐北向南，始建于清朝同治年间，建筑面积256平方米。初为木架砖瓦结构，一进两重，上下殿各3间，两边厢房各3间，中央天井院。2003年翻建，改为砖混结构，布局未变。

晏氏祠 位于瓦屋基村詹山晏湾组。晏氏宗族捐资于2002年动工新建，2008年竣工。坐西向东，一进三重，一、三重各5间，中间3间，两边厢房各7间，合计27间，占地面积2500平方米，建筑面积1200平方米。整个建筑青砖、琉璃瓦，融古代建筑与现代建筑风格于一体。

李氏祠 位于瓦屋基村下塘组。建于清朝同治年间。坐东南向西北，一进两重，上下殿各3间，左厢房6间，青砖瓦顶，占地面积600平方米，建筑面积360平方米。2014年，族人捐资全面维修。

舒氏祠 位于泗道河村高冲舒湾组。坐西向东，始建于清道光十年（1830）。上下

瓦屋基村李氏祠

殿各 6 间，前 3 间花门楼，外加围墙，共 3 幢，另有南北厢房各 7 间，合计 29 间，两个院落，占地 1500 平方米。1935 年被民团烧毁，1943 年重建。

吴氏祠 位于街道大铺组。坐西向东，始建于清咸丰年间，两重 6 间，厢房 10 间，占地面积 1200 平方米。20 世纪 70 年代部分砖瓦用于建校。2012 年，吴氏族人集资重建。

蒋氏祠 位于斗林村蒋塘组。坐东向西，始建于清同治五年（1866），属砖瓦结构，一进两幢，上下各 3 间，清式建筑，占地 300 平方米，新中国成立前毁于战火。2010 年，蒋氏宗族集资重建。

李氏祠 又名忠孝祠，位于泗道河村小铺李湾组，坐东向西。始建于清道光十三年（1833），上下殿各 3 间，左右厢房各 5 间，上殿有一凉亭，中间一个院子，占地 500 平方米。1935 年，被民团烧毁。2015 年，族人按原状集资修复。

陈氏祠 位于银山畈村陈祠组。坐西向东，始建于光绪三十四年（1908），一进三幢，9 间，占地 500 平方米。

张氏祠 位于竹畈村九峰组。坐落九峰尖下，坐东向西。始建于清道光年间，一进两幢，上下各 3 间，两边各 6 间厢房，占地 500 平方米。

石氏祠 位于街道大平地西侧。始建于清末，坐北向南，一进两幢，上下各 3 间，两边院墙，占地 400 平方米，房屋保管较好。

徐氏祠 位于街道大冲组，原名三河堂义臣祠。坐西向东，始建于清同治三年（1864），竣工于清光绪二十二年（1896），两期建成。上下殿、左右两厢 16 间。砖木结构，雕龙画凤，拱棚刻兽。占地1500平方米，1936年，被国民党军队烧毁。2013年，族人集资近80万元重建。

钟氏祠　位于街道笔架山路镇人民政府原住房西北角。坐北向南，建于清末，前后两栋各6间，占地600余平方米。1984年，后殿6间镇政府建房时拆除，后建基建房6间。

李氏祠　位于瓦屋基村西部的佛山李家老湾，清康熙年间李氏族人捐资兴建，为李氏太白堂。坐北向南与铜佛寺相邻。上下各3间，占地面积200平方米，占地500平方米。

陈氏祠内院

泗道河小铺李氏祠后亭

旅游开发

规划

总体规划 2013 年，镇党委、政府委托省旅游局聘请中国社会科学院旅游研究中心和北京、浙江旅游景观规划设计院，对汤家汇镇境内红色、绿色、古色资源等进行高起点、高定位、高标准（AAAA 级）的远景规划，以红军历史遗迹和生态绿色风景和古名居、古迹为基础，融文化、历史、教育、休闲、度假、养生、观光等功能于一体的文化生态旅游、休闲度假目的地，安徽乃至全国知名的红色旅游景点，打造金寨县又一旅游创新可持续发展的旅游新地标。将汤家汇镇定位为——“中国红色第一镇”。旅游总体规划范围包括汤家汇镇全部行政区域范围，东至笔架山，北至金刚台、南至头灵寺、西至银佛山，12 个行政村、45000 人受益。根据境内现状地形特点及功能要求，以红色文化为魂，绿色生态为形，构成“一轴两心五区”的总体规划。“一轴”，以汤家汇苏维埃城为内核，以丁（埠）商（城）公路为轴形成红色旅游主轴线。“二心”，以泗道河为休闲中心，作为绿色旅游金刚台和银佛山的集散接待基地；以银山畈为民俗文化中心，作为银佛山山地度假区和民俗文化体验的接待基地。“五区”，即金刚台山地运动区、银佛山山地度假区、笔架山乡村休闲区、头灵寺乡村度假区、银山畈民俗文化区。

“两心”“五区”规划 “两心”为泗道河休闲中心、银山畈民俗文化中心。泗道河休闲中心，濒临金刚台和银佛山，具有优越的地理位置。首先对泗道河风貌再造，建设芸荟广场、山地动力服务中心、梅河滨水休闲带等项目，成为金刚台、银佛山山地运动休闲综合服务区和游客集散中心。银山畈村濒临银佛山、九峰尖和银山顶，且村内周湾组建有中国三峡画院大别山艺术馆，主要用于书画收藏、销售、策划各种大型画展，组织各类高端笔会，吸纳各地书画精英等，可供游客参观游赏。将银山畈村打造成皖西民俗艺术文化中心，同时也作为银佛山和银山顶、九峰尖的主要接待基地。

“五区”为金刚台山地运动区，是以金刚台山地资源为核心，开展山地运动旅游；

银佛山山地度假区，以银佛山、杨家寨等为依托，开展山地度假旅游；头灵寺乡村度假区，以头灵寺、河口水库、李老湾刘氏祠等为依托，开展乡村度假旅游；笔架山乡村休闲区，以笔架山和胡氏祠红色遗址为核心，开展乡村休闲旅游；银山畈民俗文化区，以三峡画院历史名人文化以及银杏寺、东岳庙、朱家湾古民居为依托，开展民俗文化旅游。依据各区景点特色位置分别规划组建各种不同的旅游观光团，参观各种不同的景区景点，各景区分别提供餐饮、住宿、露营条件，满足广大游客实际需要。

设施建设

基础设施建设 2012年，汤家汇镇争取7000万元红色旅游公路建设项目。2013

金刚台露营基地

年，实施丁（埠）商（城）省际公路扩宽改造项目，从竹畈火炮岭至佛山分水岭22.5千米水泥路，由原来5.5米拓宽至7米。同年，银山畈至商城接壤处4千米土公路拓宽成6米宽水泥路。2014年，实施汤家汇街道至豹迹岩胡氏祠旅游通道项目全长9千米，由3.5米村级道路拓宽至5米。2015年金刚台村群众自修4条土路至金刚台，即从梅子河孙山组至金刚台、梅子河张石组至金刚台、梅子河余老湾至金刚台、从焦元至金刚台。2014—2015年镇投入2100多万元，对中心集镇配套工程建设进行升级改造，改建红军一条街，新建一处旅游接待中心600平方米。对镇内红军遗址接善寺、胡氏祠、易氏祠、列宁小学、徐氏祠、廖氏三柏祠、太守祠、文昌宫、何氏祠、邓氏祠、刘氏祠等国家级、省级文物保护单位以及文昌宫进行修缮和维护，对上畈村朱家湾、瓦屋基村晏家湾2处国家级传统村落，斗林村李老湾，佛山村李老湾，金刚台村东湾、岳林，豹迹岩村廖氏庄园，笔架山村易家湾6处省级传统村落进行初步修缮和保护。

集镇建设 2014—2015年，镇多方争取资金1300多万元，强力推进汤家汇集镇配套工程建设，完成赤南路街道改造1800米，实现雨污分流。新增路灯156盏，栽植香樟300株，桂花2500株。铺设人行路面彩砖1.8万平方米。投资900万元，修通至胡氏祠、金刚台景区水泥路18.5千米。投资120万元，对革命遗址接善寺、易氏祠、姚氏祠、徐氏祠进行布展，再现当年革命斗争情况。新建1处旅游公厕、2000平方米的旅游广场和停车场。争取250万元，完成至金刚台入口处道路、张石至焦元登山步道规划设计。

线路

精品线路 金寨县是安徽省红色旅游资源丰富度、集中度最好的地区之一，汤家汇镇旅游路线又是金寨县4条红色旅游路线的重要组成部分。即梅山风景区—汤家汇红色旅游第一镇—斑竹园旅游区—马鬃岭风景区—天堂寨风景区—响洪甸风景区；金寨县革命烈士陵园—汤家汇镇鄂豫皖苏维埃政权旧址群—南溪镇立夏节起义旧址—斑竹园中国工农红军第十一军第三十二师成立旧址—沙河乡下楼房村刘邓大军前线指挥旧址—马鬃岭国家自然保护区—天堂寨国家森林园；金寨县革命烈士陵园—汤家汇镇鄂豫皖苏维埃政权旧址群—霍山县佛子岭水库—独山镇独山革命旧址群—岳西县治溪方家祠堂刘伯承旧居；六安市皖西烈士陵园—裕安区独山革命旧址—金寨县汤家汇鄂豫皖苏维埃旧址群—霍山县西镇暴动旧址群。

镇内线路 汤家汇镇内旅游规划线路 3 条，即汤家汇红色苏维埃城—笔架山村休闲基地—豹迹岩军事拓展基地—瓦屋基红色休闲文化园—金刚台山地休闲运动中心；银山畈民俗文化中心—银佛山风景名胜区—瓦屋基红色休闲文化园—金刚台山地休闲中心；笔架山乡村休闲基地—汤家汇红色苏维埃城—豹迹岩军事拓展基地—银佛山风景名胜区—银山畈村民俗文化村。

至 2015 年年末，镇内初步形成旅游线路，供游客浏览的景区景点有 3 条线路。第一条：苏维埃城—斗林李老湾—刘氏祠—头灵寺—银山畈上畈朱家湾—银山畈小街东岳庙—门山银佛山—泗道河吴氏祠—豹迹岩邓氏祠—廖氏庄园—汤家汇街道。第二条：苏维埃城—王氏祠—笔架山农校—豹迹岩胡氏祠—瓦屋基詹山晏老湾—列宁小学—佛山李老湾—金刚台风景区。第三条：苏维埃城—枣林廖氏庄园—邓氏祠—泗道河—焦元—金刚台风景区。

线路规划与建设 一级旅游线路主要连接汤家汇、泗道村、银山畈村的主旅游线路，拓宽和改善从银山畈往斗林（头灵寺）至汤家汇的道路。二级旅游线路，主要从一级旅游线路分支通往笔架山大庙、列宁小学、金刚台、银佛山、头灵寺等的旅游线路。三级旅游线路，主要是从二级旅游线路分支通往其他红色遗址的线路。通过与旅行社、旅游公司、县委党校等单位合作开发形式，形成独特的红色旅游专线，抓住全军到铁冲至泗道河红色旅游专线建设机遇，推进金刚台旅游景区开发建设。2016 年完成 36 千米的登山步道和 1 个户外露天营地建设，2017 年完成公路扩宽，发展竹畈、银山畈两个组团的休闲农业示范区建设。

景区 景点

景区 汤家汇镇中心区位于规划区东南角，位于金寨前往金刚台方向的必经之路。以红色革命发源地笔架山大庙为核心，以丁（埠）商（城）公路为主线（汤家汇街道、泗道河街道），形成红色旅游主轴线，以主轴两侧的4处国家级重点文物保护单位、11处省级重点文物保护单位、2处县级重点文物保护单位、8处古村落、46处古祠、9处古庙寺、300余株古树为重点，融合金刚台、银佛山、头灵寺、笔架山、银山顶等绿色元素，构建形成五区。以笔架山大庙、胡氏祠、禅堂庙以及笔架山优美的自然环境为依托，打造笔架山乡村休闲区；依托金刚台的地质地貌和森林景观，建设金刚台山地运动区，为游客提供野外健身、极限运动体验等多样化服务；把银佛山优美的自然风光与山脚下红色文化遗址相结合，打造银佛山山地度假区；以头灵寺、河口水库、刘氏祠、李老湾等为核心依托，利用龙头尖优美自然风光，河口水库良好的度假环境，刘氏祠红色遗址和李老湾良好的庄园格局，打造头灵寺乡村度假区；以坐落在银山畈村的中国三峡画院大别山画派艺术馆为中心，以银山畈片区优美的田园风光，丰富的历史人文资源，银山顶优美的山地风光和古银杏树，银山寺等核心资源为依托，打造银山畈民俗文化区。

景点

金刚台 又名石额山，位于豫皖两省交界处，山脉延伸至金寨、商城两县，主峰海拔高度1584米。主脉从老和尚尖到佛山大岔。支脉有4列，大体呈西北—东南走向排列，即佛山大岔、流斗垅支脉，大峰尖、黄鹄山支脉，雀子坳支脉，蚂蝗岭、大马鞍山支脉等。

金刚台气象万千，内藏古战场遗迹，近看娇洁、清雅、妩媚，远眺似云、似霞、似锦。商城、金寨两县城尽收眼底。春天的金刚台浓妆艳抹，如同把“赤、橙、黄、绿、青、蓝、紫”的花瓣撒向山间，放眼望去，满目皆绿的碧海中，杜鹃一簇簇、一丛丛繁花满枝，在素净淡雅的宁静中平添如火如荼的喧闹。夏日里，金刚台是一个清凉世界。山外骄阳似火，烈日炎炎，这里却峰峦苍翠欲滴，幽谷浓荫覆盖。飞瀑银帘当空降，清水潺潺石山流。夏日的金刚台气候变化无常，“东边日头，西边雨。”适才还是晴空万里，顿然浓云密布，暴雨当空。秋天时节是金刚台最舒畅的季节。丹枫如帜，金桂飘香，天高云淡，秋高气爽，“万木霜天红烂漫，”“霜叶红于二月花。”金刚台的冬天来得很早，山下的冬天却来得迟。高山飞絮扬花、头顶银盔，山下却尚未感到冬的严寒。深冬，雪花为山岭披上一层洁白素装，漫山遍野，玉花飞琼，群峰嵌玉，万树镀银。金刚台集苍松怪石、奇峰、云海、飞瀑、深潭、峡谷、幽洞与一体。有猴儿石、将军石、仙脚石、燕子岩、天鹅石、猫儿石、苏山梦笔、狮子盘球、双石尖、凌冰石等。千米以上的奇峰有太阳尖、大橙子、马鞍桥、插旗尖、黄殿、金刚台、平天铺、跑马场、破石岸、大寨包、女人寨 15 座。飞瀑主要有溜石板瀑布、滚石沟瀑布、蛤蜊沟瀑布、白龙潭瀑布等十多处。深潭主要有白龙潭、九丈潭、画眉跳涧、乌龙潭、响龙潭等。峡谷主要有掉靴河峡谷、牛踏石峡谷、九龙头峡谷、近水沟峡谷、干河峡谷、西河峡谷等。幽洞主要有水帘洞、朝阳洞、羊洞、蜜蜂洞、黄牛洞、风洞、龙井洞等。

金刚台登山步道

金刚台近景

金刚台大山岔子

金刚台独一山

远眺金刚台

金刚台三尖怀

金刚台小金寨

金刚台的“风洞”“龙井”为巅南佳景，循岳而南，攀绝崖，过陡壁，有洞深窈可容四五十人坐卧，名为“风洞”，酷夏至洞口，凉气袭人，洞下一条水沟直下水帘洞顶，水流与帘洞之水浑然一体，增添水帘洞“云从人面流”的气氛。水帘洞下有一条深不可测的泉渊，是为“龙井”，此水直通皂靴河，流入史河。顺主峰而下，约有1平方千米的平顶山，便是与主峰对峙的平天铺，是古人屯兵聚集的练兵场。铁瓦寺，堪称金刚台之奇观，始建清初，距今有近四百年历史了。正面屋顶用铁铸瓦覆盖，因山顶风大，铁瓦不会被风吹走，故得名“铁瓦寺”。铁瓦寺东两三千米处有一跑马场，长约500米，相传为当年余少保占寨时所建，铁瓦寺北部尚有华祖庙一座，所存房屋现为河南国有林场的驻地。

金刚台满山是宝，浑身溢香，各种奇珍异宝散落山上，可谓是一座天然宝库，被誉为“西山药库”。山上中药材极为丰富，石斛、石蚕、天麻、贝母、灵芝草等100多种中药材储量可观。各种珍禽异兽有125种，国家一级保护兽类有原麝，国家二级保护兽类有穿山甲、水獭、大灵猫、小灵猫，两栖类爬行动物有商城肥鲵，有国家级保护鸟类白腹鹰、红隼、长耳3种，省级保护鸟类有鸺鹠、棕颈钩嘴鹛、普通燕鸻3种。1998年，金寨县政府将一条2千克重娃娃鱼送往“广交会”做客。山中盛产生漆、板栗、香菇、猕猴桃土特产品。金刚台茶叶在金寨县的茶叶中别具一番风味，叶厚色鲜，成茶叶上似醇醪，因其特别，命名为“金刚雨露”与“齐山云雾”“抱儿钟秀”相比美。

银佛山 位于镇境西部，海拔1093米，面积万余亩，属于原始森林型风貌，境内原生态自然风景区森林覆盖率达95.5%。境内松柏参天，瀑布如虹，怪石林立，洞佛交织，古寨龙显，桑田生辉。有飞瀑落下山谷，形成一个个深潭，潭周围灌木成荫，潭内碧波荡漾的“仙洞吐玉”；有峭崖、绝壁边大小不同石林耸峙，石笋罗列，巧中见怪，怪中有巧，诸如“点将石”“鸡冠石”“神剑劈石”“石娃观天”“石娃望月”“石娃盼子”“仙龟上山”“石鸡”“仙人洞”“鬼斧神工”“观音洞”“梳妆台”“松石恋”等。形态各异的多处景观，让人饱尝眼福。

山中盛产中药材七叶一枝花、桔梗、五倍子、五味子、天麻、茯苓、杜仲、金银花、野菊花、白芷、射干、苍术、草乌、何首乌、天南星、茨草、金钱草、麦冬、门冬、鱼腥草等近百种，有野茶、油茶、山核桃等特产，有娃娃鱼、野山羊等多种珍稀动物。

银山畈 四周环山，山脚之下形成上畈、西畈、银山畈 3 个大畈连成一体，在 3 个大畈正中，突出孤立的望长山，海拔 461 米。从盆地北面的群山之间河水分成两支，分别环绕望长山向南流去，经“鲤鱼跳龙门”至关庙大河，最终流入梅山水库。相传，民国初年此地属河南商城所辖，原欲将县城建于此，后因这里的每升土地比商城轻四两，而没能建于此。传说一夜之间大畈中间长出了个山来，名为“望长山”。因它是孤立的，周围没有明显的“来龙去脉”，看上去颇有几分灵气。望长山东有洪家大山，海拔 957 米；南边是九峰尖，海拔 1148 米；西边是大寨，海拔 976 米；北边是银佛山，海拔 1093 米。群山中间自然形成一个“盆地”，面积约 16 平方千米。土地肥沃，水源充足、旱涝保收，当地民谣：“虫吃天干收一半，饿死不出银山畈。”

古村落 境内有国家级传统村落2处，即上畈村朱家湾、瓦屋基村的佛山晏家老庄，省级传统村落6处，即瓦屋基村佛山李老湾，金刚台村的东湾、岳林，斗林村的李老湾，豹迹岩村的枣林廖氏庄园，笔架山村的下河易家湾。尚有保存完好的瓦屋基詹山、泗道河吴中湾等多处古村落，这些古村落都是可观可赏的旅游景点。

接待与服务

接待 汤家汇旅游业发展属起步宣传、打基础阶段，镇内暂未成立旅行社，之前到

漫步天涯户外俱乐部登上金刚台

汤家汇旅游的游客主要是通过省、市、县三级党校和市、县旅游局推荐，到汤家汇红色苏维埃城，接受爱国主义教育。2013—2015 年，全镇接待来自省、市党政领导，国家、省、市级旅游及相关部门领导、专家、学者到汤家汇考察、调研、指导红色、绿色旅游开发工作，有 21 次 200 多人，对汤家汇未来旅游建设发展提出方案和意见。共接待专门到镇参观红色革命遗址和金刚台、银佛山风景观光旅游的游客 3 万多人次。

服务 2014 年从全镇干部中选出普通话标准、语言表达能力强的两名女性参加县旅

金刚台农家小院

游局培训，担任红色革命展览馆义务讲解员。聘用一名擅长旅游工作的人员为接待员、管理员。2014 年新建汤汇宾馆、锦绣宾馆和 8 处农家小院，可以容纳 800 名到 1000 名游客的食宿。节庆服务方面，在正月十五组织爱好文艺的群众舞龙灯、玩狮子、唱地方戏，“二月二”赶庙会，在国庆、元旦、春节等民俗文化节和国家法定节假日，举行形式多样纪念活动，政府从现有干部中培训义务讲解员、导游员 10 余人，进行宣传讲解。

三峡书画院写生基地

经济建设

农业

20 世纪 60 年代前，镇内交通不便，信息闭塞，科学技术落后，生产力低下，生活靠救济，吃粮靠供应，日人均收入不足 0.20 元。20 世纪 70 年代初，人均年收入只有 36.8 元。1978 年中共十一届三中全会后，开始调整农村经济政策，优化产业结构，经济体制实行重大改革，农村实行土地到户大包干责任制。20 世纪 80 年代至 90 年代，乡镇工业、建筑业和第三产业发展较快，一度成为镇域经济主导产业。进入 21 世纪后，加大基础建设和政府招商引资、私人自愿集资，利用当地资源条件，不断改造老企业，开发新项目，引进外来资金，创名优产品，发展做强以资源开发为主的加工类产业，推广新技术、新品种，发展高效农业。异地转移剩余劳力，组织劳务人员外出创业。2015 年与 1978 年相比，粮食产量由 7912 吨增加到 13387 吨，增长 1.7 倍；人均年纯收入由 36.8 元增加到 8503 元，增长 231 倍；财政收入由 7.6 万元增加到 1778 万元，增长 234 倍。2015 年全镇工农业总产值 4.26 亿元，是 1978 年的 347 倍。

种植业

耕地 镇域内耕地面积 1762.6 公顷。其中水田 1516.5 公顷，旱地 246.1 公顷，25 度以上坡地 68.6 公顷。土壤以黄棕壤为主，pH 值为 5.5 ~ 6.5，土层深浅不等，岩石、沙石多，耕地一般含氮、磷、钾，面积在 30% ~ 40%。

作物 传统农业品种繁多，主要作物有水稻、小麦、玉米、豆类、花生、芝麻、油茶、荞麦、谷子、豌豆等。特色农业品种有瓜蒌、香茶菜、有机稻、板栗、茶叶、葡萄、猕猴桃等。中药材品种有天麻、灵芝、茯苓、石斛、银杏、金皇葡、香菇、黑木耳、银耳等。2015 年粮食总产量 1338.7 万千克、大豆 45.8 万千克。油料总产量 110.5 万千克，其中花生 50.7 万千克，油菜籽 55.7 万千克，芝麻 4.1 万千克。特色农业产品：有机水稻 45 万千克、葡萄 2 万千克、吊瓜子 20.3 万千克、蔬菜 378.9 万千克。

天麻

农民技术培训

茶叶生产 茶业生产是镇内一主导产业。2015年，茶园面积361公顷，主要分布在金刚台、竹畈、茅畈、银山畈等村。金刚台村的“金刚云雾”，以茶形色泽香味驰名全县，茶园面积100公顷，年产干茶7万千克，产值1500万元。银山畈村银山沟大茶，茶园面积66.7公顷，年产干茶3.8万千克，产值600余万元。

中药材生产 中药材生产是汤家汇镇的传统主导产业，主要品种为茯苓、天麻、黑木耳、银耳、香菇、灵芝等，2015年中药材总产量336.3万千克，其中天麻89.3万千克，茯苓208.5万千克，灵芝19.6万千克，孢子粉5万千克，黑木耳2.5万千克，其他11.4万千克。

农技推广 20世纪80年代开始在全镇推广杂交稻生产，90年代推广水稻旱育稀植技术，亩平均单产由传统老品种水稻200千克猛增到500千克以上。杂交玉米优良品种也得到了推广种植，亩产比老品种增产在100千克以上，杂交油菜、花生种植技术得到进一步普及。农业技术在蚕桑、板栗、中药材等项生产上都得到科学运用，经济效益有很大提高。

农业机械 2000年后，国家不断加大对农业、水利建设投资，改造低产田，新上土地平整项目，农田机械化水平在农村逐步提高。国家对农业机械产品实行定额补贴政策，提高农民购买农业机械产品积极性，品种、数量不断增多。据统计，2011年全镇拥有耕田机370台，中型农作物收割机1台，加工粉碎机240台。2015年拥有耕田机570台、插秧机2台、中小型收割机15台、加工粉碎机530台。总动力大约2万多千瓦。

养殖业 境内农民传统上以饲养黑毛猪为主，喂熟食，生长周期长，猪肉香美可口，市场热销。2012年以来猪肉价格一直保持稳中有升，大大刺激了养猪生产。2015年年底，全镇发展规模化养猪专业合作社有8家，年出栏5000多头，创收1500万元。

养牛专业合作社5家，养黄牛500多头，创收250万元。2015年，全镇生猪出栏3万头，当年存栏1.69万头；家禽出栏39万只，当年存栏33万只，黄水牛出栏295头，当年存栏710头，羊出栏57000只，年末存栏5400只。水产品主要以池塘养鱼为主，专业化养鱼、黄鳝2家，2015年水产品产量5.2万千克。

20世纪70年代初起，蚕茧生产一直是镇内主导产业。1980—1990年，每年蚕茧产量均在320.6万千克，高峰期1994年蚕茧产量379.6万千克，收入300万元以上，是当地农民主要经济收入来源。1998年，桑园面积600公顷，养蚕用种2.2万张，年产茧66万千克，产值1320万元，获县政府予发给奖金5万元。竹畈村是全县养蚕第一大村，年产茧5万千克。

工业　建筑业

工业　镇内民营企业历史悠久。新中国成立前的铁锅厂最为红火。彭畈肖家湾、斗林的黄林、笔架山落星河、泗道河拐湾潭、小铺李湾、银山畈余河、上畈八道河等地的铁厂属私人企业，主要生产铁、铁锅。20世纪50年代实行公私合营，逐步转为集体企业。此外，还有土纸厂、引纸厂、砖厂、小吊酒、染坊、油坊、丝绸、土织布、茶铺、竹木加工厂、豆腐店等。

20世纪80—90年代，乡镇企业产值占镇经济的“半壁江山”，镇政府提出“无农不稳、无工不富、无商不活”口号，镇、村大办企业，主要有汤家汇丝织地毯厂、泗道河洗麻厂、汤家汇象棋厂、汤家汇扇子厂、汤家汇油厂、大冲鱼竿厂、汤家汇菌种厂、黄林铁锅厂、泗道河三编厂、金刚台花岗石厂、汤家汇第十八缫丝厂、竹畈蚕药厂、猪鬃厂、银山畈板鸭厂、木珠厂、罐头厂、银山畈色织厂及各村的林场等。90年代中后期，受国内外丝绸市场走低影响，农副产品价格持续下迭，原材料涨价，管理不善，乡镇的一些中小企业逐渐倒闭和破产。后经过企业改制、依法破产、拍卖出售、股份制改造、私人承包等形式，部分企业重新恢复生产。

2001—2015年，利用境内水、石、矿资源优势，通过引资，乡镇工业有了新发展。镇内落户的中小型企业12家，在县经济开发区落户的企业3家。实现工业总产值2.2亿元，上缴税收945.7万元。从业人员1816人。镇内落户的12家重点企业中，其中股份制企业5家、个体企业6家、招商引进企业1家。

建筑业 新中国成立后至改革开放初期，农村建房大多靠分散的个体泥瓦匠兴建。1989年，镇建筑公司成立，属三级企业，主要承担集镇建造楼房。1996年，镇建筑公司与古碑、南溪、桃岭4个建筑公司合并，成立金寨县四达建筑安装公司，为二级企业。农民建房仍由农村中的能工巧匠担负。

商业 服务业

商贸服务 民国时期，汤家汇是豫皖边区的农副产品和生活用品集散地，老街店铺十余家，泗道河、银山畈有少量店铺经营。1953年，成立供销社，分设汤家汇供销社、泗道河供销社、银山畈供销社、竹畈供销社，下设代销点10多个，无私人开店经商。中共十一届三中全会后，1986年，集体所有制的镇供销社撤销。1992年，全镇个体工商户累计210户。1997年，全镇个体工业商户385户。2015年，发展至近千户，从业人员2000余人，年商品零售总额7600多万元。

境内商品贸易以汤家汇十字街、泗道河十字街、竹畈小街、银山畈小街商贸区为主，主要有商品批发门点、摩托车行、超市、百货门市、农贸市场、修理加工、运输、电脑文印、书刊销售，饮食住宿、美容理发等，服务行业齐全。有华联超市、民生平价超市、上海联鑫超市、家家乐超市、顺兴超市等6个，饮食住宿服务有政府接待中心、政府招待所、汤汇宾馆、锦绣宾馆、家华饭店、陈康饭店、明月酒楼、土菜馆等，镇内日可接待旅客1000多人。

住宿、餐饮服务 政府接待中心位于镇政府办公大楼前富民新街西侧，2009 年竣工投入使用。接待中心占地面积 300 平方米，建筑面积 1000 平方米，一层、二层为餐厅，三层、四层为住宿。餐厅可容纳客人 200 人，住宿有 80 个床位。至 2015 年，经工商部门登记发证的旅馆业有 5 家，其中汤家汇街道 3 家，泗道河街道 2 家。登记发证的餐饮服务业有 6 家，其中汤家汇街道 5 家，银沙畈街道 1 家。2014—2015 年，镇内创办 8 家农家小院，即竹畈农家小院、金刚台农家小院、深山老林农家乐休闲山庄、深林泉农家小院、泗道河农家小院、金汇农家小院、德民农家小院、山里农家小院。

财税　金融

财政 20 世纪 80 年代中期，境内汤家汇镇、竹畈乡、泗道河乡、银山畈乡分别设有 4 个财政所，主要任务是征收农业税、农林特产税、契税及乡统筹、村提留，协助征收工商税收。2010 年，设有财务结算员、财务助理结算员、涉农资金结算员、涉农资金审核员、契税征管员等岗位，承担行政事业财务收支管理、财政补贴农民资金管理和发放、契税及非税收入征管、政府采购、城乡居民合作医疗管理、国有资产管理、村级财务管理等职能。

1984—1994 年，实行“划分税种、核定收支、超收分成、包干使用”的包干制管理体制。1994—2003 年，实行以“划分收支、核定基数、超收全留、短收不补、结余留用、自求平衡”的分税制财政管理体制。分税制财政管理体制明确乡镇政府的财力范围和管理权责，按照财权和事权相统一原则，规范合理地处理财政分配关系，调动镇政府理财积极性，促进经济社会发展。

2000 年，安徽省进行农村税费改革，以“三个取消、一个逐步、两个调整、一项改革”为主要内容的农村税费改革试点工作在汤家汇镇、银山畈乡全面展开，即取消乡镇统筹费，取消农村教育集资等专门面向农民征收的行政事业性收费和政府性基金集资，取消屠宰税，逐步取消统一规定的劳动积累工和义务工，调整农业税政策和农业特产税政策。改革村提留征收使用办法。到 2005 年，政府免除农业税，免除农业税统筹款 400 余万元，实现农民零负担。

2004 年 9 月，按照对财政补贴农民资金实行“统一渠道、统一方式、统一时间和公示补贴项目、补贴数额及政策依据”的总体要求，镇内农民每个家庭户，拥有一本农村信用社（后改为农村商业银行）统一发给的存折。农户所有国家政策规定统一发放的“惠农补贴”直接打入存折，称“一卡通”。每年每个家庭户，少则几百元，多则几千元。“乡财县管”改革全面推行，镇内财政由县直接管理。

2007 年，汤家汇镇全面推行部门预算改革，从所属基层单位编起，逐级审核、汇总、核定、审批；编制基本支出预算和项目支出预算。改变预算编制内容；改进预算编制方法，预算科目细化到类、款、项、目，项目支出细化到具体事项。同年，汤家汇镇开展惠民资金管理“一线实”改革。即惠民资金管理到行政村村民组一线，做到“责任明确，规范操作，动态管理、政策衔接、监督检查、考核奖惩”。

2009—2011 年，政府财政累计发放惠民资金 4411.78 万元。2012—2015 年，累计发放惠民资金 1.1 亿元。

税收 2005 年之前，境内税收分为国税、地税和农业税、农业特产税（以下简称农特税）。国税由县国家税务局南溪分局派员征收，地税由县地方税务局南溪分局派员征收，农特税由乡（镇）财政所负责，乡（镇）村干部协助征收。农特税分夏季、秋季两季收取，由乡镇村干部分片包干负责。1985 年，金寨县被省确定为经济体制改革试点县，省财政厅根据中共中央和中共安徽省委精神，全县 1985—1987 年免征农业税。1988 年起，农业税恢复征收。农业特产税于 1989 年复征。1994 年后，全镇农业特产税征收数额逐渐增大。1997 年 3—5 月，进行农林特产资源调查，资源全面调查清底后，实行“以户建卡，以村建账、镇财政建档”，建立以依法据实征收为基础，以纳税网点建设为依托，农户主动缴纳，税收集中征收为内容的农业特产税征管新模式。纠正部分村组农业特产税任务按人头、田亩、山场等平摊税款的做法，减少在征管过程中的矛盾纠纷。1994—2000 年，农民人均负担在 100 ~ 150 元之间。2001 年后，农业特产税征收数额逐步减少。至 2005 年，农特税全部免征。

金融 1932 年 8 月，赤南县苏维埃政府在姚氏祠创办县苏维埃银行。1953 年，汤家汇、银山畈、泗道河、竹畈各乡成立农村信用合作社，鼓励农民入股。农村信用社主要负责居民存款、扶持农户发展生产及其他方面的贷款业务，兴办工商企业的大笔贷款由县农业银行负责。2002 年、2003 年，竹畈信用社、泗道河信用社分别并入汤家汇信用社。2013 年，两家信用社分别改制为银山畈、汤家汇农村商业银行分行。2014 年，成立邮政储蓄银行汤家汇分行，2015 年储蓄存入 5701 万元。2015 年，金寨县农村商业银行汤汇支行支持企业 10 家，存款 2.4 亿元，发放贷款 6300 万元，收取利息 230 万元；金寨县农村商业银行银山畈支行支持企业 5 家，存款 8000 万元，发放贷款 1100 万元，收取利息 55.5 万元。

扶贫开发

汤家汇镇位于县境西北部，是一个集高寒山区、边远山区、库区为一体且移民人口较多的重点贫困乡镇。1978 年汤家汇镇的年人均纯收入只有 36.8 元，劳动力工分值每天只有 0.20 元。全镇贫困人口数占总人口 99%，占全县总人口十分之一，贫困户缺吃少穿、缺油断盐较普遍。中共十一届三中全会后，汤家汇开始向“贫困”宣战。

1986 年，汤家汇是国家级贫困县所辖的重点贫困乡镇之一。扶贫开发和消除贫困工作分为 3 个阶段：1979—1991 年撤区并乡之前，以计划经济为主时期，全镇未脱贫人口由 1979 年前的 28000 人减至 1991 年的 21000 人，贫困人口发生率由 71% 降至 49%。1992—2000 年实施国家“八七扶贫攻坚计划”时期，全镇有 6000 人因灾、因病、因学返贫，贫困人口由 21000 人减至 18000 人（不包括返贫人口数），贫困人口发生率由 43% 降至 32%。2001—2015 年为巩固阶段。2015 年年底，全镇贫困人口 3421 户 10538 人，占总人口的 20.7%，扶贫工作是第十三个“五年规划”时期的主要任务，应于 2019 年年底全面脱贫。分年度任务为 2016 年 706 户 2176 人，2017 年 808 户 2426 人，2018 年 834 户 2598 人，2019 年 456 户 1438 人。脱贫攻坚主要采取光伏产业脱贫 322 户，种植业 453 户，养殖业 267 户，异地搬迁 251 户，教育资助 209 户，技能培训 60 户，劳

美丽乡村——金刚台

动就业 445 户，医疗救助 284 户，政府兜底 513 户，百村千户旅游扶贫 20 户，电商扶贫 20 户，生态保护扶贫 20 户，其他方法 547 户等方式。

1986—2015 年，消除贫困实行“开发式”扶贫，编制扶贫工作规划，举全镇之力，上下联动，采取政策扶贫、产业扶贫、科技扶贫、项目扶贫、干部定点扶贫、干部结对扶贫、异地移民扶贫、整村推进扶贫、社会（教育）扶贫、精准扶贫、限期脱贫等办法消除或减少贫困。

产业扶贫 1986—1990 年，大力发展蚕桑、板栗、茶叶等支柱产业，桑园面积 1000 公顷，板栗 1333 公顷、茶叶 400 公顷，年养蚕 2.1 万张，产茧 8 万千克，产板栗 10 万千克，产茶叶 8000 千克，山区多种经济收入占年工农业总产值 50% 以上，农民收入增长较快，扶贫开发效果显著。1998—2000 年，积极推广中药材、食用菌扶贫项目，种植桔梗、白芍、生姜、天麻等 800 公顷，花菇 20 万袋，灵芝 15 万袋，茯苓 10 万窖等，分布在汤家汇街道、豹迹岩、斗林、笔架山、泗道河、瓦屋基 6 个重点贫困村，受益贫困户 660 户，人口 2500 人，人均增收 200 元以上。2015 年，全镇 12 个村，新建分布式光伏发电站 663 座，示范养殖户 13 户，牛、羊、猪饲养 2 万头。发展油茶 606 公顷，山核桃种植 133.3 公顷，蓝莓种植 13.3 公顷，香菇种植 200 公顷，毛竹 66.6 公顷。新增有机稻、桔梗、中药材、养猪 14 个合作社。农民人

省电网扶贫项目——金刚台村跟踪式光伏发电

均纯收入增加 200 元。

科技扶贫 1996—2014 年，利用业余党校、村部文化室等活动阵地，以会代训形式，先后聘请掌握蚕桑、板栗、茶叶、天麻、花茹、食用菌等技术的人员 100 多名到镇进行培训，传授饲养和种植技术，农民参加培训 3 万多人次，发放各项目宣传手册 3 万多份。2015 年通过整合农业培训、计算机培训、汽车驾驶技术培训、微电子招商培训和职业教育等培训平台，推进贫困人口参与实用技术培训。全年组织开展种植、养殖、特色产业等科技培训 650 多人次，输转技术劳动力 1600 多人，实现劳务收入 245 万元。

干部驻村扶贫 1998—2014 年，抽调选拔各级干部及大学生驻村扶贫，累计 1700 余人。其中省、市、县级干部 400 多名，镇级干部 1200 多名，时间为 1 ~ 3 年不等。扶贫干部驻村任职期间有目标任务、有期限、有奖惩，他们给贫困村贫困户带来项目，资金技术，形成一对一扶贫，口对口扶贫、精准扶贫、限期脱贫。2015 年，参与“双包”行动，到村的各级干部 640 多人，捐款 25 万元，其中省、市、县级干部 400 多名、乡镇干部 240 人，联系贫困户 3421 户 10538 人。对金刚台、瓦屋基、泗道河、笔架山 4 个贫困村，省、市、县专门确定 4 名扶贫工作队队长，400 多名干部帮扶 321 户特困户发展生产。

美丽乡村——豹迹岩村

政策扶贫 利用国家投入以工代赈资金扶贫。1985—2005年，全镇争取以工代赈资金2150万元，投入到县、乡、村公路建设，改水、改厕，整修塘、库、堰、坝等民生工程。2005年，国家全面取消征收农业税及农业特产税后，又相继取消统筹提留款，仅此，全镇一年减轻农民负担700多万元。

异地移民扶贫 1999年，从老街桥头起沿街道胡龙段开发500米长金刚台移民一条街。2000年，在档贫困户26户在此处建房28间。2015年，全镇有库区移民人口2943人，投入到户移民资金1710万元，300余户落户县城、街道和中心村庄。

社会捐资和教育扶贫 1994—2015年，无锡工商银行、常州国税局、常州东风日产中天汽车有限公司、上海华亭律师事务所、安徽教育学院、合肥建委、中国关工委、北京圣永方略咨询有限公司、上海中信泰康乐善爱心协会及狮子协会、上海赢适机械有限公司等单位和陈雁冰、余一铭、彭怀运、胡家云、何明章、彭子泽、赵明、张大成、王海滨、王蔓玲、王德玲、李泽兴、余本水等在外创业有成人员回乡捐资、捐物、助教。1998—2014年，镇内兴建希望学校13所，累计资金387万元，捐助教学设备、图书、学习用品等151万元，救助贫困学生309人，救助资金31万元。

劳务输出扶贫 1994—2015年，全镇每年外出劳动力在1.2万～2.5万人之间，自发组织到国内经济发达地区、沿海一带、长江三角洲一带劳务输出。境内80%左右的农户靠劳务输出摆脱贫困。劳务输出收入全年在6000万元～1亿元，占全镇工农业生产总产值30%左右。

扶贫资金管理 1998—2015年，严格管理和使用脱贫项目资金，对扶贫资金实行专款专用，封闭运行。利用镇、村务公开栏，向社会公开扶贫项目，申报、立项、审批等方面的政策和程序。在扶贫项目实施过程中，实行资金公开、建设单位公开、竣工决算公开，接受群众监督。

截至2015年，全镇贫困人口由1978年3万多人减至2015年的10538人，农民的衣、食、住、行、用，农村的山、水、田、林、路、庄等发生巨大变化，生产条件和生活质量有大幅改善。2015年，全镇减少贫困人口1921人。金刚台、瓦屋基、泗道河、笔架山4个贫困村实施产业扶贫到户项目7个，受益人口5180人，整合财政、库区移民后期政策扶持、林业、水利等资金1000多万元。改善贫困村群众生产生活条件，当年4村人均增收300元以上。

生态小镇

生态林业

封山育林　全镇林业用地面积20449.9公顷，占全镇总面积76%，森林覆盖率78%。1980年统计荒山面积2000公顷。20世纪80年代至90年代末，封山育林由行政强制性封山变为群众自发性封山。2001年，实施长江防护林退垦还林、封山育林项目。2002年，林区内25°坡以上的陡坡地实行分步实施退耕还林，到2010年完成退耕还林1200公顷，通过省、市、县三级验收达标，每年财政给予每公顷3150元补助。2011—2015年完成退耕还林500公顷，财政按每公顷1875元标准给予林农补助，剩余300公顷荒山2016年全部绿化达标。

小流域综合治理　1998—2000年，在竹畈村实施山、水、田、林、路综合治理，即黄淮海工程。组织劳力1万余人，义务改田33.3公顷，开梯33.3公顷，投资110万元进行“山水田路”综合治理，维修燕岩水库一座，兴建平桥3座、拱桥1座，开挖4口蓄水量1000立方米以上大型当家塘，兴修灌溉渠道1.5千米5道拦水坝。2011—2012

汤家汇河堤修筑

汤家汇河堤整修

年，争取省国土资源厅土地平整项目资金 251 万元，在 2000 年综合治理基础上，巩固完善提高项目建设标准。整修当家塘 26 口，拦水堰 23 道，新修田间分支道路 3.6 千米，整修生产路 1.5 千米，整修小河护岸 0.5 千米，新修河堤 0.26 千米，桥 2 座，水泥路 1.5 千米。兴修支渠道 1.2 千米，维修渠道 1.2 千米。改造低产田 150 公顷，实现旱涝保收，机械化耕作，全村 19 个村民组 945 户 3987 人受益。同期，镇争取省国土资源厅项目资金 1100 万元，实施泗道河村土地平整项目，兴修泗河大桥至小铺太平桥长 4.4 千米沿河大堤，兴修和恢复大堰 6 道，兴建当家塘 3 口，蓄水量 6500 立方米。兴修田间分支机耕路 6 条 3 千米，其中水泥路 1 条 500 米。兴建桥梁 2 座，兴修维修渠道 2 条，1700 米，平整土地 50 公顷。全村 10 个居民组 3200 人受益。2000—2012 年，实施国家以工代赈项目、库区移民项目，总投入资金 2100 万元。全镇土地平整 8.6 万平方米，整修当家塘 128 口，兴修拦水堰 53 座，排水灌溉渠道 50.4 千米，涵、闸、渡槽、放水口等水工建筑物 498 座，人行、机耕桥 128 座，新修田间支道 11.3 千米，整修田间道路 6.88 千米，整修生产路 15.6 千米，整修河护岸 11.06 千米，新修河堤 14.1 千米，拆迁房屋 760 平方米。山体滑坡、水打沙压现象得到遏制，林区、农田得到有效保护。全镇 12 个行政村，150 个居民组，3.1 万农业人口受益。

生态公益林建设　2005—2007年，境内国家公益林面积5935.2公顷，省级公益林面积8210.6公顷，每公顷均补助75元。公益林面积占林业用地面积70%。涵盖了镇内旅游景区景点，如金刚台、银佛山、银山顶、九峰尖、笔架山、头灵寺、椴辟岭、东大山、学岭、朝阳山等。

野生动植物保护　镇内金刚台、银佛山、九峰尖等海拔1千米以上山峰17座，有国家一级、二级保护动植物资源上千种。从2010年起，实行封闭式管理，加大林业生态资源保护力度，严厉打击乱挖、乱采野生植物，乱捕、乱猎野生动物行为，发现一起，处理一起。镇林业站工作人员在泗道河街道设有检查站，实行常年值班制度，保护森林资源可持续发展。

森林防火队伍建设　1990—2015年，成立森林防火指挥组织，组建两支森林防火消防应急分队，配有扑火专用油锯、风力灭火机、防火二号工具和灭火弹、防火服装、车辆等。防火期为每年11月1日至次年4月30日。期内实行传令牌制度，镇、村、组三级干部当班执令，林农执令由村民组确定责任区，以户轮流传接防火值日令牌。各学校向学生宣传防火知识，自觉遵守防火纪律。严禁带火种上山，严禁烧田坎、地边，严禁儿童玩火，严禁林区夜间行人打火把，严禁在林区从事封建迷信活动和用火，严禁林区狩猎。20多年来，镇内无发生一起1公顷以上的森林火灾，有力保护了森林生态资源。

绿化造林

苗木基地　位于泗道河村大竹元组。2012年6月，笔架山村农民冯纪与吴乐合资注册金寨县昕源园林有限公司，流转土地26.7公顷，投入资金1000万元，经营绿化苗木，苗圃育苗。绿化苗木品种为映山红、女贞、樟树、红叶李、紫叶李、紫兰、米兰等。2015年，经营道路绿化项目在公路两侧栽植桂花2000株，绿地3000平方米，总收入1000万元。

绿化　2010年以来，境内义务植树24万株，其中汤家汇街道、竹畈街道、泗道河街道等集镇植树4万株（桂花2万株、银杏1万株、杨树1万株），火岭至分水岭、泗道河至银山畈公路两边植树6万株（杨树3万株、银杏1万株、桂花2万株）。12个50人以上主要村庄植树14万株（桂花5万株，银杏2.5万株，杨树2.5万株，泡桐2万株，映山红、杨柳2万株）。

造林　2012年以来，3公顷以上成片造林面积为852.7公顷，分年度造林情况为：2012年，造林56.7公顷，其中松杉29.3公顷、油茶10公顷、泡桐3公顷、猕猴桃8公顷、

毛竹6.4公顷。2013年，造林171.2公顷，其中松杉122.3公顷、油茶16.4公顷、泡桐5.5公顷、猕猴桃3.8公顷、山核桃23.2公顷。2014年，造林513.8公顷，其中松杉69.7公顷，油茶407.5公顷（主要分布于竹畈、笔架山、上畈、门山、斗林等村），泡桐3公顷、山核桃28.3公顷、毛竹5.3公顷。2015年，造林125.9公顷，其中松杉88公顷，油茶7.6公顷、山核桃28.3公顷、毛竹2公顷。

林场

境内有国有林场1个、集体林场3个、个体林场10个。

国有林场 九峰尖林场位于汤家汇西部，与关庙乡、沙河乡、河南省商城县接壤，系国有林场。始建于1971年3月，有职工20人，退休职工3人，林区土路6.5千米，公路11千米。内设2股1室，辖保护站1个、作业区2个、生态定位检测站1个和6个护林点，总面积1081.8公顷。有林面积1068.3公顷，活立木蓄积量54288平方米。

集体林场 门山村林场位于峭尖、铜锣组，与斗林村、竹畈村接壤，林区面积200公顷，主要林种为杉树。茅畈村林场位于胜利、红田组与双河镇接壤。林区面积46.7公顷，林种主要为杉木、杂木。瓦屋基村林场位于上塘大沟与门山接壤。林区面积53.3公顷，林种主要为杉树、松树、杂木。

个体林场 境内个体林场总面积591.9公顷，具体情况见表10。

2015年汤家汇镇境内个体林场简明情况一览表

表10

林场名称	林场场长（承包人）	范围	面积（公顷）	主要林种
合计			591.9	杉树、松树、杂树
上畈佛山林场	吴善良	位于佛山大岔与银山畈村、门山村、河南省商城县接壤	93.3	杉树、杂树
银山畈西畈林场	晏家成	位于洪家大寨，与河南省商城县接壤	26.7	松树、杉树
彭畈林场	陈克顺	位于笔架山村椴辟岭、东湾组境内，与双河镇接壤	53.3	杉树、松树
笔山林场	王显安	位于笔架山村笔山组，与双河镇接壤	80.0	松树、杉树
邓沟林场	刘志忠	位于笔架山村邓沟组，与笔山组、茅畈村、双河镇接壤	46.7	杉树
上塘林场	吴泽富	位于瓦屋基村大沟组，与河南省商城县接壤	38.6	杉树
佛山林场	吴泽忠	位于瓦屋基村李老湾组，与河南省伏山乡接壤	33.3	松树、杉树
蓟庄林场	李书宝	位于斗林村赵湾组，与竹畈村接壤	93.3	松树、杉树
枣林林场	廖荣泰	位于豹迹岩村榧湾组，与斗林村、门山村交界	80.0	杉树、杂树
木山林场	刘光金	位于斗林村南湾组与门山村、竹畈村接壤	46.7	松树、杉树

古树名木保护 境内树龄100年以上古树300余株，国家三级以上古树全部挂牌，镇、村、组、农户分级管理，明确管护责任，杜绝破坏和砍伐。

附：汤家汇古树、名木、古树群

镇内有国家一级古树4株。

佛山银杏树龄550年，树高28米，胸围5.2米，冠幅30米，位于瓦屋基村佛山组。

张湾青冈栎树龄500年，树高18米，胸围5.54米，冠幅23米，位于茅畈村张湾组。

位于泗道河村周湾的国家一级古树皂角

竹畈枫香树龄500年，树高35米，胸围5.1米，冠幅16米，位于竹畈村街道。

上楼银杏树龄500年，树高28米，胸围3.2米，冠幅17米，位于瓦屋基村上楼组。

镇内有国家二级古树12株。

陶湾枫杨树龄400年，树高31米，胸围6.22米，冠幅21米，位于金刚台村（原梅河村）陶湾组。

上楼银杏树龄400年，树高18米，胸围3.25米，冠幅10米，位于瓦屋基村上楼组。

周湾皂荚树龄400年，树高34米，胸围4.8米，冠幅24米，位于泗道河村周湾组。

蔡湾圆柏树龄360年，树高18米，胸围2.82米，冠幅7米，位于瓦屋基村蔡湾组。

雪山银杏树龄450年，树高30米，

胸围 5.66 米，冠幅 24 米，位于笔架山村薛山组薛家山大庙

船舱马屋松树龄 320 年，树高 15 米，胸围 3.4 米，冠幅 16 米，位于街道船舱组。

补湾梓树树龄 300 年，树高 18 米，胸围 3.12 米，冠幅 15 米，位于竹畈村补湾组。

双塘枫杨树龄 300 年，树高 30 米，胸围 4.6 米，冠幅 23 米，位于竹畈村双塘组。

白塘马尾松树龄 300 年，树高 30 米，胸围 3.4 米，冠幅 13 米，位于斗林村白塘组。

后河青冈栎树龄 300 年，树高 16 米，胸围 3.7 米，冠幅 13 米，位于斗林村后河组。

郑坳黄山松树龄 300 年，树高 18 米，胸围 3.4 米，冠幅 13 米，位于金刚台村郑坳组。

佛山银杏树龄 300 年，树高 28 米，胸围 3.9 米，冠幅 21 米，位于瓦屋基村佛山组李老湾。

2015 年汤家汇镇国家三级古树分布情况简表

表 11　　　　单位：株

村名	总计	树名												
		枫杨	黄连木	麻栎	圆柏	银杏	河柳	马尾松	青冈栎	栓皮栎	枫香	黄山松	银缕梅	皂荚
茅畈	19	3	2	4	4	2	1	2	—	—	1	—	—	—
竹畈	25	6	4	2	—	—	—	1	2	1	9	—	—	—
斗林	36	2	—	18	—	8	—	4	1	—	2	1	—	—
金刚台	24	1	2	10	—	2	—	2	3	—	1	3	—	—
瓦屋基	8	—	—	3	—	2	—	—	1	—	1	—	1	—
泗道河	13	2	1	2	—	5	—	1	2	—	—	—	—	—
上畈	9	3	1	—	—	2	—	—	—	—	—	2	—	1
门山	6	—	1	—	—	1	—	—	—	3	1	—	—	—
笔架山	14	1	—	1	—	—	—	—	3	5	3	—	—	1
街道	3	—	—	—	—	—	—	1	—	2	—	—	—	—
银山畈	1	—	—	—	—	1	—	—	—	—	—	—	—	—
豹迹岩	10	—	1	1	1	—	—	1	—	4	2	—	—	—
合计	168	18	12	41	5	23	1	12	12	15	20	6	1	2

镇内有名木5株。

列宁小学圆柏树龄250年，树高16米，胸围2.2米，冠幅7米，位于瓦屋基村列宁小学院内。

豹迹岩桂花树龄120年，树高10米，胸围0.65米，冠幅7米，位于豹迹岩村胡氏祠。

豹迹岩桂花树龄120年，树高10米，胸围0.5米，冠幅5米，位于豹迹岩村胡氏祠。

接善寺圆柏树龄500年，树高20米，胸围2.5米，冠幅8米，位于汤家汇街道南头。

李老湾山茶树位于斗林村李湾组系人工栽培，高5米，胸围0.9米，树龄大约200年。已被列入金寨县志古树名木录。

2015年汤家汇镇古树群分布表

表12

古树品种	树龄（年）	树高（米）	胸围（米）	株数	坐落位置
栓皮栎	110	21	2.15	6	茅畈村蒋湾组
麻栎	120	24	2.4	17	斗林村杨术祖
枫香	110	35	2.5	7	斗林村斗林祖
麻栎	120	16	2.75	6	斗林村陈湾组
圆柏	130	16	2.0	4	汤家汇街道南头组
栓皮栎	110	16	2.2	7	门山村余河组
银杏	100	16	2.4	4	银山村楼房组
麻栎	120	20	2.6	3	豹迹岩村大畈组
栓皮栎	100	18	2.2	37	豹迹岩村老湾组
栓皮栎	120	20	2.6	31	笔架山村薛山组
栓皮栎	110	18	2.4	4	笔架山村彭山组
青冈栎	100	16	1.6	5	笔架山村牛石组
麻栎	120	20	2.6	8	笔架山村斗岭组
栓皮栎	100	18	1.9	3	笔架山村旦岭组
圆柏	100	18	1.2	6	笔架山村旦岭组
合计	—	—	—	148	—

说明：摘自金寨县古树群名录

生态旅游

2014 年以来，镇政府基本停止农村单独建房审批手续，实行统一规划、统一设计、统一标准、统一施工。除古老民居外，实施中心村庄集中建房方案，逐步拆除老房屋、闲置房屋，居民生活环境逐步得改善。

至 2015 年年底，境内竹畈街道、枣林中心村庄、中铺岗上中心村庄、泗道河街道、瓦屋基中心村庄、银山畈街道，房屋统一建设，用水、供电、下水道、绿化统一管理，初具规模。茅畈、街道、斗林、门山、上畈、金刚台中心村庄已完成规划、征地。

建设美丽乡村 2014 年，竹畈村为汤家汇镇美好乡村试点村。按照安徽建筑大学的高标准规划设计，实施村庄建设和整治工程、兴业富民工程、土地整治工程、管理创新工程，村容村貌显著改变。2015 年，被安徽省命名为全省美丽乡村示范村。2015 年年底，境内豹迹岩、金刚台、上畈、瓦屋基等村，被确定为六安市美丽乡村生态村和省传统村落保护与建设村。

培育农家小院 境内景区沿线建有农家小院 8 处。在金刚台景区附近建深林泉农家小院、泗道河农家小院、金刚台农家小院；在银佛山景区附近建山里农家小院、深山老林农家小院，在苏维埃城景区建竹畈农家小院、金汇农家小院、德民农家院，让游客体验乡土民情、农家耕作、瓜果种植、畜牧水产养殖，参与乡村文化娱乐活动，陶冶情操，愉悦生活。

开通旅游线路 2015 年年底，已开通红色旅游线路两条，第一条为苏维埃城—王氏祠—笔架山—胡氏祠—邓氏祠、廖氏庄园。第二条为苏维埃城—斗林李老湾—头灵寺—门坎山战斗遗址—上畈—泗道河吴中湾—列宁小学—佛山李家老湾、晏家老湾。绿色景区两处；第一处为金刚台，从苏维埃城—金刚台村张石—上金刚台—下焦元；第二处为苏维埃城—门山银佛山。从张石登金刚台至焦元 17.6 千米的登山步道于 2016 年 10 月 1 日投入使用。

生态家园

实施农村清洁工程 2013 年，汤家汇镇被确定为实施农村清洁工程乡镇。在笔架山村西湾组建垃圾中转站（小型生活垃圾焚烧场）1 个，境内建垃圾池 2000 多个，由户分类、村收集、镇集中转运，垃圾站统一处理。建立环卫队伍和保洁队伍，各村配 1 名专职卫生管理员。制定卫生保洁制度，镇村干部划片包干负责制度，开展卫生环境整治运动，逐步建立环境保洁运行管理的长效机制。

开展“三线、三边”集中整治 2014 年以来，制“三线”（铁路、公路、河流沿线）、“三边”（集镇周边、景区周边、省际周边）环境综合整治实施方案，全面开展集中治理行动，两年共拆除简易厕所 2100 处，拆除危房 3600 平方米、乱搭乱建 500 余处，猪圈、牛栏 260 处，整治紫棚草堆 800 余处，破旧广告牌 30 处。设置公益广告文化墙 15 处 700 平方米，绿化改造提升项目 1200 平方米。建生态碑近 40 处。争取生态建设项目资金 9700 万元，用于道路、河流、塘堰坝治理。

推广沼气综合利用技术 运用养猪、养鸡、建厕所沼气池，用沼气解决居民烧水、做饭用电，减少薪柴砍伐量，控制植被破坏，使农作物秸秆“变废为宝”。利用沼肥，发展无公害有机茶、板栗和毛竹、蚕桑生产，帮助农民增收节支，改善生活环境。境内已建成沼气池 100 多个。

特色活动

挖掘红色文化、宗教文化、传统文化　20世纪90年代，镇政府组织专门人员，对境内文物、古迹、古庙、古祠、古村落、古墓、古墓碑进行全面普查，对风土民情、传统习俗、革命历史、民间传说进行系统整理，编制成书，教育、启迪村民，净化心灵，提升素质。

推广土特产品、地方小吃　2006年以来，汤家汇镇政府和土特产品销售部门对境内土特产品进行分类整理食品类（银耳、香菇、黑木耳、金针菇、珍珠菜、军菜、猕猴桃、小河酒、挂面、粉丝、橡粉、板栗、茶叶、葛粉、腌腊肉、观音豆腐等）、药材类（茯苓、石斛、天麻、灵芝、土蜂蜜）编写产品简介，研讨如何包装，并支持、帮助10余家农户在网上销售，解决农户销售的后顾之忧。聘请专家举行讲座，组织8家农家小院和10余家餐饮店听课、交流，提高服务质量，提升烹饪水平，为生态旅游提供优质服务平台。

观音豆腐

组织农民文化娱乐活动　镇文化体育工作站在竹畈、汤家汇、枣林、泗道河、瓦屋基、银山畈等集镇和中心村庄设立文化广场，组织居民跳广场舞。利用节假日进行文化宣传，节目类型多样，内容丰富多彩。多次参加县、市竞赛并获奖。2014年以来，春节至元宵节期间，组织斗林狮子队，豹迹岩龙灯队、泗道河花灯队、街道花鼓队、文艺表演队在集镇各街道巡回演出10余场。其间还邀请双河花灯、南溪花灯到境内演出。中小学也在重大节日组织文化活动，定期召开田径、球类运动会。

风土人情

民风习俗

生活习俗

服饰 新中国成立前后，居民普遍着粗布衣裳，男子穿大褂、大腰裤。女子穿满打襟衣服。20世纪80年代后，商店售的确良、的卡布、毛线，衣着款式开始翻新，男女青年穿红着绿。衣着有衫型类、衣裙类、绒线衣类（机织或手工纺织）。20世纪90年代末至今，男女服装发生显著变化。男青年四季着休闲装、夹克、皮革，样式多种，长短不一。女青年所用化妆品日趋多样化、高档化、品牌化。

饮食 中共十一届三中全会后，居民生活迅速改善，不仅讲究吃饱，更讲究吃好。主食大米、麦面，一日三餐。玉米、红薯及其他杂粮食品则成为居民调剂生活、更换口味的辅助食品。食用油以调和油、花生油、菜籽油等为主，猪油不再占有食用油的主导地位，人们四季都能吃上新鲜水果。居民均能用上自来水、高位引水。饮料品种不断增多，档次不断提高。酒类中白酒、啤酒以中低档为主，家酿米酒（俗称“小河酒”）更负盛名。无酒精饮料也越来越受欢迎，境内茶叶品质香醇，品茶成为人们生活习惯。

住与行 20世纪80年代，居民兴建新房，多为砖瓦房。90年代后，大多农户建造钢筋混凝土结构的平房。进入21世纪，居民开始建造多层楼房、小别墅，大都是一户一宅，家家户户用上电器。20世纪80年代，人们出行以自行车代步，出远门时多乘公共汽车。90年代起，居民修通村、组道路，自行车仍为人们代步首选，摩托车数量迅速增加，多为青壮年使用，农用三轮车也作为人们外出交通工具。进入21世纪，人们出行更加方便，镇内水泥路村村通、组组通，摩托车、出租车出没村、组之间，私家车进入部分富裕家庭，中老年人开始使用电动车，运送少量货物和接送孩子上学。

娱乐 20世纪80年代，人们的业余生活主要是听广播、收音机、看电影。90年代，听收录机、看录像、唱卡拉OK等，中小学生转呼啦圈。1992年后开始，盛行打台球。进入21世纪，中老年人聚集在一起打扑克、玩麻将、下象棋、开展广场舞健身活动等，电脑、宽带、手机逐步进入家庭，居民在网上打游戏、看节目、查阅各种资料。网上购物、网上销售农副产品悄然兴起。

岁时节俗

除夕 农历腊月三十（月小时为廿九）是过年的日子，又称年三十。过年，家家户户贴春联、挂年画、烧香祭天地、敬祖先。仪式一般在中午举行，有个别户族在除夕的前夜祭天地、拜祖先、半夜过年，俗称“鸡不叫狗不咬过年了”。供天地时一般在猪头（俗称“元宝”）上插一双筷子，有祭奠江西南昌老家筷子巷的祖先之意。养牛户晚上给牛喂一顿白米饭。除夕夜晚灯火通明，“守岁”至深夜。20世纪80年代后凡有电视机的人家，全家观看春节联欢晚会节目。新旧年交替时，家家户户烟花爆竹放个不停，长达半个小时。

春节 农历正月初一至初三为春节，又称“过年”。过大年家家户户在一个月前就准备好鱼、肉、牵挂面、筹办年货；洗衣被，打扫环境，为家人尤其是孩子们添置新衣，准备过年。初一凌晨，开门放鞭炮。初一早饭以吃饺子、挂面、煮糍粑为主，不做米饭。早饭后晚辈给长辈拜年，然后乡邻相互登门拜年。近邻拜过年后，人们会先前往同姓宗族长辈家，然后互相拜年。俗称“初一初二拜自家，初三初四拜亲戚。”

元宵 农历正月十五为元宵节。俗话说“十五大似年”，所以过下月十五是非常隆重的，除跟除夕一样祭拜天地和祖宗外，晚间还给亡者坟墓去送灯。先用红白纸糊好灯笼套，在坟前插好竹签，套上灯笼套，点上蜡烛，烧土纸、放鞭炮，还要磕头求祖先保佑老少平安、学业有成、五谷丰登、财运亨通。亲戚家头一年有去世的，还要敲锣打鼓、扎各种灯前去送灯祭奠。菜地里、牛栏、猪圈内也送亮（灯）。正月十五早餐是吃元宵，中午跟过年一样。当地还有“早过十五晚过年”之说，所以过十五的中餐多安排得早，因有“吃过十五饭，早把庄稼干”之说。早干活、早种庄稼，五谷丰登。晚上张灯结彩，集镇上举办灯会。住宅内每间屋都要点灯，昼夜灯火通明，有“三十的火、十五的灯”之说。

花朝 农历二月初二，旧传为百花生日，又称“龙抬头”，视为吉利日子。在过去这天是长工上工的日子，农妇开始育瓜菜苗。有喜事多在这天办理，如姑娘出嫁、男女订婚、提亲下礼等。

三月三 农历三月初三是“关鬼节”，夜烧孤魂纸，家家放鞭炮，“炸鬼驱邪”。使其不敢进宅进屋。很多家庭做蒿子馍，清毒败火。“三月三鬼玩灯”，小孩子晚上不敢出门，害怕遇见“鬼”，早早关门睡觉。传说根据历年气候推断，这个月的初一、初二两日不能下雨，若下雨，当年易出现旱情。

清明 清明节前三天和后一天为上坟期，各家为祖坟培土、烧纸，并在坟头插一纸标，有的在此日给祖坟立碑。1950年后，镇内学校组织师生祭扫烈士墓，悼念先烈。

立夏节 是当地群众较为重视的节日，节日前每家都备好丰富的美酒佳肴，还为小孩称体重，俗传可免夏季减轻体重。

端午节 农历五月初五端午节吃粽子，是汤家汇人几百年来的传统习俗。粽子，又叫“角黍”“桶粽”。这一天家家都要浸糯米、洗笋叶、包粽子，其花色品种繁多。从馅料看，百姓多用赤小豆、绿豆、鲜肉、火腿等多种馅料，吃粽子的风俗，在境内盛行不衰。谚语道:“清明插柳、端午插艾。”在端午节，人们把插艾作为重要内容之一。家家都洒扫庭除，以艾条插入门楣，悬于堂中，可驱蚊蝇、虫蚁，净化空气。20世纪80年代，兴起新婚夫妇回娘家，未婚的媳妇到婆家过端午节之风。是日，穿红着绿的妇女们不绝于道，娘婆两家都要给礼钱，并赠送雨伞、细草帽、扇子、夏衣等物。

六月六 农历六月初六，家家翻晒衣物、书籍，做曲酒，晒制豆酱，烹制“笋鸡对（加）葫芦”。

七月七 农历七月初七称为乞巧节。当日晚，年轻媳妇和姑娘们焚香拜月，乞求能有一双灵巧的手。该节又称为鹊桥会，相传这一天夜晚为牛郎织女相会之期，不满十二岁的儿童在丝瓜架下可以听到牛郎织女相会时的窃窃情语。

中元节 农历七月十五俗称鬼节（“七月半”）。每家都会于晚间在附近的路边给亲近亡者烧纸，一个个提名，每提一个在地上画上圆圈，圈内放上火纸，纸烧完后，还用备好的凉水搅拌出的饭食，洒在地上，以敬亡者。

中秋节 农历八月十五为中秋节，人们将中秋节视为丰收的节日，晚间人们将备好的月饼、瓜果拿出，在庭院内赏月。晚间还有“摸秋”习俗，人们到田园里摸些农作物果实，认为摸到高粱是“钱串子”，摸到大椒要“害眼”（患红眼病），摸到冬瓜要“生儿子”等。

重阳节 农历九月九是重阳节，农村有打糍粑的习俗，少数人有爬山、登高的习俗。

腊八节 农历腊月初八为传统吉日，俗称“腊八”，早餐吃“腊八粥”，多用糯米煮饭，掺入花生、枣、腊肉、米豆等五谷杂粮熬制。“腊八”这天嫁娶无忌，民间有“腊八腊八老日子”之说，也有“吃了腊八饭，就把年来办”之说。

祭灶 农历腊月廿三或廿四，又称“过小年”。祭灶前一日“扫尘”，打扫室内外环境卫生，清洗锅灶。祭灶由主妇主持，贴“东厨司命九灵黄帝灶君”神位，供豆腐、糖稀，剪稻草、拌黄豆作灶王“马料”。主妇祭拜时放鞭炮一挂，祷告灶王“上天言好事，下界保平安”。

礼仪习俗

婚嫁 新中国成立前，婚嫁风俗仅有规模、大小、繁简、聘礼厚薄之分。新中国成立后，男女双方多是自由恋爱。但旧的婚俗并没消除，即便是男女双方自由恋爱，也要委托熟人做介绍人，以求名正言顺。经介绍人相识后，到成婚大体分为六步：一是提亲，大多由熟悉的亲朋好友向男、女方家长提出。二是看家。男方提亲后，女方在有意的情况下，通知男方，女方要到男方家去看家，了解情况。男方设宴招待。临走时，男方要送女方见面礼。不满意或还需要考虑的，就暂不收礼。三是认亲。男方按女家“五服”近亲的户数置办礼物。以锅台算，每门一份“四色”礼。近年改为送烟酒、水果等。认亲是由男方的父亲（父逝则由兄代）与介绍人一起去女方家。四是下“聘礼”。形式大体与认亲相似，男方家这一天要接主要亲戚喝喜酒。定亲酒十分丰盛，要先上十三个盘子，上二三十道菜，中间上三道点心，每上一次放鞭炮一挂。定亲酒一般要持续 3 个小时以上。五是送日子。男女达到法定的结婚年龄后，男方父母在正、二月间，到女方家“要人”。在女方家同意后，择取吉日，用红纸书写信封式帖子，连同两床被面，“压日子”的钱及糖、烟、酒等礼品，由男方父亲或男方本人送到女方家。六是成婚，男女双方先到婚姻登记管理部门登记，领取结婚证书，成为合法夫妻。男子结婚，乡邻亲友要送贺礼；女子出嫁，乡邻亲友要“填箱”（送礼）。娶亲之前，男方给女方送聘礼，女方置办嫁妆等习俗仍沿袭。娶亲时请专用车辆。2000 年后，迎亲车辆档次提高，多以轿车为主，一般为 6 辆轿车，新娘所乘轿车还要扎彩、美容、贴上大喜字。婚礼一般在家中或在饭店举办，大体程序为放鞭炮、奏乐，宣布典礼开始，证婚人讲话，新郎、新娘向主婚人、证婚人和来宾行鞠躬礼，来宾致辞后礼毕，新郎、新娘入洞房。有的还专请婚庆公司主持人主持婚礼。同日，男方盛宴招待女方送亲客人与贺喜亲友。

生育 1983 年后，人们婚后生育，办理准生证。人们对孕育过程非常重视。怀孕期间，注重营养，定期查体。临产之时，都选较好的医院住院分娩，以确保母婴平安、健康。无论生男生女，男方都要到岳父家“报喜”，一般是女婿亲临，妇女生下孩子“坐月子”期间（一个整月），每日 6 餐（除三顿主餐外，早晨、下午、夜里各加一餐，俗称“打间”）。三天“烧娘娘纸，打发娘娘”，也称“洗三”。女方家得知女儿怀孕后（俗称“有喜了”），就开始准备礼品，从孩子出生当天算起 6 天、9 天、10 天内送“月礼”，也称送“粥米”。“头生”（第一胎）礼品更丰厚，有大小被子、摇篮、凉床、烘篮、坐架子、尿布及鸡、肉、红糖、油条、鸡蛋、麦面、挂面（面条）等，另外要有鸭子（“压子”谐音），至亲、朋友也要送礼庆贺，左邻右舍也纷纷而至，主人大办宴席招待庆贺者。出嫁的姑娘忌在娘家生孩子。出嫁姑娘生孩子满月后（1 个整月），方可回娘家吃上一顿满月饭。妇女生孩子未满月前（包括流产），忌跨别人家的门槛，以免污秽他家门神、家神。男女小孩过周岁（也称“抓周”），亲朋也要送礼，一般送衣服、鞋袜，或者玩具。近年来，逐步改为送“红包”，主人请厨师做菜或到酒楼包桌，大摆酒席，招待客人。多数家庭在婴儿满月、百天、生日照像留念。

寿诞 镇内有为老人祝寿的习俗。从 60 岁开始，老人每逢五整岁或十整岁，均由儿女操办寿仪。祝寿礼品多为鸡、鱼、肉、酒等。许多家庭到酒楼或在家中请厨师做席，有的为老人摄影、录像以示留念，还有的带着老人外出观光、旅游等。大多数家庭为老人祝寿还是亲朋好友同桌共餐，礼品时兴带“寿糕”、送礼金，有的还为老人购买比较时髦的衣服等。同时，流行为小孩过生日，盼望其快快长大，特别是小孩 12 岁生日，尤为时兴。

举哀 人逝，洗澡、穿衣、烧魂轿后入棺，通知亲友前来吊唁，以示哀悼。举哀期间（未出殡前），孝子不穿鞋袜，披麻戴孝穿草鞋，穿无扣孝衣，日夜护灵守棺，不吃荤，不睡暖炕，不与妻子同床，不言笑娱乐。直系晚辈亲属披长孝、戴孝帽，旁系男的是孝帽，女的是孝手巾，重孙戴红帽。请道士超度亡灵，在棺前设拜台或布垫供亲朋跪拜礼时用，孝子对来吊唁者不论年龄大小、辈数高低以及男女，一律行跪叩礼。吊唁者在死者棺材前跪拜行礼时孝子陪跪叩。

出殡 出殡前，选择墓地，出殡择吉而出。出殡前，对“八大金刚”的抬棺人（也称“抬大轿”）孝子要逐个叩首，并予丰厚宴请。出棺时，前有孝子手捧遗像，在棺前引路，有专人撒纸钱，逢桥及沟河要烧纸放鞭炮，亲属紧随棺后，皆穿孝衣、披长孝、戴孝帽，一路哭声。葬前打井坑，孝子“暖井”（死后不立即下葬，称“不葬血棺”），棺至墓地按定的向、按时落土（落土时棺木大小头一齐落井，忌“大头先落发大门，小头先落发小门”），死者下葬三日内每天晚上由孝子送烟把。满三日，孝子、亲属到坟前，摆上供品，焚香烧纸，燃放鞭炮，叩首悼念，称“复三”。“五七”（35天）内孝子不理发，不穿红戴绿，不赴喜宴，满“五七”收穗线、理发，一般家庭要应“五七”，逢七（每满7天）早上在灵前供饭，焚香烧纸，百日为“百期”，年为“周年”，三年为“除服”，“五七”内不串门。有3年守孝习俗，每一年守孝春节不贴门神、对联，第二年守孝贴门神、黄对联，第三年守孝贴门神和紫色对联，到第四年才贴门神和红对联。

待客 汤家汇镇民风淳朴，热情好客，从古至今，凡婚丧、喜庆、造宅、搬家、升学、小孩过周岁、请人办事等必设酒席招待。特别是办酒席，饮食上很有讲究，酒桌的摆放也有一定格式，客人座次也有规定。在饮食上，一般先摆“十三花”，即荤素搭配的十三盘冷菜，然后再上20 ~ 30道不等的热菜。在座次上，一般是一席在堂屋，座席一般八人为一席，视桌缝横竖而定。座席按客人身份、辈分、长幼安排位次，不然会怠慢客人。

称呼 境内人们之间的称谓，一般有家族称谓、同族称谓、亲戚称谓和社会称谓之分，有书面称谓、口头称谓、内外称谓之别。新中国成立后，称谓基本沿袭传统，略有变化。家族中称谓和同族中称谓，不论书面、口语，均与以往基本相同。社会称谓变化较大。80年代前，社会各界成员之间普遍使用“同志”的称谓，平等而亲切。20世纪80年代后，除机关单位和会议、公务活动外，称“同志”的渐少。而代之而行的是机关公务员之间多称职务，如系副职，往往把“副”字去掉；工商企业流行称“老板”、“老总”、“某工（工程师）”，对酒店、宾馆、理发等服务行业的女性服务员称“小姐”；社会称男性为“先生”，称女性为“女士”者增多。

回礼 婚宴客来送礼后，回香烟1包，喜糖2包；生子礼回喜糖、红鸡蛋、步步糕等；老人寿宴回长寿面、香烟；老人去世回香烟1包。

花灯 庙会

花灯 在春节、元宵节里，村庄举办形式多样的灯会（新中国成立前以保甲为单位，新中国成立后以公社、大队、生产队为单位），各村庄准备一种或几种灯，然后集中起来一起玩，以人口集居地为玩灯场，集镇上以街道沿街各户都玩上一遍。除玩灯的人外，还有许多人员都用竹竿举起花灯，锣鼓队跟随，边走边敲锣鼓。锣鼓打法不同，有丝弦锣鼓、路调、花鼓锣鼓等。玩灯时边玩，边敲锣鼓，边唱山歌，唱词除有固定歌调外，多数唱词都是触景生情随编随唱，多以夸赞东家吉祥、平安、发财、开玩笑等内容，四句为一段一韵到底，玩灯每到一处（家），东道主都以鞭炮迎送，散发香烟，热闹非凡。东家还要给玩灯的喜烟（两条以上），封红包。

龙灯 参演人数 17 人，龙头 4 人，龙身 12 人，龙尾 1 人。龙身龙尾随着龙头，使整个龙身旋转起来。龙身长有 40 米。要龙头的劲要大，要灵活，玩时场地要宽，领头人唱，其余的人和，声势大，非常气派。一般在农历新年和春节表演，重大节日如国庆节也有演出。

狮子 狮头 1 人，狮尾 1 人，要球 1 人，其他喝彩人员不等。农村风俗，龙灯和狮子来到门前，东家要摆三生席（杀死的整鸡、整羊和猪头），表示敬意。具有避邪功能，预示当年发大财。

花挑 一青年妇女挑着花灯，边走边唱，两边八九个人喝彩。

船灯 两位姑娘挑着船，为船瓢子，两边两位男子头戴草帽拿着桨. 前面有两个引路灯、两个提手灯，打锣鼓四人，其他不等。边走边划，边行边唱。走步上要求走慢八步。两个划船的要滑稽、会唱，可以唱山歌，唱民间小调，引人发笑。

大头灯、和尚灯、露丝灯、蛤蜊灯 这些花灯均属哑巴灯，演员不讲不唱，根据自己的角色，做各种动作，逗别人笑。

尾灯 是灯会最后一个搞笑节目。此灯由一丑角走在前面，头戴破草帽，面画八字胡，反穿羊皮袄，腰系草绳，左手举竹标小灯，右手摇破蒲扇，领着 8 ~ 10 个青年演员（男女各半）进行表演，他们随着轻快锣鼓点子，旋转一阵，对白一阵，语言诙谐、幽默、妙趣横生。

东岳庙、黄旗山、红旗尖、头灵寺、江西坳财神庙 银杏寺庙会 、银山畈东岳庙庙会、瓦屋基黄旗山庙会、斗林木山头灵寺庙会、豹迹岩红旗尖庙会、江西坳财神庙会、银山畈银杏寺庙会主要是在每年农历三月廿八、十月十五日举行，前后历时一个星期。其间烧香拜佛、祈求平安、交易农副产品，每处每天流量千余人次。

观音庙会 街道清塘、蓟庄等处观音庙庙会在观音娘娘生日那天（农历九月十九），烧香鸣炮、“送红”，跪求观音娘娘赐下子嗣，也有诞下子嗣后拜谢诉求子嗣平安的，民称“还愿”。

社庙 也就是传说中土地老爷住的地方，2 ~ 3 个村民组合建 1 个社庙，使用沿袭下来的名称，如太平社、兴新社等。主要是当地居民祈求风调雨顺。一旦遇上旱灾之年，供奉一个社庙的人共同筹资，请道士做法事，求雨、求丰收、保平安。

美食名产

地方美食

挂面 传统食品，传统制作工艺。立冬过后，家家户户牵挂面。整个程序分为下盐、和面粉、盘条、上面筷、进面箱、出箱、上架。手牵挂面重在下盐和水分的掌握，挂面有油条、粉条之分，用麻油盘条的挂面味香，有韧劲，深受食者喜爱。

腌腊猪肉 腊月，农户宰杀年猪。待猪肉冷却后，每500克盐均匀地抹在15～20千克鲜肉上，进缸腌制，一个星期后起卤，然后把每一块腌肉系上绊子，放在伙房里挂好，边风边熏，或挂在向阳的屋檐下晒。用同样的方法可腌制鸡、鸭、鹅、羊等。

猪灌肠 杀年猪后，有的家庭在洗净的猪小肠里面注入肉泥拌入作料，放在屋檐下晒或风干，即成香肠。还有人把浸泡过几天的糯米拌上作料，灌进猪大肠里，然后蒸煮，煮熟后切成一片一片食用，既可当主食也可烙成饼当菜食用。

豆酱 民间传统制作，把豌豆或者黄豆、蚕豆煮熟，摊冷、拌上适当的面粉，再均匀撒在容器，覆盖上黄荆条树叶或香椿树叶，发酵，俗称焙酱，待生黄色菌丝再揭开晒干、破碎，用香椿树叶和茶叶煎水，摊冷加盐浸泡酱料，然后晒酱，豆酱香甜味美。

观音豆腐 传说观世音菩萨不忍老百姓受饥饿，洒下一种树种子，树苗长成后满树绿叶，观世音菩萨化身到凡间，教人们把这种树叶摘下洗净，搓揉成汁浆，再用干净布巾过滤后，用草木灰点卤，片刻即成颜色碧绿又清凉可口的绿豆腐，加上各种佐料和食盐、麻油凉伴即可食用。食用后，不仅能解饥止饿，还能清凉下火、润肺明目。人们将此豆腐命名为观音豆腐，以此敬念观世音菩萨。

筵席 先上凉盘 5 ~ 7 个，为烤鸭、鸡爪、猪耳片、花生米、凉拌菠菜（或黄瓜）、凉拌豆油、皮蛋。炖、炒菜 20 ~ 30 道，为油滑肉、鱼圆、清炖整鸡、油炸春卷、红烧鳊鱼、腊肉烧黄鳝、扒蹄、水滑肉、蒜薹肉丝、木耳肉片、米粉蒸肉、清炖甲鱼、糖醋排骨、榨菜夹馍、八宝饭、红烧牛肉、米酒汤圆、炖鸭、清炖猪蹄、红烧羊肉或羊肉面、炖绿豆、炒四季豆、梭子肉、酸菜鱼、水饺、炖鸡蛋或炒鸡蛋、糖醋辣椒（中间夹肉末）等。办各种酒席，第一道菜各不相同。结婚酒第一道菜为红枣莲子汤，寓意为早生贵子，生日酒第一道菜为长寿面，生子酒第一道菜为喜面，丧事第一道菜为油滑肉。

特色菜

腊肉竹笋 主料为腊肉、山竹笋；配料为生姜少许、蒜瓣几粒、味精少许、酱油少许、黄酒少许。制作时把腊肉煮熟切成小片，把竹笋切成片，锅烧热把肉炒出油加入竹笋上色，加入水，入味。

红烧肉 主料为五花肉；配料为生姜少许、盐、黄酒少许、糖少许、八角、桂皮。制作时把五花肉切成小丁，开水焯下水，锅加入少许油，加入糖，炒出糖色，加入肉，入味，入盘。

臭鳜鱼 主料为鳜鱼；配料为黄酒、陈醋、酱油、盐、干红椒、生姜、蒜瓣少许。制作时锅烧热加入油，烧热下入生姜蒜瓣炸香，下入鳜鱼，煎两面黄，加入配料，入味。

珍珠菜炒肉丝 主料为珍珠菜（花儿菜）、肉丝；配料为青红椒少许、生姜、蒜瓣、黄酒、盐。制作时锅烧热加入油、青红椒、生姜、蒜瓣，加入肉丝、珍珠菜，入味。

苦菜（将军菜） 主料为苦菜 500 克；配料为蒜茸、盐、香油少许。制作时苦菜洗净，用开水焯下水用冷水冲洗，加入蒜茸，盐、拌匀，加入少许香油，入盘。

观音豆腐 主料为观音豆腐；配料为蒜茸、盐、香油小许。制作时把观音豆腐切成片，加入盐、蒜茸、香油，入味上盘。

地菜肉圆 主料为五花肉 250 克，野地菜 500 克；配料为淀粉 200 克、鸡蛋 3 个、盐少许、料酒少许、生姜少许、蒜瓣少许。制作时五花肉洗净用刀剁成末，地菜洗净用开水焯下水，用凉水浸冷剁成末和肉末拌匀，加上生姜、鸡蛋、淀粉拌匀，然后用手搓成小圆子用水煮熟，锅烧热加入少许油，把生姜、蒜茸炸香，然后加入高汤，加入圆子入味。

糯米排骨 主料为排骨500克，糯米250克；配料为生姜少许、麻辣鲜少许、盐少许、料酒少许。制作时排骨开水焯下用冷水洗净，糯米洗净，把排骨糯米放在一起加入少许盐、料酒拌匀，用盘子装好，用蒸笼蒸一个小时。

小河鱼 主料为小河鱼；配料为青椒、生姜、蒜瓣、黄酒、陈醋、酱油。制作时锅烧热加入油、青椒、生姜、蒜瓣炒香，下入小河鱼，调味，入盘。

土公鸡 主料为土公鸡1只；配料为生姜、蒜瓣、黄酒、陈醋、酱油、味精少许。制作时锅烧热加入油，生姜、蒜瓣炸香，然后放入土公鸡炒成微黄加入盐、黄酒等入味，入盘。

粉蛋葛皮 主料为葛粉100克，鸡蛋4个；配料为木耳、青红椒少许。制作时把葛粉加入少许水加入鸡蛋拌匀，锅烧热，放入少许制成一张皮、切成粗片，然后放入木耳、青红椒，炒入味入盘。

土特名产

茶叶 金刚台层峦叠嶂，云雾笼罩，所产“金刚云雾”汤色清碧，滋味香醇。银山沟大茶县内闻名、香味扑鼻、经久耐喝，供不应求。

板栗 境内产板栗、油栗、毛栗，以板栗居多，板栗果大饱满，甘甜可口，质地优良，生熟可食，颇受消费者欢迎。20世纪80—90年代，境内大面积栽培。各村均产板栗。

银耳 传统名产，又名白耳，具有色白、肉厚、易煮、味纯等特点，入席做菜，堪称佳肴，实体入药，可滋阴润肺，养胃生津。原以野生为主，20世纪80年代开始人工培植。主产于笔架山、茅畈、泗道河、斗林、银山畈等村。

黄花菜 金针菜的一种，百合科，境内久有种植，根茎丰腴，蕾如金针，果蕾蒸晒后成干菜，条肥丰润，色泽金黄，多为席上珍品，有滋补安神之功能，主产于瓦屋基村。

葛粉 境内笔架山、斗林、泗道河、门山、银山畈等村盛产野生植物葛根，挖回后打粉漂洗、晒干，色白。用开水冲，加糖吃；也可制成粉皮，凉拌、炒吃、煮吃。具有解表之功能，去风寒、治感冒。经检测，内含人体必需的钙、铁、锌等多种微量元素，长期食用改善心脑血液循环、解热、消渴、抗高血压，对降血糖、血脂，解酒有明显作用。

橡粉 境内笔架山、斗林、豹迹岩、门山等村橡树较多。所产橡子经磨粉、漂洗工序后晒干，即可食用。主要功能为清热下火、防治癌症，可扑幼儿痱子，是夏季必备食品。包装后可作为馈赠亲友礼品。

小河酒 用大米、高粱、红薯等粮食蒸熟后摊开凉冷，再拌上浇酒曲，进缸发酵后，用蒸锅采集蒸气，遇冷水即成酒。500克大米可酿酒400～500克。经济实惠，口感好，20世纪80—90年代农村普遍饮用小河酒。小河酒味香、入口不烈，但后劲大。

猕猴桃 俗称阳桃，境内遍山野生，果实秋季成熟，滋味甘甜，富含多种维生素，有保护心肌、降低血脂、解烦热、调中气之功效，被誉为“水果之王”。2012年，街道廖开源引进红心猕猴桃试种成功，面积2.7公顷，并发展到吴店、双河等乡镇，种植总面积近133.3公顷。

蚕丝 系传统名产，境内植桑养蚕始于宋代，所产黄丝，运销湖广。中共十一届三中全会后，金寨县为国家蚕桑发展重点县，政府扶持鼓励农民植桑养蚕。20世纪90年代，境内建有金寨县第十八缫丝厂、金寨县色织厂，加工缫丝，产品丝条均匀，洁白光亮，丝织产品质优美观。

铁锅 境内河川富蕴铁砂，农民沿河淘铁砂，用木炭作燃料炼铁铸锅。中华人民共和国成立前后，“铁棚”遍布境内，以小工厂作业方式进行生产，所铸铁锅具有抗炸裂、不生锈、厚薄均匀，富有弹性及内外光洁等特点，畅销豫、皖等省，境内“铁棚”十余家，年产铁锅四五十万掌（计量单位）。20世纪80年代停办。

粉丝 以野生葛粉、红芋粉、优质豌豆粉等为原料，用当地清凉纯净泉水洗漂粉丝，工艺精湛、制作考究，粉丝晶丝清白，久煮不碎，烹炒烩拌皆宜，堪称席上佳肴。

茯苓 境内茯苓生产久负盛名，其以质地优良、加工精细、规格多样，疗效显著而闻名遐迩，远销国内外市场。镇内茯苓原以山林野生为主，后改为人工培植，人工培植生产期为一年，收获后剥皮，按级切制，以白苓片、白方丁最为讲究，年产200万千克，小方丁价格最高。

石斛 多年生常绿草本，有铁斛、铜斛、米斛之分，米斛价格最高。“金钗石斛”夏季开花，白中微带紫红。以茎入药，有着滋阴生津之功效，野生石斛主要生长在金刚台。2012年，瓦屋基、豹迹岩村民人工试种成功，面积5.3公顷。

天麻 传统珍贵中药材，个大肉厚、质地透明，有“明天麻”之称，其性平、味甘、息风定惊，功能优良，深受医家赞誉。野生天麻，地面显茎无叶，地下深藏块根，不易辨认，能挖采者少。20 世纪 80 代开始，人工培植天麻成功，镇内皆有种植，年产天麻 100 万千克。

灵芝 为珍贵中药材，主产在金刚台、银佛山、焦元、笔架山等地。20 世纪 90 代开始人工培植。灵芝全身是宝，茎粉经加工后均可入药。灵芝富含灵芝多糖、三萜、有机锗等物质，可促进巨噬细胞的吞噬作用。具有防治肿瘤，护肝解毒、润肺镇咳平喘，改善心脑血管、降低血糖和血脂，镇静安神、改善睡眠、美容、抗衰老、增强肌体免疫力等功能。

境内盛产野生中药材有土贝母、百合、半夏、断血流、鱼腥草、天蓝星、门冬、麦冬、射干、何首乌、雷打菇、桔梗、蜂蜜、五味子、五倍子、枣皮等。

方言俗语

农业谚语

追肥在雨前，一夜长一拳。

处暑雷唱歌。阴雨天气多。

清明热得早，水稻一定好。

雪化水成河，麦子收成薄。

日落乌云涨，半夜听雨响。

庄稼一枝花，全靠肥当家。

小满要满，芒种不旱。

肥田长稻，瘦田长草。

只要功夫深，土里出黄金。

好儿要好娘，种田要好秧。

日晕三更雨，月晕午时风。

清明前后，种瓜点豆。

春不种，秋无收。

雷公先唱歌，有雨也不多。

有雨天边亮，无雨顶上光。

早晨下雨当日清，晚上下雨到天亮。

云吃雾有雨，雾吃云好天。

云变黑云，必有大雨淋。

先雷后雨雨必小，先雨后雷雨必大。

雨季越早，庄稼越好。

大雪纷飞是早年，农民不用力耕田。

端午有雨是丰年，夏至封从西北起。

大寒南风，五谷丰登。

冬至南风短，夏天天必旱。

下雪雪满天，来年是丰年。

立冬白一白，晴到割大麦。

大雪要下雪，来年两不缺。

白露无雨，白日无霜。

大暑连天阴，遍地出黄金。

有水才有粮，无水哭断肠。

秋分无雨春分补，秋分有雨来年丰。

处暑难得阴，白露难得晴。

立秋无雨对天求，田中万物尽歉收。

大暑不热，五谷不结。

伏里西北风，谷子颗颗空。

夏至是晴天，有雨在秋天。

芒种火烧天，夏至雨绵绵。

小满不满，无水洗碗。

立夏不下，无水洗耙。

清明要晴，谷雨要淋。

立春晴一日，四季雨水匀。

正月二十阴，滴滴哒哒到清明。

歇后语

哑巴吃汤圆——心里有数

七个人睡两头——颠三倒四

光头梳辫子——没法（发）

公鸡头上一块肉——大小是个官（冠）

聋子耳朵——摆式（设）

阎王开饭店——鬼不上门

孙悟空坐金銮殿——毛手毛脚

泥巴菩萨过河——自身难保

头顶碓窝唱小旦——累死不好看

饺子破了皮——露馅

茅缸里的石头——又臭又硬

黄鼠狼给鸡拜年——不安好心

狗咬刺猬——无处下牙

瞎子打灯笼——白费一支蜡

高山打鼓——名声在外

睡在棺材里伸手——死要钱

睡在棺材里擦粉——死要脸

小狗烤火——凑人数

二道河甲长——管的宽

小鬼晒太阳——没影子

丝瓜打锣——一锤交易

叫花走夜路——假忙

方瓜花炒鸡蛋——配色

猪八戒卖稻草——人没人货没货

歪嘴和尚——念不到正经

豆腐掉到青灰里——拍不能拍、打不能打

肚母脐子冒烟——腰（妖）气

红军井

名人与名镇

汤家汇人杰地灵、英才辈出，素称“文化之乡”。元、明、清代至近代，出举人、进士、官员不胜枚举。土地革命时期，笔架山农校是鄂豫皖地区培养革命骨干的摇篮，汤家汇是豫东南、皖西北道委，道区苏维埃政府所在地，是豫东南、皖西北的指挥中心。大批青壮年参加红军，老人、妇女、儿童投身革命。中华人民共和国成立后至2015年，镇内更是人文蔚起，官员、专家、教授、学者层出不穷。

人物传略

革命英雄

詹谷堂（1883—1929） 又名詹生堡，金寨县南溪镇葛藤山人，清末秀才。1924年春，经蒋光慈介绍加入中国共产党，是金寨县共产党组织创建人之一。1924年4月，共产党员詹谷堂把党组织发展工作的重点放在家乡的最高学府笔架山农校。他常以应邀讲学和看望在笔架山教书的弟弟为名，将进步书刊送给笔架山农校的罗志刚、李梯云、周维炯、漆德玮等进步师生。笔架山农校一连发生状告校董、智斗王财主等几件事。詹谷堂感到在这里建立党组织的条件已经成熟。当年秋，詹谷堂和共产党员曾静华应郑校董邀请，到笔架山农校举办讲座，秘密发展李梯云、罗志刚、周维炯、漆德玮、漆禹源、李声武、漆海峰等加入中国共产党，成立中共笔架山小组，组长李梯云。不久，扩大为支部，李梯云任书记。这是以金寨县为中心豫东南地区建立的第一个党组织。

1925年1月，詹谷堂同袁汉铭再到笔架山农校，与李梯云、罗志刚见面，听取李梯云支部组织发展和活动情况汇报，介绍袁继安、桂杰生、詹慕禹、许仲平等学生表现，李梯云请示他毕业离校后支部工作如何开展等问题。詹谷堂根据农校和即将毕业学生的实际，作三点指示：一是李梯云毕业离校后支部书记由副书记罗志刚担任；二是毕业的学生党员回乡后都要自觉发挥党员作用，独立开展工作，在家乡发展新党员，建立新的秘密组织，把革命的火种撒播到各地；三是放假回乡的党员要利用假期走访农户，宣传新思想、新文化，参加当地的反帝反封建活动。

1925 年 3 月，南溪支部、笔架山农校支部合并成立中共南溪支部。是年冬，成立商南特支，詹谷堂任书记。1926 年春，詹谷堂安排共产党人杨瑞坤、蒋绍周等在汤家汇中铺王氏祠先后建立乡、村农民协会 20 多个。1928 年秋，詹谷堂领导汤家汇、银山畈、南溪、斑竹园等地的“文字暴动”，其形式是开大会、散传单、贴标语，形成浩大声势，制造浓厚气氛，鼓舞农民群众斗志，威慑土豪劣绅的气焰，为武装暴动作准备。

詹谷堂致力于农民武装斗争，参与商南立夏节武装暴动的筹划与领导工作。立夏节起义胜利后，在南溪主持召开 2000 多人的庆祝大会。接着又参加红三十二师的组建，在商城县临时办事处（临时革命政府）任副主任。1929 年 8 月，被顾敬所率的反动民团逮捕，坚贞不屈，壮烈牺牲。

袁汉铭（1902—1931） 又名袁成耀，金寨县南溪镇花园村人。1922 年，加入中国社会主义青年团，不久成为中共党员，是金寨县境内最早期加入中共党组织的共产党员。1926 年春，与共产党员王凤池、詹谷堂等一起在商南（现金寨西北部）一带领导农民运动。1928 年，商南大旱，袁汉铭与詹谷堂到汤家汇、竹畈、南溪等地广泛发动贫苦农民，向地主开展借粮和均粮斗争。

立夏节起义胜利后，袁汉铭遵照党的指示，在汤家汇、泗道河、余子店等地宣传起义胜利、筹建工会、发展党员、动员青年参加红军和赤卫队。1929 年 6 月 16 日，在汤家汇廖氏祠召开商城县第一次工人代表大会，到会代表 100 多人，正式成立商城县总工会，袁汉铭在会上讲话，并被选为总工会干事。9 月，袁汉铭被选为中共商城县委委员。10 月，袁汉铭到泗道河一带发展党组织，发展余子明、夏兵谷、蔡子运等入党，成立党支部。以党员为核心，发动青年农民 20 多人组建赤卫队，在泗道河、瓦屋基、挥旗山、枫香树等地打土豪、捉劣绅，保卫、巩固苏区。

1930 年 2 月，商城县工农革命委员会改为苏维埃政府，中共商城县委、县苏维埃政府由商城迁驻汤家汇，袁汉铭担任县委委员兼宣传部长。县委与红三十二师共同筹办党政干部学校，袁汉铭任校长。

1930 年 4 月，袁汉铭任红三十一军二师五团政治部主任，1931 年，任红四军三十五团政委。是年，袁汉铭被诬为“改组派”“反革命”，牺牲时年仅 29 岁。

王凤池（1893—1931） 学名道距，竹畈村火岭人，出身于地主家庭。5 岁入学，7

岁便能写诗作对。十五六岁时开始关心国家民族的前途命运。1912 年学业完成，投笔从戎，至河南信阳督军任应岐部任秘书。看到军阀统治黑暗腐朽，一年后离职返家。1920 年，其父王子谦去世，王凤池成为一家之主。他对贫苦农民有同情感，常以钱粮周济乡邻村民，将部分田产半卖半送给困难农民耕种。

1924 年，中国共产党党员詹谷堂、袁汉铭在南溪建立中共党组织，王凤池深受影响。1925 年春，经詹谷堂介绍加入中国共产党。他经常向周围贫苦农民宣传破除迷信、铲除封建剥削、反抗地主压迫、参加革命、翻身求解放的道理，在他的家乡周围葛藤山、竹畈、花园、王畈一带培养积极分子。1926 年春，在王畈成立农民协会，不久会员发展到 600 多人。农历六月廿二，利用南溪庙会，王凤池组织南溪上、中、下三保农民 2000 多人游行示威。同年冬，商城县民团队长周凤山带队侵犯，王凤池立即组织农会准备 200 多千克炸药，把“十三太保”（一种土炮名称，因有 13 道铁箍得名）抬到竹畈岭头，筑起阵地，使周凤山不敢冒犯。

1927 年 4 月 9 日，在斑竹园成立商城县农协筹备委员会，王凤池当选候补委员。当时商南农村会员已发展一万余人，在南溪成立第八区农民协会，拥有会员 2300 多人。1928 年，与詹谷堂、袁汉铭发动农会会员举行“文字暴动”，一夜之间，在汤家汇、竹畈、南溪、银山畈等乡村集镇的墙壁、大树、地主豪绅的大门上，贴满了反帝反封建的标语，使土豪劣绅坐卧不安。

1929 年 5 月 6 日，王凤池与詹谷堂、周维炯、袁汉铭等共同领导商南立夏节武装起义，成立中国工农红军第十一军第三十二师和赤卫军，开展打土豪、分浮财、镇压反革命斗争。8 月，红三十二师主力转移外线作战，王凤池、詹谷堂等同志留在苏区坚持斗争。后突遇国民党军，詹谷堂被俘牺牲，王凤池躲进树林稻田，安全脱逃。9 月，红三十二师返回，横扫地方反动势力，在詹谷堂就义的大河滩上，召开数千人的追悼大会，动员青年参加红军，恢复和发展根据地。9 月底，商城县工农革命委员会在南溪王氏祠成立，廖秉国任主席，王凤池任秘书长。12 月，红三十二师攻克商城，成立商城县苏维埃政府，任农运委员会委员兼秘书长。

1931 年春，豫东南道区苏维埃政府在汤家汇成立，任农运部长兼道苏秘书长。随后，以道苏特派员身份，在固始南四顾墩、苏仙石一带，组织建立固始县革命委员会。不久，又奉道苏指示前往白塔畈，帮助重建霍邱县革命委员会。秋，调任皖西北道苏秘书长。

1931年10月，因“肃反”扩大化被错杀于麻埠。王凤池一家投身革命，儿子王万准、大侄子王万胜、二侄子王万修、三侄子王万英、四侄子王万洲、五侄子王万恒等7人先后为革命牺牲。1982年7月，中共金寨县委予以平反昭雪。

李梯云（1903—1931） 金寨县斑竹园镇人。1923年，入汤家汇笔架山农校学习。由于受五四运动影响，牵头组织在农学校成立“读书会”，经常与詹谷堂、袁汉铭等进步人士联系，开展反对旧道德、提倡新道德，反对旧文学、提倡新文学新文化，学习白话文、废除八股文等各种活动。1924年10月，共产党员詹谷堂、曾静华以应邀讲学和看望弟弟为名，到笔架山农校发展“青年读书会”的骨干加入中国共产党，李梯云与周维炯、漆德玮、漆禹源、漆海峰、罗志刚、李声武等加入党组织。李梯云任党小组长，这是以金寨县为中心豫东南边区建立的第一个中共党组织。不久扩大为党支部，有党员12人，李梯云任支部书记，罗志刚为副书记，漆德玮、漆禹源为委员。此后李梯云领导笔架山农校党支部发展了一批又一批党员，笔架山农校成为鄂豫皖革命的摇篮。

李梯云从笔架山农校毕业后，1926年，任罗田县委书记。1927年，任鄂东特委领导。1928年至1929年，开展商南秘密工作，积极领导立夏节武装起义，创建红军三十二师和豫东南根据地，任红三十二师政治部主任。1931年5月，在狮子脑战斗中，亲临指挥，腹部受重伤后牺牲，时年27岁。

张贻轩（1905—1931） 又名国清，汤家汇镇人。1929年参加革命。曾任赤城县二区二乡七村赤卫军队长，领导贫苦农民开展土地革命和农民运动。1931年1月，被编入中国工农红军第四军十一师三十二团，任副官。2月，任红四军十一师参谋长，转战河南新集子、商城二道河、湖北黄安、安徽金家寨及京汉铁路沿线，先后与敌匪夏斗寅、岳维峻、陈调元部多次交战。由于他计划周密、身先士卒、机智勇敢，多次胜敌，屡建战功。1931年8月，在红四军攻克英山的战斗中不幸牺牲。

何进山（1901—1931） 泗道河村人。1929年参加革命，任商城县六区二乡苏维埃政府赤卫队队长。同年10月，所在部队被编入中国工农红军第十一军三十二师九十八团一营，何进山任连长。参加12月25日攻打商城战斗，乔装潜入商城城内，里应外合巧取县城，毙俘敌军300余人，使商城第一次获得解放。1930年10月，所在部队被改编为红一军第二师六团，任营长。1931年11月，红四军改编为红四方面军后，调红二十五军七十三师二一八团，任团长。在黄安七里坪与敌作战时，他身先士卒，率领全团指战员英勇奋战，终因寡不敌众，身负重伤后牺牲。

熊登亮（1915—1931） 汤家汇镇人。1929年5月立夏节起义后，参加中国工农红军第一军三十二师九十七团一营当战士，后任排长、连长。参加攻打双河、皂靴河等地民团的战斗，缴获长枪20余支。同年5月19日，支援南庄畈六保民团起义，20日攻克金家寨，使国民党反动派盘踞数年的金家寨首次获得解放。1930年冬，其所在部被改编为红一军独立团，任营长，后升任团长。1931年随红四军南下，参加了蕲（春）黄（梅）广（济）战斗，后战略转移，在湖北青河与敌作战时牺牲。

胡玫非（1901—1932） 豹迹岩村胡老湾人。1919年，考入河南省立第三师范学校，受到革命潮流影响，向全校学生宣传革命思想，被学校当局开除。因其文才出众，被商城中学校长黄丙聘任为教员，不久升任教导主任。经常到上海等地买书，于1926年在上海加入中国共产党。其间，他积极从事党的地下工作，开设图书馆，搜集马列书籍，组织学生、社会青年阅读。1929年，红军攻克商城后，他带领全校学生配合红军贴标语、呼口号，庆祝胜利。1930年6月，在鄂豫皖边区第一次党代表大会上，被选为中共皖西北特区常委兼秘书长。不久，兼任道苏独立营政治委员，在皖西北地区参加粉碎国民党军“围剿”作战。1932年3月，配合红四军参加著名的苏家埠战役，歼敌3万余人，俘敌1万人，缴枪2万余支、大炮40余门，击落敌机1架。在撤退时，遇敌机枪扫射，不幸中弹牺牲。

胡孝宝（？—1932） 竹畈村人，幼时读过私塾。1929年立夏节起义胜利后在商城县二区葛藤山乡苏维埃政府任武装委员兼赤卫队队长，并担任南溪火神庙农民暴动联络组组长。1930年10月，红十一军在河南光山整编后，其所在部被编入中国工农红军第一军第一师三团二营，任排长、连长。1931年7月，被编为红四军十一师三十一团，任营长、团长。参加过第二次反“围剿”斗争及浒湾、桃花镇、独山等地战斗。1932年初，调任红二十五军七十五师二二四团团长，后随红军转移，在黄安卫家大寨与敌作战时牺牲。

黄华（1908—1933） 原名黄荫松，字劲柏，豹迹岩村枣林人。1927年，在笔架山甲种蚕科学校读书并在此期间参加革命，立夏节起义后参加红军，任红二十五军第七十三师政治部主任。1933年，随红四方面军长征途中牺牲。

童方明（1915—1933） 笔架山村人。1929年，参加革命，任商城县一区苏维埃政府赤卫队队长，后任游击队队长。1930年11月，参加中国工农红军第一军第二师六团，任营长、团长，先后参加攻打商城、葛藤山、双河、皂靴河、狗迹岭等战斗。1931年春，转战双桥镇、桃花镇、独山等地。同年 9 月，升任红四军第十一师师长。1932 年 5 月，参加黄安、商潢、潢光、苏家埠等地战斗。1933 年 1 月，在长征途中作战牺牲。

廖赤见（1915—1935） 女，原名廖肇见，茅畈村花岩黄林人。父亲廖陟若在汤家汇街开药店。幼年随父在家读书，帮助母亲料理家务。

汤家汇地处交通要道，1929 年立夏节起义胜利后，许多革命机关设在这里。来往的红军和地方干部周维炯、漆德玮、肖方等常到廖赤见家借宿、开会研究工作。她受到革命影响，去探察土豪劣绅动向，得到肖方夸奖。她参加儿童团，担任大队长，经常带领儿童团执行任务。一次，她身背大刀，领着儿童团放哨，抓住窜回家乡刺探消息的逃亡恶霸廖石甫。廖赤见机智勇敢，发现姚姓土豪房屋夹墙有诈，搜出大量钱财和枪支。1929 年 12 月，红三十二师占领商城，流传《打商城》歌谣，因廖赤见唱得好，加入红日剧团。罗银青填词的《八月桂花遍地开》是剧团上演的主要节目，最先独唱、领唱和演唱这首新民歌的就是廖赤见。

1930 年，县苏维埃政府将俱乐部改为新剧团，廖赤见任剧团负责人。领导剧团在县城、麻埠等地慰问演出。同年秋，廖赤见调任红一军政治部任宣传队长。1932 年加入共青团。

1932 年，第四次反“围剿”失败后，红军主力西进川陕。廖赤见肩扛马枪，身背干粮和背包，带领宣传队随红军大队长途跋涉。手冻肿了，脚磨破了，从不叫苦。一到宿营地，放下背包就给战士表演文艺节目，做宣传鼓动工作。12 月，在川陕省苏维埃政府成立的庆祝大会上，开场节目就是廖赤见领唱的《八月桂花遍地开》。

1933 年春，红四方面军创建川陕根据地。3 月，在通江城召开第一次川陕省团员代表大会，会上宣布成立川陕少共省委。廖赤见作为红军总政治部团员代表出席大会，会后调任少共省委青妇部长，不久，担任少共省委常委。5 月，成为中国共产党党员。

1935 年年初，廖赤见被调到川陕省苏维埃工农剧团第一团任政治指导员。在撤离川陕根据地时，她带领剧团 60 名成员从未掉队。她剃平头、穿军装、打绑腿，边行军、边打仗、边演戏，英勇顽强、活泼乐观。同年 11 月底，剧团随西路军总部进驻永昌县城。12 月 5 日晨，剧团奉命由红九军武装班引导到东二十四铺，慰问撤退到此的红九军军部。中午到达二十里铺，国民党马步芳部骑兵营偷袭红九军军部，廖赤见率剧团在武装班的配合下与敌周旋，吸引敌人，以掩护撤离的红九军军部转移。由于敌我力量悬殊，剧团在突围中伤亡较重，廖赤见和剧团政委易维精、队长汪贤臣、导演任弼璜、红九军武装班几十位同志相继牺牲，廖赤见牺牲时年仅 21 岁。

张子义（1904—1936） 银山畈人。1929 年，立夏节起义胜利后参加革命。1930 年，参加中国工农红军，历任班长、排长、连长。1931 年，加入中国共产党。1932 年春，在攻打苏家埠战斗中，任红十师二十九团某部营长。红十师承担围城打援任务，张子义所在营负责围城。在大批国民党军突围时，张子义带领部队与数量上占绝对优势的国民党军展开肉搏战，打退国民党军多次反扑。他 3 次中弹负伤，仍不下火线，直至把敌军打退，流血过多昏迷被送往医院。其伤情刚刚好转，又去前线继续战斗。1932 年 4 月，蒙受错误路线打击，被“革职查办”，后经全师指战员担保，留队做一般工作。1933 年后担任红十二师三十四团团长、红四军军部情报科科长。参加鄂豫皖根据地第二、三、四次反“围剿”斗争和川陕根据地反“围攻”作战。1935 年 4 月，参加强渡嘉陵江战役和红四方面长征，长征途中担任红四军参谋主任。1936 年，在四川荥经县史扬场战斗中牺牲。

杨朝礼（1912—1937） 汤家汇街道叶湾人。1930 年，加入中国共产党，同年 8 月，参加红军。先后任共青团商城县委书记、红一军团政委，参加鄂豫皖革命根据地第一、二、三、四次反“围剿”斗争。1932 年 10 月，随部西征入川。1933 年，任红三十一军九十二师政委，参加川陕革命根据地反“三路围攻”“六路围攻”等战役。1935 年 4 月，参加强渡嘉陵江战斗和红四方面军长征。6 月，任红九军二十七师政委。1936 年 10 月，任红九军二十五师政委，率部西渡黄河，参加西路军作战。1937 年 3 月，在甘肃临泽县梨园口作战时牺牲。在梨园口立有杨朝礼烈士纪念碑。

郑玉恒（？—1937） 汤家汇镇人，中国共产党党员。1928 年，在商城县（今金寨县汤家汇镇）一带从事党的地下工作，为组织笔架山、汤家汇、双河、麻河、南溪等地农民协会和建立赤卫队的积极活动。1929 年 5 月，商南立夏节起义后，他带领一区赤卫军加入中国工农红军第十一军三十二师。1930 年 5 月，调任中央独立第一师营长，参加鲜花岭战斗。1931 年 2 月，调任中央教导二师三团团长。1933 年 4 月，先后任红二十五军七十三师副师长、政委。后随红军主力西进。1937 年，在川陕边区作战中牺牲。

方华（1917—1949） 原名李树芳，豹迹岩村高山石桥人。1929 年，参加红军。1935 年 5 月，参加长征，担任红三十军第九十九师政治部主任、军保卫局局长。1937 年，被中共中央派往国民党的航空学校学习飞行，成为飞行技术“尖子”，1942 年，毕业后继续留校提高飞行技术。1944 年 11 月，被国民党关进监狱。1946 年，经中共营救后回到延安受到毛泽东、朱德、林伯渠等接见。同年 8 月，八路军总部航空队成立，任分队长。9 月，任东北民主联军航空学校飞行教员、飞行二大队大队长。1949 年 3 月，军委航空局正式成立，任华北军区司令部航空处处长。5 月 4 日，国民党军队出动 6 架轰炸机轰炸北平南苑机场。此时，中共中央正在筹备召开第一届全国人民政治协商会议。为了确保会议安全和开国大典顺利进行，6 月周恩来指示军委航空局，在大批空军部队组建之前，先迅速组建一支航空兵作战分队，以加强北平地区的防空力量。华北军区司令部航空处根据军委航空局的指示，迅速开展飞行队的筹建工作。为了尽快建成飞行队，熟练掌握改装的美式 P-51 型战斗机的飞行技能，方华主动要求去东北公主岭参加 P-51 型战斗机的改装飞行，得到了上级的批准。同年 6 月 28 日，在进行座舱练习及飞行检查时，不幸被飞机螺旋桨击中头部，以身殉职。同年 8 月 1 日，军委航空局在长春胜利公园修建方华烈士纪念碑。

蔡启荣（1915—1951） 原名蔡恒云。泗道河村人。出身于农民家庭，幼时读 3 年私塾。1933 年，参加赤卫队任队员、小队长，后编入中国工农红军第二十五军。第四次反“围剿”失利后，奉命在大别山周围打游击。在战斗中，机智勇敢，指挥若定。先后任班长、排长、连长、营长、团长。历经抗日战争、解放战争。1950 年，参加中国人民志愿军第十二军三十五师，赴朝鲜参战。在几次重大战役中，屡建奇功，有“虎将”之称，升任副师长。1951 年 6 月，在著名的第五次战役中，他亲临前线指挥战斗，不幸牺牲。

吴国璋（1919—1951） 笔架山村九龙组人。家境贫寒，7 岁下地劳动，9 岁给地主放牛，刚满 10 岁就参加儿童团并担任小队长。1930 年 11 月，参加中国工农红军，在营部当勤务兵。1932 年，加入中国共产主义青年团，参加鄂豫皖苏区第四次反“围剿”战斗，在战斗中负伤，痊愈后回当地游击队。1934 年，参加中国工农红军第二十五军，跟随部队参加长征，途中加入中国共产党，任师青年干事。在长征路上，双脚严重冻伤，仍坚持行军打仗，被称为长征中的“小英雄”，并参加川陕苏区反“围剿”。

1937 年，全面抗日战争爆发后，任八路军一一五师旅政治部干事、纵队组织股股长，率领游击队赴山西开展敌后游击战争。1938 年，任冀鲁豫军区营长、团政治处主任、团长，率部多次粉碎日军“铁壁合围”和“扫荡”“清剿”，被称为“百战百胜的吴团长”，获得冀鲁豫军区授予的“战斗模范”称号。

1945 年 9 月，奉命率部从山东菏泽出发，挺进东北，任东北民主联军副师长、第四野战军第五师师长，率部与野战军第三纵队主攻义县，解放锦州，后挥师南征北战，参加辽沈、平津战役。1949年秋，率部渡江南下，在榆树湾歼灭国民党军第一〇〇师大部，清扫湘西残余，经湘、黔入桂后，取道罗城，直逼柳州，继而克忻城，渡红河，歼灭国民党军鲁道源、黄杰兵团一部，解放广西。后被中共中央派往越南，作为军事顾问团顾问，参加“援越抗法”战争。1950年，吴国璋所在的中国人民解放军第三十九军作为中国人民志愿军首批入朝的6个军之一参加抗美援朝。在入朝之初的第一次战役中，担任副军长的吴国璋指挥云山围歼战，开创志愿军入朝作战首歼美军一个团的战绩。

1951年10月6日，吴国璋去志愿军司令部参加会议。返回途中，当吴国璋乘坐的吉普车行驶到平壤附近公路上时，几十架美国飞机发现吉普车并立即扔下炸弹，用机枪射击。吴国璋来不及下车躲避，一块弹片飞进左肋，击中心脏当场牺牲，年仅32岁。吴国璋牺牲后，第三十九军军长吴信泉亲自将这位红军时期就共同战斗的亲密战友送回国内，安葬在沈阳抗美援朝烈士陵园。吴国璋牺牲时，警卫人员在他的衣袋里发现了一份染上鲜血的账单，上面清楚地记录着他借的100元钱的开支情况。这份账单，连同吴国璋的干部履历表、部队发给其家属的烈士通知书等珍贵物品，至今存放在坐落鸭绿江边的抗美援朝纪念馆里。

刘殿英（1914—1956） 斗林村门坎山人。1929年，参加红军。先后在红四方面军十二师、十师任班长、排长、连长。1931年，加入中国共产党。1932年至1936年，参加长征，其间先后任师政治部党委书记、营政委、副团长等职。1938年，入抗日军政大学第四期学习，先后任旅政治教导员、皖西北新军副长官、军委三处科长等职。解放战争时先后任团长、旅参谋长，第一野战军陇东军分区参谋长、分区司令员，成都军分区司令员。中华人民共和国成立后，历任西北军区气象处处长、中央气象学校校长、新疆维吾尔自治区林业厅第一副厅长等职。1956年6月28日，在新疆奇台检查工作时，不幸被反革命分子杀害，牺牲时年仅42岁。

邓忠仁（1904—1976） 豹迹岩村人。1927年，在家乡加入农民协会，参加抗捐税减租息斗争。1928年，加入中国共产党。1929年，参加中国工农红军。土地革命战争时期，任红四方面军第四军十师二十九团排长、副连长、连长、副营长，第七十三师二一九团营长，第三十一军九十三师二七九团副团长，参加红四方面军长征。抗日战争时期，任冀南军区独立营营长、警卫营营长、新编第九旅二十六团团长、东北人民自治军第二十四旅副旅长。解放战争时期，任辽吉军区第二军分区副司令员、司令员，东北军区独立第十师副师长，东北野战军第三十八军一五一师副师长。中华人民共和国成立后，任江西军区吉安军分区副司令员、上饶军分区副司令员、江西省公安总队副司令员、中南公安部队干部学校副校长、第三十七文化速成中学副校长。1961年，晋升为少将军衔，荣获二级八一勋章、二级独立自由勋章、二级解放勋章。1976年1月，在武汉逝世，享年72岁。

陈伯禄（1905—1976） 银山畈人。1929年，参加立夏节起义，同年参加中国工农红军并加入中国共产党。土地革命战争时期，陈伯禄任商城游击大队队长、皖西北指挥部交通队大队长、红三十一军九十三师二七九团政治处宣传队队长，后参加长征。抗日战争时期，任八路军第一二九师七七二团连指导员、东进纵队第一支队营教导员、第八支队二团政治委员、新九旅二十五团政治委员、冀南军区司令部通信科副科长。1945年，任冀南军区第五军分区副政治委员兼地委委员。1947年，随刘邓大军南下，任二纵队后勤指挥部政治委员。1949年，任冀南军区第五军分区司令员、冀南军区政治部主任。中华人民共和国成立后，任河北军区唐山军分区副政治委员、中共唐山地区地委副书记、华北军区后勤部营房管理部政治委员、天津市公安总队第二政治委员、天津市公安局副局长兼市人民武装警察总队政治委员、中国人民武装警察部队政治部副主任兼公安部队军事法院院长。1955年，被授予少将军衔，荣获三级八一勋章、二级独立自由勋章、二级解放勋章。1964年，离职休养。1976年4月18日，在北京逝世，享年71岁。

著名人物

廖静民（1889—1971） 原名廖肇珠，汤家汇街道大冲人。1929年，参加赤卫队。同年11月，加入中国共产党。曾任赤卫营司务长，乡、区苏维埃主席，赤城县邮政局局长，皖西北道苏维埃第二银行副经理。1932年参加红军，曾先后任红四方面军总经济处会计科出纳、总供给部秘书、西路军供给部财务科科长、延安军委供给部财政科科长、商店经理、仓库主任。中华人民共和国成立后任军委供给部财政科科长，中直供给部供销处处长，中直管理部党总支办公室主任。准军级，享受副军级待遇。1971年，在北京逝世，享年82岁。

胡孝武（1902—1972） 汤家汇镇人。曾任中国人民解放军昆明军区后勤部副部长，大校军衔，享受副军级待遇。1972年，逝世于合肥，享年70岁。

周光（1912—1977） 曾用名周百根，竹畈村人。1929年5月，参加商南起义，后加入中国工农红军。历任红十一军三十二师七十九团连、营教导员，师政治部宣传科科长，晋中六分区政治部副主任，湘鄂赣军区鄂东军分区政治部主任，旅大公安总局主任、局长，警察学校校长、第一支队队长。参加过红四方面军长征，百团大战。中华人民共和国成立后，历任旅大市人民政府副市长，东北军区公安军第一副司令员，长春市市长、吉林省副省长，吉林省委常委、省革命委员会副主任，中共八大代表。1977 年，在长春病逝，享年 65 岁。

黄泽夫（1911—1986） 豹迹岩村人。1929 年 10 月，加入中国共产党。1932 年 6 月，参加中国工农红军。土地革命战争时期，任师部通讯员、军政治部科长，参加鄂豫皖革命根据地第三、四次反“围剿”、川陕根据地反“三路围攻”“六路围攻”和红四方面军长征。抗日战争时期，任八路军一二九师政治部组织科长、中央党校组织科副科长、中央组织部招待所副主任。解放战争时期，任华东军区九纵八十一团政治处主任，九纵教导大队政委，九纵队七十三团副政委、政委，九纵十五团政委，二十一军六十二师一八五团政委、六十二师政治部主任。中华人民共和国成立后，任二十一军后勤部政委、政委兼部长、代理后勤副军长、安徽省军区后勤部长等职。1955 年 9 月，被授予大校军衔，获二级八一勋章、二级独立自由勋章和二级解放勋章。1982 年离休，享受副军职待遇。1986 年 7 月逝世，享年 75 岁。

邓忠国（1914—1989） 汤家汇镇人。1929 年 6 月，参加中国工农红军。1932 年 4 月，加入中国共产党。在革命战争年代，历任红十一师二十八团政治处宣传员、红四方面军军部通讯员、警卫员，八路军炮兵团三营营长，东北野战军炮兵第三团、第四团、野战军炮兵第二师二十八团团长，炮兵三十二团团长，炮兵第十师副师长。参加鄂豫皖根据地历次反“围剿”作战、百团大战及辽沈、平津、太原、海南等战役和抗美援朝战争。获得朝鲜民主主义人民共和国二级自由勋章。1955 年 9 月，被授予上校军衔。1960 年，任阜新军分区司令员。获三级八一勋章、三级独立自由勋章、三级解放勋章。1982 年，离休。1988 年 7 月，获二级红星功勋荣誉章。1989 年，在大连病逝，享年 75 岁。

周时月（1908—1996） 豹迹岩村枣林人。1928 年，参加农民协会。1931 年 1 月，加入中国共产党。1932 年 7 月，参加中国工农红军。土地革命时期，任乡苏维埃常委、皖西北道委石印局科长、红二十八军班长、连政治指导员。参加鄂豫皖革命根据地第三、四次反“围剿”斗争和 3 年游击战争。抗日战争时期，任新四军四支队政治部总支书记、巢湖支队教导员、新四军二师七团三营教导员、新四军定凤淮独立三团政治处主任。解放战争时期，任华东军区特务团政委、华东野战军四纵十一师三十二团政委。中华人民共和国成立后，任苏北军区后勤部政委、江苏省南通军分区政委、安徽省阜阳军分区政委、六安军分区副政委。1955 年被授予上校军衔，荣获三级八一勋章、二级独立自由勋章、二级解放勋章。1966 年离休，1982 年享受副军职待遇。1996 年 5 月 3 日，在合肥逝世，享年 88 岁。

石显贵（1910—1999） 汤家汇街道大平地人。1929 年 11 月，参加中国工农红军。1934 年，加入中国共产党。土地革命时期，任红二十五军战士、副班长、班长、红四方面军总医院股长，参加鄂豫皖、川陕革命根据地的斗争和红四方面军长征。抗日战争时期，任八路军一二〇师供给部科员、兵站站长、三五八旅卫生处供给主任、师卫生部供给主任、晋绥军区雁北五分区供给处副处长、塞北军分区供给部副部长。解放战争时期，任绥蒙军区供给部副部长、绥远军区供给部副部长。中华人民共和国成立后，任绥远军区后勤部部长，军委总后勤部营管部器材处处长，总后勤部驻大同集宁办事处主任、驻大同办事处副主任、驻太原办事处副主任，山西省军区顾问，1955 年，被授予大校军衔，荣获三级八一勋章、二级独立自由勋章、二级解放勋章。1981 年离休，享受正军职待遇。1988 年，荣获二级红星功勋荣誉章。1999 年 1 月 22 日，在太原逝世，享年 89 岁。

石裕田（1908—2000） 笔架山村李湾人。1929 年 12 月参加革命。1932 年 7 月，加入中国共产党。土地革命时期，任乡苏维埃执委、主席，中共赤城二区区委书记，赤城县委书记兼商北游击大队政委，红二十八军八十二师政治部主任。参加鄂豫皖根据地历次反“围剿”斗争和三年游击战争。抗日战争时期，任新四军四支队政治部组织科科长、司令部参谋、政治部副主任，寿县游击大队政委，新四军江北游击纵队新八团政治处主任，盱眙县军事科科长，新四军军部四科科长、七师五十六团政委。解放战争时期，先后任东线兵团七纵二十师副政委兼政治部主任、二纵四师政委。中华人民共和国成立后，任上海市委办公厅副主任、上海市委监察委员会常委、上海市纪律检查委员会筹备组成员。1983 年离休，享受副省级待遇。2000 年 1 月 8 日，在上海逝世，享年 92 岁。

杨立夫（1918—2000） 曾用名杨履富，瓦屋基村上塘人。1929 年 6 月，参加中国工农红军，8 月加入青年团，1936 年，加入中国共产党。土地革命时期，任红十一军三十二师勤务员、司号员，红四军卫生员、调剂员兼看护班班长，第三十一军九十三师药剂主任、主治医生，师卫生部特派员。参加创建和保卫鄂豫皖、川陕革命根据地的

历次斗争及红四方面军长征。抗日战争时期，任八路军第一二九师医训队副队长，太岳军区卫生部三所所长，太原军区卫生处副处长兼医务主任。解放战争时期，任军分区卫生处长、代理太岳军区卫生部长。中华人民共和国成立后，任华北军区干部疗养院副院长、院长，第二五四医院院长、政治委员，北京军区后勤部副部长兼卫生部部长。1955年，荣获三级八一勋章、三级独立自由勋章、三级解放勋章。1963年，晋升大校军衔。1986年，正军职离休。1988年，获二级红星功勋荣誉章。2000年12月12日，在北京逝世，享年82岁。

廖辉（1917—2002） 曾用名廖肇权，汤家汇街道八龙人。1930年1月，参加中国工农红军，1931年，加入青年团，1934年10月，加入中国共产党。土地革命时期，任鄂豫皖红军独立师宣传员，红四方面军第七十三师宣传队副队长、青年干事，红二十五军军部警卫员、保卫队副队长，参加鄂豫皖革命根据地历次反“围剿”战斗，红二十五军长征，陕北劳山、直罗镇战役。抗日战争时期，任新四军报务员、电台队长、区队长、中队长、淮南军区通信科长。解放战争时期，任第三野战军指挥部通信处副处长，参加淮海、渡江战役。中华人民共和国成立后，参加抗美援朝，任中国人民志愿军第九兵团通信处处长，荣获朝鲜民主主义人民共和国二级国旗勋章、二级自由独立勋章。回国后，任南京军区司令部通讯处处长、通讯部部长，安徽省军区副司令员。1955年，授予大校军衔，荣获三级八一勋章、二级独立自由勋章、二级解放勋章。1988年，荣获二级红星功勋荣誉章。2002年3月15日，在南京逝世，享年85岁。

林英晨（1913—2003） 原名林英贞，豹迹岩村人。1929年5月，参加立夏节起义后加入漆德玮部队，担任队长。1931年，将350人的“少年童子军”带到湖北红安集体参加红军，被编入红四军十一师，先后任警卫班班长、连长、师特务队队长、军手枪队队长、营长。在长征三过草地中，因营养缺乏双目几乎失明，在同志们的牵扶下，到达延安，参加抗大学习。抗日战争中参加百团大战。解放战争期间，奉调东北。1950年冬，参加抗美援朝。历任铁道兵一二七师政治部主任、炮兵师政治部主任，荣获金日成勋章。1955年，被授予上校军衔，荣获三级八一勋章、二级自由勋章、三级解放勋章。1958年，转至地方工作，任沈阳市建材工业局副局长、纪委书记。离休后享受副部级待遇。2003年1月逝世，享年91岁。

陶海清（1899—1972） 金刚台村（原梅河村）人。1929年，参加红军，经过长征、抗日战争、解放战争。中华人民共和国成立后，任云南省军区后勤部部长，大校军衔，享受副军级待遇。1972 年逝世，享年 73 岁。

夏群（1917—1974） 金刚台村（原梅河村）人。1929 年，参加革命，经历红军长征、抗日战争和解放战争。中华人民共和国成立后，任安徽省安庆军分区司令员，大校军衔，享受副军级待遇。1974 年逝世，享年 57 岁。

余鸿兴（1902—1969） 汤家汇镇瓦屋基村上楼组。1927 年，参加农会、赤卫队并担任队长。1929 年，参加中国工农红军，在二十五军军部工作，任司令长兼“没收委员会”主任。后被编入红军第四方面军，其间参加第四、第五次反“围剿”。1934 年 6 月，加入中国共产党。1934 年 11 月，跟随部队参加长征，曾三过大草地，参加过多次战斗，多次负伤。1935 年，在西康战役胳膊负伤，系二等乙级残疾。1945 年，任河北省西支大队供给处处长，冀南军区四军分区供给处处长。1949—1950 年在河南军区后勤部任供给处处长。1951—1953 年，调任第四野战军后勤部工建处处长。1954 年，任广州军区后勤部车管处处长。曾历任班长、排长、司务长、管理员、协理员、处长等职。1955 年，因长期革命战争生活致使积劳成疾而离休。1969 年 7 月 29 日病逝，终年 67 岁，享受省部级待遇。1977 年，被中华人民共和国民政部追认“革命烈士”。

吴作汉（1910—1986） 泗道河村吴中湾人。1929 年，参加工农红军，经过长征，到陕北后入党。1955 年，被授予上校军衔，曾在总后勤部、北京军区后勤部、沈阳军区后勤部工作，正师级。1986 年逝世，享年 76 岁。

廖家璜（1914—1986） 豹迹岩村廖黄湾人。1929 年参加革命，在商城县苏维埃政府任宣传队队长。1931 年 2 月，参加红军，历任红二十五军警卫员、班长，1936 年入党。抗日战争时期，任晋察冀边区供给部出纳、财政科科长。1944 年，任延边地区军队商贸副经理。解放战争时期，任解放军政治处副处长、湖北军区供给处副处长。中华人民共和国成立后，任湖北军区生产合作总社副主任、后勤部军需处处长。1953 年，带病休养。1954 年，任一六一医院院长。1957 年，参加筹建七九九部队后勤仓库，任主任。1955 年，被授予上校军衔，正师级。1986 年逝世，享年 72 岁。

李传富（1905—1994） 斗林村李老湾人。1929 年，参加立夏节起义，后任文书，参加湖北罗田、英山、黄梅、黄冈、黄石、武昌、汉口等地战斗。经历长征，历任班长、排长、连长、营长、团长、师长，两次负伤。解放战争时期，参加淮海战役。中华人民共和国成立后，在北京疗养。1994 年 3 月 20 日病故，享年 89 岁。

钟芳兴（1915—1999） 豹迹岩村枣林人。1930 年参加中国工农红军，1934 年加入中国共产党。历任商城二区青工部部长，红四军十一师、十二师战士、班长、排长，八路军一二九师电台二十五分队指导员、一二九师师部指导员、三八五旅轮训队政治指导员，太行六纵队政治部指导员、太行六分区司令部政治指导员、太行六分区供给部政治指导员、太行六纵队政治部科长兼特务营政委、太行六纵队留守处处长，解放军十二军卫生部政治部主任，西南服务团卫生部政委，重庆市工人政治学校副教育长，西南军区政治委员会干部疗养院副院长，西南军区政治委员会卫生部人事处副处长等职。1973 年 4 月，离休后转家乡金寨县梅山干休所休养，享受地厅级待遇。1999 年逝世，享年 84 岁。

冯伦金（1921—2001） 汤家汇镇人。1932 年 6 月，参加中国工农红军，1938 年 2 月，加入中国共产党。历任勤务员、副排长、排长、胶南县副处长，山东省青海市四方机车厂运输车间工段长、调度员等职，享受地厅级待遇。2001 年病故，享年 80 岁。

人物简表

师团级革命烈士简表

表 13

姓名	性别	出生地	生卒年月	牺牲时职务
毛大余	男	汤家汇镇	1905—1931	红四军三十二团副团长
张瑞珍	男	汤家汇镇	？—1931	皖西北道区政治部主任
张瑞悟	男	汤家汇镇	1910—1931	红十三师政治部主任
张瑞武	男	汤家汇镇竹畈村	1913—1931	赤南县委委员
胡传柏	男	汤家汇镇豹迹岩	1899—1931	红四军一一一师三十一团团长
廖允刚	男	汤家汇镇茅畈村	1989—1931	乡苏维埃主席、赤南县委宣传部长
王文建	男	汤家汇镇	1910—1932	红二师某团政委
王明义	男	汤家汇镇	1903—1932	红二十五军七十三师二一八团团长
刘百义	男	汤家汇镇	1910—1932	红二十五军七十三师政委

续表 13

姓名	性别	出生地	生卒年月	牺牲时职务
李代奉	男	汤家汇镇	？—1932	红四军十师二十九团政委
李传忠	男	汤家汇镇	？—1932	道区苏维埃常委
张瑞芬	男	汤家汇镇	？—1932	中共赤城县委组织部部长
杨瑞启	男	汤家汇镇	1901—1932	红二十五军某师政委
胡传鲁	男	汤家汇镇豹迹岩	1907—1932	红军某独立团团长
徐应宗	男	汤家汇镇	？—1932	皖西北道区苏维埃副主席
程德方	男	汤家汇镇瓦屋基村	1895—1932	赤南县独立团团长
林英俊	男	汤家汇镇	1896—1933	豫南五县军事指挥部总指挥
张瑞田	男	汤家汇镇竹畈村	1906—1936	红三十一军七十三师二一九团政委
冯培元	男	汤家汇镇	1900—1937	商南伏山便衣队大队长
徐其新	男	汤家汇镇	1909—1937	红三十军医院院长
刘文明	男	汤家汇镇大门山	1900—1938	红二十五军军部管理科科长军委二局副局长
郑玉恒	男	汤家汇镇银山畈	1901—1938	红二十五军七十四师师政委，新四军四支队新八团政治部副主任。
何绪荣	男	汤家汇镇	？—1940	中共立煌县委书记、新四军四支队新八团政治部副主任
蔡恒运	男	汤家汇镇	1915—1951	志愿军十二军三十五师副师长
王枝如	男	汤家汇镇银山畈	？	红九军政治部主任

受省级表彰人员简表

表 14

姓名	性别	出生时间	职称、职务	单位	获奖称号	获奖时间	颁奖单位
张守征	男	1941	支部书记	竹畈村	模范人民调解员	—	司法部
何昭炳	男	1948	小学高级教师	汤家汇中心小学	希望工程园丁奖	1996	中国青少年基金会
徐发知	男	1949	县交通局长	县交通局	安徽省先进工作者	2007	安徽省人民政府
姜德富	男	1949	小学高级教师	银山畈实验学校	省“新行知奖励基金”获得者	2011	安徽大学
冯纪明	男	1950	林技站长	南溪镇林技站	安徽省造林绿化劳动模范	1995	安徽省委、省政府
张行志	男	1953	村文书	竹畈村	基层辅助调查员先进个人	2010	国家统计局
蒋功芳	女	1954	小学高级教师	银山畈中心小学	希望工程园丁奖	1998	中国青基会

续表 14

姓名	性别	出生时间	职称、职务	单位	获奖称号	获奖时间	颁奖单位
叶先娥	女	1956	竹畈村农民	竹畈村	新长征突击手	1979	团中央、安徽省委
廖家钟	男	1957	县财政局副局长	县人大常委会	安徽省税费改革先进个人	2003	安徽省委、省政府
吴让非	男	1962	小学高级教师	大冲小学	少年儿童工作先进个人	1986	安徽省人民政府
程东金	男	1965	中学高级教师	汤家汇中心学校	六安市“两基”先进个人奖	2000 2001	安徽省人民政府、省教育督导团
马继娥	女	1970	小学高级教师	汤家汇实验学校	市优秀教师	2005	安徽省教育厅
刘同军	男	1972	党委委员	关庙乡	安徽省先进个人	2002	安徽省人民政府
闵运超	男	—	教师	汤家汇小学	市先进工作者	1960	安徽省人民委员会
徐应槐	男	1976	农业技术推广服务中心	镇政府	省全国经济普查先进个人	2010	安徽省普查领导小组
李兴梅	女	1977	中学一级教师	银山畈实验学校	省级师德标兵	—	安徽省教育厅
漆仲尼	男	1985	中学二级教师	银山畈实验学校	省优秀特岗教师	2011	安徽省教育厅

首都书画家到汤家汇采风

艺文

汤家汇有近五百年历史，文化底蕴厚重。古墓碑刻、匾牌、楹联、诗词、著述及民间传说较为丰富。

诗词

金刚古寨

〔明〕熊奋渭

嵚嵌乱历耸岩阿，壁垒空传旧日多。
苔蔓飘残余瓦砾，峰峦罗列隐干戈。
风号古木山疑啸，日照平岗石不磨。
须识藩篱盘固远，孤城遥指护弥陀。

金刚古寨

〔清〕刘崧屏

古寨凌云结，称古信不讹。
狰狞岩伏虎，壁垒石降魔。
牧竖戏残镞，山农拾断戈。
金刚传胜迹，翘首仰巍峨。

金刚古寨

〔清〕衡戴天

叠嶂嶙峋欲插天，何年筑垒万峰前。
石随岩起回飞鸟，客入云层踏暮烟。
岭上风声疑虎啸，涧边树影似龙眠。
共知烽火频消日，远听樵歌带雨还。

题笔架山诗一首

〔清〕周作鸿

三峰叠翠半天横，无笔偏将笔架山。
一自画工抽管去，山花入梦为谁生。

飐旗山[①]

〔清〕张普芝

剪剪轻寒淡淡风，早春销尽雨声中。
云楼废垒朝曦暗，花染啼鹃泪血红。
山势千重趋皖北，溪流万派赴淮东。
石门无复弓刀戍，草泽谁怜一世雄。

文峰叠翠

〔清〕高材

千峰高耸插云霞，万木阴森石径斜。
独览画图山色翠，描来彩笔叠飞花。

章山孤岫

〔清〕黄卷

为疑天上落，独对万山孤。
草碧连天暗，峰青带雨殊。
层岚绝野径，峭壁断飞鸪。
自是钟灵起，烟光点画图。

---

① 飐旗山，即瓦屋基上塘飞旗山，今亦称挥旗山。

过金刚台

〔清〕吴一松

山城东郭外，绝岭楚江分。
峭壁高屏日，危峰直拂云。
金光辉煌落，台影净尘氛。
前路仙家近，鸡声烟际闻。

雨中望金刚台

〔清〕胡延年

金刚台上白云重，人卧云山第几峰。
雾隐万家飞燕雀，岚迷千嶂削芙蓉。
诸天半堕空中色，乱瀑齐鸣寺外钟。
咫尺无能攀绝蹬，聊凭双眼忆秦封。

龙泉爆珠

〔清〕杨莛

界地铺山一派摧，喷泉历落讶奔雷。
星飞北斗明珠闪，碛断黄河匹练开。
骤雨倾盆沉碧沼，长风立海堕青嵬。
溪流渐次平如掌，也逐松涛和雪来。

文峰叠翠

〔清〕衡戴天

晴峦孤耸插天边，雁阵斜横影未还。
崖拟砚光常隐雾，峰参笔颖欲含烟。
花飞层叠开生面，苔砌媥娴族锦篇。
遥对宫墙凝翠色，人文蔚起映山川。

游金刚台

〔清〕张训

曲径湾环怪石层，长松萝薜挂疏藤。
枝头野鸟如迎客，岭上苍猿若呼僧。
流水绕居回佛案，飞烟突室掩禅灯。
坐来未稳寒生袂，闻道三春始泮冰。

雪霁望金刚台

〔清〕马元翰

金刚台上雪初晴，极目烟峦万壑清。
一带银山开锦绣，千层玉树列旗旌。
龙潭月上连天白，牛岭冰消入座明。
每欲登临寻古迹，岚光已向望中迎。

赴笔架山

詹谷堂　曾静华

四季秋色美，七彩赤奇艳。
今日赴笔架，明日红满天。

抒怀

王声都

重修宗谱路从行，凡我族居礼尽仁。
孔子河边津问石，秀才塆侧垱河清。
田山接壤分丰蔡，坡坳联畴忆越秦。
花咀远航湖水源，柳林遥送踏留青。
星罗棋布三块系，续衍瓜绵一本清。
结到纸人工告竣，拜辞户众转商城。

泗道河杂咏

武承谟

壁立千寻一径通，林深几莫辨西东。
乾坤混沌无终古，人在风云变态中。

暮山凝紫远峰青，淡抹云林在画屏。
避世人来权小住，烟雾啸傲乐余龄。

历遍险道闷不消，身同衰柳逐蓬飘。
遣怀秋老吟黄叶，无复闲情吊六朝。

炊烟傍晚树犹浓，过眼樵夫径偶逢。
一色天光去未了，山家尽被白云封。

南山乍见兴悠然，世外不知别有天。
晚节香分陶令宅，东篱寄迹亦前缘。

林峦霜叶艳如花，一色摇丹趁晚霞。
权依栏干人小坐，锦团簇簇半窗斜。

黄花红叶白云岭，诗料添幽足咏吟。
挂壁瀑飞纷远送，旋闻流水有清音。

峭壁当门透远峰，横空犹带九秋容。
螺痕几点添佳趣，一色苍苍淡犹浓。

题金刚台诗一首

周庆恩

万垒苍崖万整松。余公屯此壮军容。
地邻楚皖雄三省，寨寺光黄第一峰。

想象旌旗杨柳色，荒凉壁垒藓苔封。
戍楼画角声何在，惟剩荒烟野寺钟。

楹联 牌匾

仍培植桑麻　方不负洞天福地
为教育英才　依然是暮鼓晨钟

（笔架山甲种蚕科学校联）

国运随春华并茂
寇命与冬雪齐消

（抗日联语）

五千年文明华夏竟遭倭寇侵凌版图变色
数万里大好神州奋起全面抗战河岳重光

（抗日联语）

溯源本于西周　祖德文谟昭百代
肇冠查与南宋　家声世彩振千秋

（清嘉庆帝赐廖氏堂联）

柏荫彩堂添瑞气
杏荣福地乐春光

喜迓红鸾临福地
笑迎紫气馥彩堂

祖功垂福声
宗德衍家绵

（以上三幅为廖氏用联）

三千门内同居第
五百年来共造家

（门山陈氏祠联）

祖德流芳百世人文同鹊起
宗功裕后万年朱紫类蝉联

齐木发　千枝竞秀
江河流　万派同源

人至上圣贤书可耕可读
德为绝祖宗恩当报当酬

（以上三联为刘氏用联）

白云忘饥任林间云去云来云来云去
青山无语看世上花开花落花落花开

六字名号通天地
一心称念贯乾坤

（以上二幅为瓦屋基铜佛寺联）

论世常怀千古上
读书最喜四更时

（周祖培家门联）

阳世三间　行凶霸党皆由己
阴曹十殿　古往今来饶过谁

（周祖培为双河大庙题字）

忠厚传家久
读书继世长

（瓦屋基佛山李老湾门联）

弓力千钧东风劲
长空万里北斗明

三卷天书桥边授
忍字百篇腹内藏

（以上二联为竹畈张氏用联）

梅子河边落梅子　个个酸甜
金刚台下念金刚　声声佛音

（地名联语）

问礼堂前鸾凤初习武
西河郡内鹦鹉邀好逑

（林氏专用婚联）

木本水土共初始
天下杨姓是一家

（杨氏祠联）

克勤克俭宋相国
曰姜曰桂齐品章

（晏氏用联）

三河世守状元泽
一榻长悬高士风

数字金坊百年大义悬千古
中河砥柱万里长风户后昆

溯始迁遗基甫卜居时即兆荣封当日忠昭义著
贡金满庭承先序叠应膺诰
寻旧册几卷值散处后罔识源本际兹牒就谱成
牵羊进酒继昔贤长拜宠章

（以上三联为徐氏祠用联）

暖舒柳岸
瑞溢槐堂

兰亭一集家声远
槐树三珠世泽长

语为吉祥滋厚福
心缘谨慎历享衢

传家节操同松竹
报国功勋并斗山

（以上四联为王氏用联）

拥碧水清山怀先祖孝友从善路行千里成大业
仰金乌皓月昭后昆敦本励志书破万卷展宏图

祠依金刚主峰祥纳江淮源流秀水
祖徙荆楚大地瑞至豫皖地杰人灵

（以上二联为金刚台余氏祠用联）

古吴世家史列首
德信望族源流长

（吴氏用联）

石片留香无异黄农宇宙
祖功浩荡俨然何氏家风

德播西东南海贤孙承伟业
畏延粤桂庐江孝子颂丰功

（以上二联为何氏用联）

晏家老湾匾（周祖培赠匾，存放于瓦屋基村佛山晏老湾）

金刚台余氏祠匾（复制件，清翰林蒋艮赠匾，原匾存放在瓦屋基蔡湾）

斗林李老湾匾

金刚台余氏祠匾（复制件，清进士翰林余炳文赠匾，原匾存放于金刚台岳林）

斗林李老湾匾

金刚台余氏祠匾（复制件，清翰林李培元赠匾，原匾存于瓦屋基摇铃）

斗林李老湾匾（以上三匾为清嘉庆、道光时期匾，存放于斗林村李老湾）

其他

红军歌谣

山林岩洞是我房，青枝绿叶是我床，野菜葛根是我粮，
共产党是我的亲爹娘；哪怕白匪再“围剿”，红军越打越坚强；
哪朵葵花不向太阳，哪个穷人不向共产党；任凭白匪再猖狂
烧我房抢我粮，一颗红心拿不去，头断血流不投降。

鄂豫皖区苏维埃政府布告

军阀地方豪绅，到处压迫穷人。利用国民政府，要租要捐不停。
地主白占土地，厂主垄断资本。农民租种土地，每年租课不轻。
收到一斗稻子，地主就要六升。除了租课不讲，还要佃礼租金。
若遇天干水患，租课不少分文。军阀战争一起，田地就不能耕。
又要派柴派米，又要拉夫抽丁。豪绅害怕革命，成立枪会保身。
穷人如不加入，刀下概不留情。厂主开办工厂，下乡来招工人。
一旦进了工厂，就像进了牢门。生活如同牛马，每月工钱极轻。
工人要加薪水，警察就来抓人。工农这些痛苦，真是述说不清。
大家要免痛苦，只有参加红军。广东广西福建，湘鄂赣豫各省。
穷人一致奋起，组织工农红军。豪绅地主土地，一律分给农民。
免除苛捐杂税，都是有吃有剩。工人每日工作，只做八个时辰。
还有社会保险，还有养老恤金。他们得到利益，都是自己斗争。
商人服从法令，生意合理经营。这样一个政府，真能解放穷人。
军阀豪绅地主，吓得胆战心惊。想来夺回地产，设法想到命拼。

门山陈氏祠家训、家范、家法

一次二次包围，进攻工农红军。工农红军配合，屡次打败敌人。
捉了几个师长，扩大我们红军。军阀豪绅地主，真是气得要命。
各地工农群众，赶快参加革命。实行抗租抗税，发动秋收斗争。
消灭军阀混战，打倒地主豪绅。建立工农政府，快把地主田分。
工人组织工会，快同厂主斗争。大家一致努力，完成中国革命。

主席　高敬亭

1931 年 8 月 21 日

金寨县四面旗帜之一——邓沟精神

邓沟村民组，地处汤家汇镇茅畈村的一个夹山沟。20 世纪 70 年代末，全组 17 户、67 人，人均山场 0.9 公顷、耕地不足 5 分。农村生产责任制前，这里年复一年地过着“吃粮靠救济，花钱靠贷款”的生活。

从 1984 年起，他们白手起家，向穷山恶水开战。没有钱买粮，他们吃南瓜，喝稀饭，挖野菜，节俭度日，省下钱来买桑苗、栽板栗，硬是用一双双手、一把把锄，搬掉两座山丘，填平一条深沟，造出面积近 1 公顷的山间小平原和层层梯地，培植桑园近百亩，嫁接板栗 1 万多株。

1992 年，全组人均年收入 1260 元，比全县农民人均收入高出 860 元。不仅还清欠款 2 万余元，全组还投资 17 万余元建成标准化养蚕室，盖起 64 间楼房和 5 间全基建平房。邓沟人没要国家一分钱，把过去“有山不长树，有河常断流，田块像灯盏”的穷山沟变成“遍山挂板栗，无地不栽桑，家家盖新房，余款存银行”的富裕沟。不依上，不靠天，不信邪，不畏难，团结一心，向贫穷开战。这就是邓沟精神，与县委、县政府 20

世纪80年代树立的“两河速度”“郭孝怀的品德”“李正恩的奉献”一起，并称为金寨县的“四面旗帜”。

民间传说

铁瓦寺传奇 传说清嘉庆六年（1801），正是朝廷广招人才的大比之年。商城县南溪镇麻河有一张姓举人，饱尝10年寒窗之苦，已满腹经纶，欣闻京城时值大比之年，即登堂拜见父母，表明他赴京赶考的宏愿。二老听完儿子一席话，知儿子饱读诗书，将来必成大器，当即叫家人杀猪宰羊，置办酒席，拜谢恩师，与儿饯行。师生、父子欢聚一堂，酒足饭饱之后，命家人准备行囊，待天明起程。

张举人和书童二人上路，见路上许多人蓬头垢面，凄凄哀哀，张举人沿途一问，方知这些都是逃难人。原来，豫皖两省连遭大旱，河流枯竭，田地无收。朝廷赋税多如牛毛，可怜数百万灾民拖儿带女，背井离乡，饿殍遍野，惨不忍睹，只是自己十几年为求功名，两耳不闻窗外事，一心只读圣贤书，哪知天下苍生竟遭此劫难？二人来到一座年久失修的破庙，庙里供奉着如来佛祖像，眼观东倒西歪的庙墙，可知此庙早已无人问津，香火已绝，呈一片狼藉之像。张举人想到眼前民不聊生，口里许下重愿：“佛祖，草民若有幸京城科举考试金榜题名，他日衣锦还乡，一定救济黎民苍生，报答佛祖大恩大德，在家乡方圆百里寻一名山建一座庙宇重安佛祖神位，嘱及子孙，世代焚香供奉。”

古人云，心诚则灵。张举人进京赶考，考场之中笔走如飞，文思如泉，成就一篇惊天动地的文章。后皇榜题名，不久任潢川知府。他不负父母厚望，更无愧于十年寒窗之苦。这日张知府荣归故里，又途径小庙，便令仪仗队暂歇，自己下轿，命仆人摆上香纸，端上供果，走进小庙跪拜，口中念念有词：“感谢佛祖保佑我皇榜高中，来日定择名山为我佛重建庙宇，重安神位。”

张知府打道回府，他来到后堂向父母大人问安，述说进京赶考，途经小庙向佛祖许下重愿一事。两位老人本就信神拜佛，听儿子这么一说，当即答应愿捐家资，建造佛祖庙。

有位通晓天文地理的刘姓名士，听说张知府愿捐家资兴建佛祖庙，主动登门求见说自己愿免费为知府大人寻找宝地。张知府喜不自胜，允诺事成之后必有重谢，于是刘先生踏遍河南省光山、潢川、固始、息县、商城五县。一日从汤家汇、泗道河登上海拔1584米高的金刚台，到平天铺，放眼望去：金刚台峰峦叠翠，钟灵毓秀。向南，虎踞龙盘，气势磅礴。往北，壁立千仞，鬼斧神工。东西走向，秀峰相拥，争雄斗奇。主峰下开阔地十余里，似一巨盆，三面环山如盆沿，正中地洼如盆底，周围参天大树蔽日，盆地前有峡谷出入，三道瀑布如银河从天而降，飞花溅玉，声闻数里。刘先生连连点头称喜，顾不得留恋这奇山秀水，取纸绘下草图，点出庙址，禀报张知府。

张知府喜闻刘先生寻一庙址，告知父母，两位老人无限感激，挽留刘先生在家常住，并许之养老送终。二老变卖田地，筹集庙资，十里八乡的百姓们听说在金刚台上建佛祖庙，也纷纷响应，有钱出钱，无钱出工筹建佛祖庙。金刚台上建庙并非易事，虽然张家出了巨资，但山顶上没有砖瓦，民工在山上也不能栖身。历经3年，一座气势恢宏的庙宇经信徒们的千辛万苦终于落成。前殿6间，正殿6间，东西厢房各3间，共计18间。考虑到山高风大，泥瓦难以存身，就铸造了铁瓦铺上房顶，整座大庙青砖铁瓦，雕梁画栋，这就是“铁瓦寺”的来历。

笔架山传说 雄踞豫皖两省的金刚台南麓，奇峰罗列，怪石嶙峋，绵延数十里，其中有座三峰山，形似笔架，山下有一方池塘，形似砚台，故又名笔架山。山谷中有盆地，四周古松参天，群峦簇拥。东南脚下，玉带般的落星河穿过幽谷流入麻河。常言道，山因奇而名，水因源而远。笔架山因其山水秀丽远近闻名。

清朝康熙年间，有一位法号叫恒光的游方和尚沿麻河而上，云游到落星河，仰望两岸奇山秀石，缘溪流，穿幽谷，寻山路拾级而上，行之数里，突然间眼前豁然开朗，一道平坦的山湾呈现在眼前。错落有致的房舍外，有农民在田间耕作。

恒光是位精通地理、学识渊博的得道高僧，一涉足笔架山，就被这里奇特的地理环境所吸引，就在山里暂住下来。恒光除外出化缘外，也帮当地人干些农活，时间长了，恒光与当地人感情渐深。再加之他言行儒雅，见多识广，深受百姓爱戴。

一日，恒光请了当地几位有名望的社会贤达作客，道出了想在此建一座寺庙，保一方平安的心愿。众人们听说此事，无不点头称赞，并异口同声地说：“凡沿河两岸，庙址任其所选。”说着恒光和尚领着众人走到笔架山的正前方山湾里，取下身披的红色袈裟向空中一抛，那袈裟在空中如一朵红云，放出红光，飘飘然落在山湾正中的打谷场上，眼前的奇观让人目瞪口呆。恒光和尚双手合十，席地而坐，稳如泰山。庙址就这样选定了。

笔架山建庙、天降红云的奇事不胫而走，越传越远，越说越神，方圆数百里沸沸扬扬。捐钱捐物者络绎不绝，建庙有人专事管理资金，有人寻找工匠，开工采石，伐木取材，昔日多见青天少见人烟的笔架山顿时热闹起来。数以千计的善男善女怀着一颗虔诚之心给大庙搬砖运瓦，山门外竖一高丈余的石碑，将捐献大户刻在碑上，远近做官的大户人家、有钱的商人慷慨捐献，不到数月集资颇丰，庙宇也在信徒的千辛万苦中破土施工。

清康熙盛世中期，笔架山大庙已基本建成，恒光和尚为第一任主持，首次修建的庙宇，有上殿、下殿、前门楼三重各 12 间，共计 36 间，左右偏殿各 10 间，计 20 间，全部是砖瓦结构。正前方四道山门，皆石门方，石门槛，中间有一对直径一米左右的石鼓，庙门口分立一对卷毛石狮，距山门五丈余竖一高数丈的旗杆，旗杆下有两人合抱的石香炉。殿屋雕梁画栋，房脊饰以龙头凤尾，远观之，整座大庙气势宏伟，巧夺天工。大庙正殿供奉地藏王，偏殿供奉十殿阎王，这些菩萨皆镀之金身，绘之五彩，形神兼备，栩栩如生。笔架山大庙落成，举行 7 天庙会，方圆百里的善男善女齐聚于此拜庙，大殿内钟鼓齐鸣，石香炉里香烟袅袅，至此，笔架山真正成了一方圣土。

清同治六年（1867）农历十一月十一，恒光和尚圆寂。弟子们口诵经书，将他安葬在和尚塔内，墓碑上刻着“地藏王堂上开山一世祖恒光礼公和尚塔”，享年 55 岁。

笔架山大庙由于香火旺盛，香客不断，庙资日渐富足，于是他们又置田 300 多亩。清嘉庆年间，和尚增加到 70 多人，又建了和尚祠 30 多间，和尚祠内有石水缸一口，上有“嘉庆七年置”字样，可装 10 挑水，石洗碗槽一个，石酒缸一个，另外还有石碓、石碾盘各一。如此之多的石器，可想当年大庙的兴旺景象。清光绪年间，曾做过翰林院大学士、光绪皇帝老师的蒋亘，因欣赏笔架山洞天福地的清幽气氛，数次到此地游览避暑，并亲自书写“避暑上乘”金匾，悬挂于庙门头上。

辛亥革命以后，废除科举，提倡新学。曾游过笔架山大庙的商城县知事梁玉书，熟知此庙广有庙产，寻思在此办学，不仅方便学生，还可以解决一定的办学资金，于是亲自率兵驱走了庙内和尚，收回庙产，利用庙宇办起了商城县甲等蚕桑学校。笔架山农校有三百多名学生、十几位教师。以共产党员罗志刚为首的几位进步教员，利用课堂，宣传马列主义真理、十月革命经验。詹谷堂前来讲学，秘密发展了罗志刚、李梯云、周维炯、漆德玮、漆海峰等进步师生入党，组织了党支部，开展革命活动。革命烈火刚刚点燃，就使国民党震惊，驻扎在双河镇的国民党治安军，气势汹汹地朝笔架山扑来。共产党员罗志刚率领进步学生撤离，治安军放火烧庙，一场大火从天明烧到天黑，直到墙倒屋塌，一片废墟。

趣说“吝啬” 传说很久以前，“吝、啬”是两个人。吝先生走亲访友，半路上遇到了啬先生。两人一路上谈笑风生相见恨晚，于是对天发誓结为好友。分手时，两人相约，中秋节到金刚台铁瓦寺饮酒赏月。事前约定吝先生携酒，啬先生备菜。中秋节两人按约准时到了金刚台铁瓦寺。但两人都不愿花一分钱。吝先生首先打破僵局，用手做酒杯状，遥指高空，朗声说道：“明光如水，水如酒，请啬兄开怀畅饮。”啬先生也毫不示弱，随即伸出两个手指做筷子，指着寺东边石崖下龙潭深情地说：“潭中游鱼，鱼是菜，请吝先生大饱口福。”双方做出觥筹交错的样子，互敬互让，热闹非凡。吝先生手起嘴动咂得格格响，自夸道：“好酒好酒，杜康也逊色三分。”啬先生吧嗒吧嗒嘴道：“好菜好菜，山珍海味如何相比。”到金刚台铁瓦寺的香客们看到吝、啬两人如痴如醉、自欺欺人，无不捧腹大笑。有人认识两人，便风趣说道：“你俩喝的是吝啬酒，吃的是吝啬菜，活着是吝啬人，死了是吝啬鬼。”

金刚台赶山填海传说（鞭赶金刚鳌鱼） 金刚台海拔 1584 米，名胜古迹繁多。有雄伟的南天门，直冲云天的月亮口，碧绿的黄龙潭、黑龙潭、乌龙潭，还有闪耀着万道金光的余少保的青锋宝剑，60 年一现的余少保神书。它的东西南北有耸入云霄、形如猫耳的四个猫耳石、刺破青天形如秤砣的秤砣石。特别是那条长如巨蟒，深有万丈的大虎沟，更让人心倾神往。可是，传说古时候这里却是浩瀚无际的大海。

秦始皇为了防御外来侵略，要修筑万里长城。为修长城，不知多少人被逼得家破人亡，妻离子散。监工的棍棒随时都落在民工身上，死在棍棒下的人不计其数。一天，工地上来了一位白发银霜的老太太，牵着一个少女，微笑着和每个挑土的人打招呼，还给每个人的扁担搭上一条红线。搭完后，老太太和少女就不见了。刚才还是沉甸甸的担子一下子变轻了。人们不约而同地看看扁担，只见扁担离肩 3 寸高。这时人们才突然明白过来，原来是观音显圣，此后人们再也不觉得累了。这件事很快传到秦始皇的耳朵里，他亲自带人来看。首先看到的是遍地白骨，听到的是工地上民工们凄惨悲叫和监工士兵的棍棒声、叫骂声。他不禁皱起眉头，心想："我为御外敌而修长城，却死了这么多百姓。部下这无情地苦打他们，如果百姓有变，岂不天下大乱！"为了笼络民心，他要为百姓办几件好事，当即传旨："监工的不准再打骂民工，并和百姓一样挑土抬石，违者，以抗旨论处。"他又下令把所有民工扁担上的红丝线都搜集起来，做成一杆长长的鞭子。秦始皇拿起鞭子挥臂一甩，竟把面前一座大山扫得无影无踪，自此以后，秦始皇拿着这鞭子，到处赶山填海，造出了大批良田。

有一年，不知从何处游来一条巨大的鳌鱼。它凶猛险恶，一夜之间，把清澈的海水搅浑了。海里动物有的成了它的食物，有的死后漂在海面，海水腥臭难闻。海岸边居住的人们都痛苦极了。事有凑巧，秦始皇赶山到这里，见到混浊的东海，就挥鞭赶来一座大山，刚好填住。但是海里的鳌鱼太大，竟把山摇得乱晃。秦始皇从腰里掏出四根宝针，分别钉在山顶的四方，这四颗针就是现在的四个猫耳石。四方钉住了三方，唯独北方还在动。他又从腰里掏出一颗宝针，钉住了北方。从此以后，这山再也不动了。这最后一根针，就是现在的秤砣石。钉住大山，秦始皇看见山顶上有一束金光，就走过去看看，原来是一高台下有金子。看了一会儿，他觉得困得厉害，就在台子上睡了起来。这时，南海观音老母屈指一算，秦始皇已经完成了"三山六水一分田"的天命，鞭子该收

金刚台

回了。于是，她来到始皇帝面前，用一根假鞭换走了神鞭。秦始皇醒来以后，不见了金子，自语道："这金子应该还在这台子旁，这山还没有名字，就叫金刚台吧！"从那以后，金刚台就出了名。

封了山名，他又去赶山。一鞭下去，和以前不同，只把山打了一条大沟，再也赶不走了。他气得将山狠狠地抽打，但是只能将山打出许许多多的沟，这就是现在山沟的来历。打累了，他把鞭子往地上一丢，地上立即成了一条大沟，这沟就是现在的大虎沟。沟下面有许多金子，传说就是当年和秦始皇的鞭子一块留下来的。沟里的金子又是一姓胡的人最先发现，所以又叫胡大沟。

金刚受贬 金刚台海拔高达1584米，是大别山北麓的最高峰，它还有一段神奇的传说。相传，玉皇大帝手下除了有文武仙卿、天兵天将外，还有镇守灵霄宝殿的八大金刚。这些金刚除了镇守宝殿外，每日还要出走巡天。

一日，一个金刚在巡天的途中，路过天上的一家猎户门前，发现一只天狼正在追赶一个仙女。仙女突然跌了一跤，被天狼死死地按住。纤弱的仙女无论怎样挣扎，也挣脱不开。就在天狼要吞吃仙女的紧急关头，勇猛的金刚拔出了神刀，上前劈死了天狼，救出了仙女。仙女得救了，两人产生了爱慕之情。仙女为了报答金刚的救命之恩，就把自身许配了金刚。金刚问明仙女的身世后，才知道她是天上猎户的女儿。金刚怕违犯天规不敢应亲。可是，痴情的仙女却深深地爱上了他，要和他成亲。无奈，金刚只得背着玉帝答应下了婚事。从此以后，金刚每日巡天回来，都要到猎户家里和自己的心上人约会。二人如胶似漆，感情很是融洽。时间不长，这事被玉皇大帝知道了。他说，金刚与仙女私通是大逆不道，违犯了天规，应贬下凡尘。金刚被贬下凡尘时，猎户仙女前往相送。她痛哭流涕，恋恋不舍，一直把金刚送出南天门，直到亲眼看着恋人坠入云雾之中还没有离去。

金刚从天上飘飘悠悠落下，一直落到大别山上，心中还一直惦念着天上心爱的情人。所以，就站在大别山上一刻也不愿离去，只是一个劲地遥望茫茫的天空。金刚舍不得猎户女，猎户女更离不开金刚。她为了能够常见到金刚，就站在金刚坠入凡间之处，每晚长时间凝望。望着望着，就变成了一颗星星，也就是今天的猎户星。而金刚却化成了一座巍峨挺拔的岩石，屹立在大别山上。由于传说岩石是金刚神所变，人们就称大别山的这座山峰为金刚台。

金刚台和白云观比高 很久以前，金刚台的山神与新县白云观的山神是一对好友，时常聚在一起天南海北地聊天。一天傍晚，两个山神正各自对望。金刚台山神对白云观山神说："老兄，咱们比长高好吗？五百年后看谁长得高？"这天偏偏刮起了大风。白云观山神听错了，把比长高听成了比长包。于是，白云观山神拼命长起山包子来，而金刚台山神一个劲地往上长，直插云霄。

一晃五百年过去了，转眼到了决胜的日期，两个山神又对话了。这时，白云观山神望着高高的金刚台说道："这回你输了，我浑身长的全都是包。而你呢，连一个包也没有长出。"金刚台山神忍不住笑了起来，说道："老弟，你搞错了，我是说和你比高，而不是和你比包。怎么样，这回我赢了吧？"说得白云观山神傻了眼。从此，这两座山就有了一个形象的比喻："擎天一柱金刚台，遍地鹅包白云观。"

三步拱与狐仙报恩 "三步拱"是金刚台上三座陡峭的山峰，它们由低到高依次排列在一条不见源头的小溪南岸，山势陡峭，如三根破土而出的碧笋，又仿佛三步登天的阶梯接续相连。小溪四季流水潺潺，两岸绿柳成荫，遮天蔽日，柳枝从两岸垂向小溪，在山谷微风中摇曳，如翠帘披风。溪水上光线暗淡，凉风习习，让人感到幽深而神秘，静谧而舒适。每到多雾的季节，从溪口飘出团团白雾，袅袅上升，环绕于三座山峰之间，久久不绝，教人疑为一处神话仙界所在。

"三步拱"得名于清朝乾隆年间。当时建在山半腰的"柳荫堂"道观香火鼎盛，由"三步拱"取道"柳荫堂"的香客络绎不绝。因为这里山路极陡，人们一步一停，三步一歇，于是就戏称"一步一揖，三步一拱"，以示对观中观音菩萨的虔诚，"三步拱"的名字就这样延传至今。神奇的"三步拱"衍生了"狐仙报恩"的神秘传说。

相传清朝雍正年间，在此修炼的一个狐仙被雷公追杀。当时电闪雷鸣，风雨交加，狐仙走投无路，现出原形，逃进了居住此地的一王姓人家。王家母子二人，心地善良，为人厚道，见暴风雨中跑进来一只金色小狐狸，锦毛湿透，浑身发抖，目光中尽是悲戚，顿生怜悯之心。母亲把小狐狸搂在怀里，儿子找来干柴生火，为它取暖。雷公则怕伤及无辜，见此只得退去。狐仙躲过一劫，日后为了报恩，变成一年轻女子，到王家作媳，洗衣做饭，生儿育女。从此王家家道兴旺，子孙繁衍。"狐仙报恩"的故事如"三步拱"的迷雾一样，似真似幻，朦朦胧胧，几百年来，留给了人们多少甜蜜的回味和无尽的遐想。

余少保传说 传说余少保老家江西，成年后在他父亲手下当一名水兵小头目。父亲叫余谱清，元末进士，官至平章，因对元顺帝的朝政不满，便弃政回乡了。后来全国各地农民揭竿而起，天下鼎沸，余少保眼见元朝大势已去，就带着一部分水兵和家乡父老几千人，离开江西另找他路。他们顺着长江往上走到夏口，听说朱元璋的义军在江淮一带势力很大，把元朝的兵马逼得节节败退，便想在江淮找一个存身之地，以等机会。他们到大别山区发现金刚台地势不错，东面是大山，西面是平畈，一条大河向北缓缓流去，是个屯兵的好地方，便决定在这里插旗为标，屯兵积粮。这时全国各地义军一方面抗击元朝的进攻，一方面还相互兼并。余少保仍感自己势单力薄，生怕被哪一路强大的义军吞并，便同军师在一起商议良策，决定寻找一个进可攻退可守的地盘。军师姓雷名五行，传说和刘伯温是师兄弟，此人会阴阳八卦，有呼风唤雨、撒豆成兵之术。二人商量结果，决定顺正东方朝大别山里寻找理想的地方。他们带领着随身护卫向东走了大约十来里，发现前面有一片竹园，黑压压的约有数百步宽长，当地乡民说这里叫斑竹园。雷军师将此地前后左右察看了一番，回过头来对余少保说："这座竹园或许就是余将军以后奠基立业之处。"余少保不解其意，想请军师讲个明白。雷五行摇摇头说道："此乃天机，没到时候请将军不必细问。"余少保只好记在心下。接着，他们又继续向前进发，渡过一条大河，走不多远有一条小溪，小溪正中间横卧着一块大石头，约有两间屋长，形为小船。对面山坡上还长着许多怪石，有的像人站立，有的像鸡打鸣，有的像狗狂吠，或伏或卧，神态各异。雷军师面对这些奇观，轻轻地对余少保说："余将军，你看那小溪中的石船，那山坡上的石人、石马、石鸡、石狗都静静地待在那里，看样子是等待着你的使唤啊！"余少保默默点头。

他们带着护卫继续向大别山里进发。翻过一岭又一岭，跨过一涧又一涧，不知走了多少艰险曲折的小道，忽然看见崇山峻岭之中，还有一大片平场子，足有二三百米长，访问当地山民才知道这块平场子叫平顶铺。他们计议之后认为这个地方是屯兵存身的宝地，决定在山中修建大本营。他们在月亮口用石头建起了帅府，即现在的皇殿；将义旗插在对面的山头上，即现在的插旗尖；又在山脉四周险要之处修筑了头寨门、二寨门、南天门。为了指挥打仗，还选择了居高临下的挥旗山。在东北面建造了传送信号的鼓镇山、看旗山，还有把守要道的火炮山，这些地方至今还可以看到旧址痕迹。

余少保和军师雷五行精心安排了阵势之后，就在金刚台一带，一边操练兵马，一边垦荒自给，将军队治理得纪律严明，对百姓秋毫无犯，很得民心。不到三年功夫，声势越来越大，人马扩展到数万之众。

一天，雷五行向余少保呈上一本奏折，要求隐退回家。余少保再三挽留，雷军师坚辞要走，说道：“山人保大王起义，今已三载。此乃天数注定，望大王不要再留我了！”余少保看军师执意要走，便在皇殿内设宴饯行。宴后二人携手同行，送到十里以外仍依依不舍。这时雷五行见旁无他人，便停下来对余少保说道：“大王，山人跟随你南征北战闯荡数年，你待我情同手足。今日分别，我献一灭元之计，作为报答。不过，这些你千万不可对他人泄露，不然的话就前功尽弃了。”余少保点头：“我一定记在心中。”雷五行接着说：“大王若想得元顺帝的皇位，可在我隐退后三日起，请来铁瓦寺内的僧人，在皇殿上高搭禅台念七七四十九天经文。在最后一天的夜晚，沐浴净身，子时鸡鸣即起，对着正北方射出三支箭。”接着从怀中掏出两封锦囊书信递给余少保，“三箭射出后你拆开第一封锦囊一看就明白了。”二人告别后，余少保立即回到皇殿，派人将铁瓦寺的僧人请来，高搭禅台，三日后开始念经。到了第四十九天，余少保晚上沐浴净身时，夫人问他为何如此。余少保想夫人不是外人，就将雷军师的话如实告诉了她。哪知道夫人心想，丈夫将来登基如果再另选美人，一定会跟我争夺这正宫娘娘的宝座。她越想越睡不着，于是不等鸡叫就爬起来跑到后院，边拍簸箕边学公鸡叫唤，连叫三声。余少保刚沐浴净身罢，还没来得及穿好衣服，猛听雄鸡高叫，连忙跑出皇殿拿起弓箭朝正北方向“嗖嗖嗖”连射三箭。紧接着就拆开第一封锦囊，打开一看，上面写着“天鼓响，顺帝亡；天鼓不响，再拆锦囊”十四个大字。余少保只得坐在皇殿里面静听天鼓声响，哪知一直等到东方发白鼓也没响。原来是时间不到，元顺帝还没上早朝，三支箭都射在龙椅靠子上了。到了早朝时，元顺帝一看椅靠上面扎了三支利箭，不禁大吃一惊。拔下一看，支支箭上都刻有“余少保”三个大字。忙问手下人，才知道余少保在金刚台上造反，便决定立即发兵围剿。余少保没有听见天鼓响，便知大事不好。心里非常焦急，连忙又去拆第二封锦囊，只见上面写道：“插旗尖上取神书，平顶铺下拔宝剑，唤出石人撑石船，斑竹园里把兵搬。”便立即跑到插旗尖，抬头一望，半空中果然悬挂着一部神书，书页被风吹得哗哗地翻动着，怎么能取得下来呢？再到平顶铺下面去拔宝剑，他用手猛一抽好像拔出鞘了，可是再往外拔时却一点也抽不动了。他又急忙赶到石船处，希望有石人把石船撑下水，哪知道石人在山坡上刚出土还没抬腿。余少保只好亲自跳到溪水中去撑石船，他用双手猛然一推，好像动了一下，可再一推竟纹风不动了。他又慌忙赶到斑竹园去搬神兵，进竹园后却没见动静。折断一竹，只见藏在竹节里面的兵马胳膊腿虽然长成了，可鼻子和眼都还没有睁开。元兵分数路攻打金刚台，余少保寡不敌众，节节败退。一直退到无路可走，便成了俘虏。也有人说余少保没有被元顺帝抓住，而是归附了朱元璋。“少保”就是洪武四年明太祖朱元璋招安时，钦封他的头衔。

占山为王 位于梅河村不远有一条从山上流淌下来的河流，元朝末年在河的旁边生活过一对了不起的兄妹。兄即余少保，妹即余少保的妹妹。后人为了纪念这对兄妹，便把这个地方叫着妹子河。岁月变迁，妹子河渐渐被人叫梅子河，近年改叫梅河。相传余少保带着一批人马在金刚台半山一个地势险要的地方占山为王，称王的地点即被后世称皇殿，余少保的妹妹则在山的另一侧建了一座山寨，后世称为女人寨。

一日，朱元璋来到皇殿对余少保说：“你在山上称王，而你的兵在山下很远的里老城，假如官兵来攻，你将怎么办？”余少保说：“我有一个大鼓，只要一敲鼓，里老城的士兵即会听令上山来援。”朱元璋听后拿起鼓槌便敲，里老城的士兵听声上山，等士兵们气喘吁吁的赶到皇殿才知道虚惊一场，便下山而去。士兵们刚回到里老城，朱元璋又对余少保说：“不知道如果再敲鼓你的部下还上不上来？”说完拿起鼓槌又是一阵猛敲。山下还没来得及落脚的士兵听到鼓声再次上山，等筋疲力尽赶到发现又被戏弄了，窝了一肚的气撤了回去。这时和朱元璋串通好的官兵真的杀了过来，余少保见势连忙击鼓求救，直到鼓都敲破了也没有一个士兵上来。经过一番恶战，余少保被抓了。被押送的余少保在途中遇到从外地回山的儿子，他们相遇的地点因此得名遇子店，后改名余子店，又叫余店。余少保被处决，朝廷在梅河贴了一张黄榜招告世人，贴黄榜的地方就改叫黄榜。

余少保的妹妹得知哥哥被杀，盛怒之下杀死了李罗城的全部士兵。然后用胳膊夹着两个簸箕从女人寨飞身追赶朱元璋，与朱元璋决战于红麻尖山顶，终因体力透支战败而亡。

站在梅河边能看见一块巨大的石头巍然耸立，这就是大石尖子。在大石尖子后面竖立的是另一块长方形的大石头，叫小石尖子。据说余少保的宝剑就藏在上面，每年的农历七月十五宝剑就会出来晒太阳，小石尖子上除了宝剑，还有千年的灵芝仙草。

锯儿齿山

大事纪略

1929年商城县工人代表大会在廖氏三柏祠召开

1929年5月6日，商南立夏节起义胜利。6月16日，中共商城县委在汤家汇廖氏三柏祠召开商城县工人代表大会，100多名代表参加会议，河南杨山煤矿工人派员出席。县委书记袁汉铭作政治报告，阐述立夏节起义后的革命形势和红军作战任务。成立商城县总工会，会议选举汪学祥为总工会主席，县总工会设秘书1人、委员5人，有组织、宣传、经济、青工等部。下设8个区工会，区以下设有15个支分会。县、区工会设有工人纠察队。会议明确了工会的主要任务：一是积极动员工人参军参战；二是推荐优秀工人参加各级苏维埃政权领导工作；三是与贫农、中农结成巩固的工农联盟，开展土地革命；四是组织广大工人群众努力生产，支援革命战争；五是举办工人夜校、识字班、俱乐部，提高工人的思想政治觉悟和文化水平。

1933年皖西北道区召开工农兵代表大会

1933年年初，国民党"清剿"计划被粉碎后，皖西北以赤城、赤南为中心的根据地得到部分恢复和稳定。苏区党组织抓紧时机，加强根据地建设，恢复苏维埃政权，整顿党的队伍，恢复和健全共青团、妇女会、少先队。战争的胜利、根据地的恢复、生产的发展，使根据地形势逐渐好转，广大群众纷纷投入到参加红军、政权建设和发展生产的热潮中，对敌斗争取得新局面。4 月，皖西北道委为发展武装力量、恢复和发展皖西北根据地，在汤家汇易氏祠召开道区工农兵代表大会。出席会议的代表会前经过基层选举，规定凡在苏区的工人、雇农、贫农、中农、独立劳动者、学生和革命职业者，年满 16 岁以上，不分男女、种族和居住时间长短，均有选举权和被选举权。每县选出代表参加道区工农兵代表大会。工农兵代表大会的主要职责是：制订和通过重要的政策法令，选举产生苏维埃政府（工农民主政府）委员及其主席、审判长等主要负责人，撤换不称职代表或政府人员，监督苏维埃政府的工作。六安三区、六区和赤南、赤城及红军代表 300 余人出席代表大会。道委书记郭述申作形势与任务报告。大会通过《苏维埃条例》《土地政纲实施条例》《肃反条例》《雇农工资办法》《手工业工人办法》《债务办法》《森林办法》《巩固扩大红色区域》等项决议。会议选举道区苏维埃执行委员会，产生执委和候补执委，选举张德山为道区苏维埃政府主席。

1947 年金寨县第一个区级民主政府在汤家汇成立

1947 年 8 月 28 日，刘邓大军二纵六旅旅长周发田率部攻下河南商城，打垮商城民团顾敬之，翻过挥旗山，进入立夏节起义豫东南道区诞生地——金寨县汤家汇。在先遣营营长张望胜的带领下，部队所向披靡，很快冲到汤家汇伪乡公所所在地——接善寺，把红旗高高挂在门前的大柏树上。8 月 29 日，汤家汇解放后，部队首长与汤家汇区委原书记李中元会合，一起商讨建立汤家汇区政府事宜。8 月 30 日，县委书记兼独立团政委张延积、县长白涛与部队首长一起确定汤家汇区领导人选，政委吴名丹、区长贾丕显，副区长李忠元，军农工委员回某，妇青委员程德寿。人员确定后，在接善寺召开群众大会，白涛宣布金寨县第一个区民主政府——汤家汇区政府成立。1947 年 9 月 2 日金寨县解放，成立金寨县人民政府，汤家汇区政府属金寨县人民政府领导。直到 1956 年南溪区成立，它才完成了其历史使命。

实行家庭联产承包责任制

1977 年 11 月，中共安徽省委出台的《关于当前农村经济政策几个问题的规定》迎合了农民群众的心理。对这个规定，汤家汇镇在几个月的时间内全部落实下去了，开始划分作业组，实行定任务、定质量、定时间、定工分，拉开了汤家汇农村经济改革的序幕。1978 年 5 月，汤家汇境内 398 个生产队全部划分作业组，实行定额包工。个别生产队暗中将土地划分到户。1979 年春耕前，境内 80% 的生产队包产到户。至 1979 年冬，境内田地基本上承包到户。与此同时，建立茶、桑和水面承包责任制。大型农具（包括耕牛、保管室）也作价分给农民。包产到户后的分配原则是"上缴国家的，留足集体的，剩下多少是自己的。"但在具体执行过程中，国家税费按田亩山场到户承担，公社、大队各项统筹（大队干部、民师报酬，烈军属补助、民兵训练费等）按人口（或按田、山、人口）分担。

实行责任制后，农民的生产积极性最大限度发挥出来，温饱问题很快得到解决。1978 年全镇粮食生产量 7913 吨，1979 年猛增到 11308 吨。1996 年实行土地二轮承包，对原来分配不合理、人口有变化的户，进行适当调整。1998 年，二轮土地承包经营权证书发放工作结束。在实行土地承包到户的同时，1980 年将所有山场划分为自留山、责任山，自留山归农户所有，责任山由农户看管，所有权仍归集体。1983 年冬至 1984 年春，实行"两山合一山"，责任山全部划归看管户所有，由镇、村登记，由县人民政府统一发放经营权证书。全镇共发放林业经营权证书 1 万余份。至此，农村土地、山场的承包工作全部结束。

1986年联营兴办金寨县丝织地毯厂

1986年5月，汤家汇镇政府与上海丝织地毯厂联营，建金寨县丝织地毯厂。上海方面负责技术培训机械设备、原料供应、产品销售，派两名师傅具体指导。镇经委会负责提供厂房、招收工人、职工培训、产品质量、原料与产品运输。招收丝织工人250人，加上勤杂行管人员近300人。上马织机50台，新建、整修厂房50余间2000平方米，总投资50万元。年来料加工丝织地毯3.25万平方英尺，加工收入30万元，利润3.8万元。其间，河南南阳丝织壁毯厂到厂教授壁毯、挂毯、平毛技术，使其规模、品种、效益有所提高。省民政厅提供扶持资金15万元，联合国丹麦扶贫项目也提供5万美元的支持。由于市场的原因，1993年丝织地毯厂停办。

1988年汤家汇村新辟百亩杂交桑园

1988年春，南溪区委派出工作组，协助汤家汇镇政府在汤家汇村南、北头两个村民组新辟百亩连片杂交桑园。区、镇、村干部20余人，实地分户丈量占用耕地面积，召开群众动员大会，干部分户包干。在2个月内，组织群众拉线深沟吊槽、施足基肥，做好栽植准备。1989年春，调运优质杂交桑苗10万株，按0.3米×1米间距栽植，一周内全部栽植完毕，并适时浇水、施肥、锄草。按养殖要求，集中小蚕消毒、共育，精心饲养，当年夏秋两季养蚕 150 张，单产 40 千克，产茧 6000 千克，收入 10 万元。第二年起，年养蚕 250 张，单产 50 千克，产茧 12500 千克，收入 30 万元。杂交桑不需要嫁接、购苗、施肥，仅投入 10 万元，具有投资少、见效快特点。湖北、河南及六安地区等多地县、乡领导参观考察。

1992 年银山畈乡新建色织绢纺绸厂

1992 年 3 月，银山畈乡“金寨县色织绢纺绸厂”立项，在南溪镇街道长塘埂村民组征地 10.8 亩，5 月开始建设，1993 年 8 月投入生产。项目总投资 1200 万元，建设面积 3550 平方米，其中前准备车间用房 800 平方米，力织车间 800 平方米，浆纱车间用房 400 平方米，检验车间用房 600 平方米，锅炉用房 200 平方米，仓库用房 500 平方米，办公楼用房 15 间 450 平方米，职工宿舍用房 600 平方米，食堂及其他附属设施约 300 平方米。购置织机 80 台，招收职工 280 人，其中管理人员 20 人。年生产绢纺绸 3 万米，产值 1000 万元。工人工资月均 800 元，年均 1 万元。年税收 60 万元、管理费用 60 万元，纯利润 60 万元。由于受丝绸市场影响，于 1998 年 4 月停产。

1993 年金寨县第十八缫丝厂在汤家汇兴办

1993 年 4 月，汤家汇镇筹建金寨县第十八缫丝厂。5 月立项，6 月征收汤家汇街道石祠、平地组土地 15 亩，8 月开始动工建厂房，10 月招收工人去南溪缫丝厂培训。1994 秋正式投入生产。项目总投资 1000 万元，新建厂房 60 间，建筑面积 2000 平方米。购置缫丝机 120 台，招收缫丝工人 260 人。年用干茧 600 吨，价值 650 万元，生产一级白厂丝 60 吨，年产值 1200 万元。工人年均工资 8000 元，税收 50 万元，纯利润 50 万元。其社会效益比较明显，使近 300 个农户脱贫。至 2000 年，停止生产。

2015 年“6 · 28”特大水灾

2015 年 6 月 27—28 日，汤家汇镇境内突降特大暴雨，降雨量为 540 毫米。受强降雨影响，发生严重灾情，造成高陡边坡公路塌陷，河堤、桥梁、村庄道路冲毁，部分农房倒塌，农田水打沙压严重，电力通讯中断，7 人死亡（瓦屋基因泥石流致房屋倒塌死亡 1 人，泗道河村被洪水冲走死亡 2 人，豹基岩村被洪水冲走死亡 2 人，笔架山村被洪水冲走死亡 2 人）。镇党委、镇政府组织全力搜救，被冲走的尸体 7 天内全部找到运回安葬。20 世纪 70 年代初修建的金钩大坝被冲毁，16.7 公顷良田成为沙滩。

28 日上午，六安市委书记孙云飞、市长毕小彬、副市长高斌、王琢等领导第一时间到汤家汇一线指挥抗洪救灾工作。镇村干部全力以赴到抗洪一线，做好灾情普查，灾民安置工作，引导灾民开展灾后生产自救。

主要参考文献

金寨县地方志编纂委员会编:《金寨县志》，上海人民出版社，1991 年。
台运行主编:《金寨县革命英雄传》，安徽人民出版社，1990 年。
安徽省民政厅主编:《江淮英烈》，安徽省人民出版社，1988 年。
商城县地方志编纂委员会编:《商城县志》，中州古籍出版社，2013 年。
金寨红军史编辑委员会编:《金寨红军史》，解放军出版社，2005 年。
台运行等编:《金寨革命史》，安徽人民出版社，1991 年。
阎荣安著:《燎原星火》，安徽人民出版社，2009 年。
信阳市文学艺术界联合会编:《信阳书》，中州古籍出版社，2005 年。
六安市委党史研究室编:《红色六安》，安徽人民出版社，2007 年。
蒋本兴:《难忘岁月》，黄河水利出版社，2005 年。
安徽省老年大学编:《红色热土》，2008 年。
中国人民政治协商会议金寨县委员会编:《金寨名胜》，2002 年。
金寨县新四军研究会、中共金寨县委党史研究室合编:《黎明前后》，2012 年。
金寨县地名办公室编:《安徽省金寨县地名录》，1983 年。
中共金寨县委研究室编:《走进金寨》，安徽人民出版社，2007 年。
金寨县民政局、金寨县党史办编:《金寨英烈》，1985 年。
涂治炎著:《红二十五军从金寨到陕北》，安徽人民出版社，2009 年。
姜长恩、高峰等编:《中国共产党安徽省金寨组织史资料》，1992 年。
中国人民政治协商会议安徽省金寨县委员编:《金寨文史》，2004 年。
金寨县新四军研究会、金寨县党史办公室编:《红土地上多精英》，2003 年。
金寨县党史研究会编:《红色印迹》，2012 年。

金寨县人民政府编:《金寨年鉴》，2015 年。

张仁衮编:《抗美援朝战场上的金寨人》，安徽人民出版社，2016 年。

江苏省昆山市周庄镇志编纂委员会编:《周庄镇志》，方志出版社，2016 年。

安徽省新四军历史研究会编:《安徽新四军人物》，中央文献出版社，2008 年。

中共六安市委党史研究室编:《将星闪耀》，中国文史出版社，2009 年。

金寨县民政局编:《金寨县民政志》，1982 年。

编纂始末

追记历史，盛世修志。2015年年底至今，根据省、市、县三级志办的统一安排部署，经过全体编纂人员的不懈努力，《中国名镇志丛书·汤家汇镇志》终于脱稿，交省志办审定上报。这是镇党委、镇政府的高度重视、三级志办的精心指导，方方面面密切配合，广大干部群众鼎力支持的结果。

2015年11月中旬，镇志编纂工作正式启动。镇成立以党委书记邵先成为主任，镇长张静辉、人大主席胡拥、党委副书记张家福为副主任，党政班子成员和相关单位负责人参加的编纂委员会。下辖胡拥、张家福为正、副主任的编纂办公室，专门负责协调资料收集，经费保障、人员抽调等项具体工作。决定抽调党委原副书记、退休老同志廖少庆，原副镇长、退休老同志王宏应，退居二线的中学老校长何昭成等三人组成编写班子，廖少庆同志为执行主编。镇政府腾出专门办公室，配齐电话、电脑、办公座椅、沙发等设施，购买办公用品，安排专人做好下乡调查、拍照、资料收集等服务工作，安排专项资金10万元，用于编纂人员的生活补贴、交通车辆和打印费用，解决编写组的后顾之忧，保证编纂工作正常，顺利进行。

编纂委员会确定本志上限从1924年在笔架山农校成立六安市的第一个中共党组织开始，有文字记载的尽量上溯。下限至2015年年底，个别地方有所延伸。

在2012年内部版《汤家汇镇志》的基础上，通过广泛征集资料，编纂组重新编制篇目，进行人员分工，明确工作职责。项习君负责编写“概述”，廖少庆负责编写“红色汤家汇”“古树落古迹”“名人与名镇”“大事纪略”“编纂始末”等部分，统筹全稿；王宏应负责编写“基本镇情”“旅游开发”“生态村镇”等部分；何昭成负责“经济建设”“艺文掌故”“风土人情”等部分。要求集中精力，集中时间，加班加点，力争一个月完成样稿。2015年12月下旬，初稿形成，送县志办马贤钧主任处审阅修改。2016

年3月中旬开始对审改后的样稿进行二、三、四次修改，合编成书，印制30册，送省、市、县志办专家及党史、教育、文广新局、统计局等相关单位和个人审阅。安徽农业大学副教授杨诚提出中肯的评审意见。

6月14日召开由省、市、县志办专家、领导和相关单位人员近三十人参加的评审会。经过梳理，与会人员提出口头和文字建议、意见8类、125条。县、市、省三级志办帮助重新设定篇目，编纂人员虚心听取意见，进一步补充、调整、完善、打磨编纂内容，经过马贤钧主任的多次修改和指导，终于完成《中国名镇志丛书·汤家汇镇志》。

编纂《中国名镇志丛书·汤家汇镇志》工程巨大，任务繁重。在编纂过程中，深感业务知识和历史、人文知识的匮乏，力不从心，不尽人意。编写人员虽力求真实、完整，但由于水平有限，加之资料征集不够全面，错、漏、重复的地方很多，敬请批评指正。

编　者

2016年10月